中國学術思想 研究輯刊

三一編
林慶彰 主編

第25冊

經歷特殊年代的高僧
——淨慧法師及其生活禪研究（下）

王 佳 著

花木蘭文化事業有限公司

國家圖書館出版品預行編目資料

經歷特殊年代的高僧——淨慧法師及其生活禪研究（下）／
王佳 著 — 初版 — 新北市：花木蘭文化事業有限公司，2020
〔民 109〕
目 4+174 面：19×26 公分
（中國學術思想研究輯刊 三一編：第 25 冊）
ISBN 978-986-518-015-7（精裝）
1. 禪宗 2. 佛教修持
030.8   109000281

ISBN-978-986-518-015-7

中國學術思想研究輯刊
三一編　第二五冊　　　　　　　ISBN：978-986-518-015-7

經歷特殊年代的高僧
——淨慧法師及其生活禪研究（下）

作　　者　王　佳
主　　編　林慶彰
總 編 輯　杜潔祥
副總編輯　楊嘉樂
編　　輯　許郁翎、張雅淋　美術編輯　陳逸婷
出　　版　花木蘭文化事業有限公司
發 行 人　高小娟
聯絡地址　235 新北市中和區中安街七二號十三樓
　　　　　電話：02-2923-1455／傳真：02-2923-1452
網　　址　http://www.huamulan.tw 信箱 hml810518@gmail.com
印　　刷　普羅文化出版廣告事業
封面設計　劉開工作室
初　　版　2020 年 3 月
全書字數　324848 字
定　　價　三一編 25 冊（精裝）新台幣 50,000 元

經歷特殊年代的高僧
——淨慧法師及其生活禪研究（下）

王佳 著

目

次

第四章　生活禪提出的思想背景及其基本內容

4.1　主編《法音》期間的歷練和思考

　　淨慧法師 1980 年參與創辦中國佛教協會會刊《法音》，並在主編巨贊法師的推薦下擔任編輯。巨贊法師圓寂之後，淨慧法師從 1984 年開始接任主編，全面負責《法音》編務，一直到 2002 年。這段經歷，對淨慧法師來說是極其重要的，促使他在與讀者和作者的對話中對佛教發展進行思考。他自己說，編輯佛教期刊的工作經歷，使他能夠「接觸到各方面讀者的呼聲」，並「經常思考佛教如何來引導現代人尤其是介乎信與不信之間的人信仰佛教。」〔註1〕可以說，這種不斷的思考，是觸發他提出並實踐生活禪的一個重要因素。

　　80 年代，他就出訪過美國、日本，並且接待過港臺地區佛教來訪，因此他對世界佛教發展態勢有一定瞭解，並且思考如何結合漢傳佛教自身傳統振興禪宗。在趙樸初身邊的工作和成長，讓他能夠率先領會和把握政策精神，所以他 90 年代初期提出生活禪，也是從落實人間佛教的大方向作為合法性依據，並且以禪宗角度具體實踐。

4.1.1　擔負《法音》編務

4.1.1.1　《法音》創刊

　　1980 年，趙樸初根據有關文件精神，「隨著宗教信仰自由政策的逐步落

〔註1〕淨慧：《入禪之門》，上海：上海辭書出版社，2006 年，第 93 頁。

實和對外文化交流的日益發展，各宗教團體可考慮恢復『文革』前出版的宗教刊物，暫定爲季刊」，〔註2〕於是責成中國佛教協會研究部副主任魏承彥等著手恢復佛教刊物。當時，關於刊物的名稱，有人主張恢復《現代佛學》，有人提出改爲《中國佛教》或《中國佛教通訊》等，最後趙樸初確定爲《法音》，希望這本刊物能夠起到「法音宣流，普攝群機」的作用。〔註3〕經過討論和研究，初步確定《法音》報導的內容包括國內外佛教動態、佛教義理介紹、佛教研究論文、國外佛學研究譯文等。巨贊法師力薦淨慧法師負責創刊號的籌備工作及聯絡稿源，擔任編輯。

1981 年，《法音》正式創刊，創辦人是趙樸初，主編是巨贊法師，編委一共 26 人。〔註4〕佛學論文由巨贊法師審閱刊登，新聞報導和其他文稿由魏承彥或游驤審核刊登，外事報導和敏感文字由趙樸初親自審讀。

作爲中國佛教協會會刊，《法音》在改革開放以後宣傳貫徹宗教政策、引領和指導佛教恢復發展、團結國內外佛教信眾，以及報導和介紹國內外佛教動態、推進佛教學術研究方面，發揮了巨大的作用。趙樸初在《發刊詞》表示：《法音》致力於推動佛教教務工作，密切聯繫全國佛教團體，「發揚佛教優良傳統，爲促進人類的和平幸福事業的發展和實現人間淨土作出貢獻。」〔註5〕

在籌備《法音》創刊的過程中，編輯部實際上只有淨慧法師一位編輯，外加一個發行人員，所幸全賴淨慧法師事無鉅細，親力親爲。他既聯絡稿源、負責編校，同時還要張羅經費籌措、出版印刷以及徵訂發行等事宜。〔註6〕他在《法音》第 1 期，將趙樸初、隆蓮法師、蘇淵雷等詩詞輯成「禪林清韻」專欄，將中國佛學院開學、受戒，弘一大師書畫金石音樂展等通訊消息輯成「法界春秋」專欄，這兩個欄目一直延續至今。〔註7〕每份來稿，淨慧法師

〔註2〕 魏承彥：《憶〈法音〉的初創期》，《法音》，2001 年第 4 期。

〔註3〕 魏承彥：《憶〈法音〉的初創期》，《法音》，2001 年第 4 期。

〔註4〕 這 26 人，包括：趙樸初、巨贊法師、正果法師、法尊法師、明眞法師、觀空法師、雪相法師、隆蓮法師、圓湛法師、淨慧法師、李榮熙、虞愚、周紹良、林子青、郭元興、葉均、蘇晉仁、張克強、王堯、王森、游有維、李安、游俠、田光烈、王新、任傑等。參見倪強、黃成林編：《趙樸初傳》，北京：人民出版社，2017 年，第 153 頁。

〔註5〕 趙樸初：《發刊詞》，《法音》，1981 年第 1 期，第 2 頁。

〔註6〕 1982 年《法音》改爲雙月刊，每逢單月月尾出版，由於工作量翻倍，又增加寬忍法師加入編輯工作，聘請肖興林居士負責發行組。肖興林居士，也是虛雲老和尚法子，法名慈藏，是中國佛學院首屆專科班畢業學員。

〔註7〕 魏承彥：《憶〈法音〉的初創期》，《法音》，2001 年第 4 期。

都專門登記，及時向作者反饋信息。刊用稿件經過三審，小樣印出進行三次校對，淨慧法師都要認真校閱審讀。由於中國佛教協會沒有刊物印刷預算開支，《法音》編輯部白手起家，沒有任何經費。淨慧法師於是帶著負責發行工作的金揚，趁著中國佛教協會召開第四屆全國代表大會期間，到各地代表住所徵訂。這樣，得到了一筆預訂金，很多佛教大德長老都對《法音》給予支持。

之後，為了節約成本，淨慧法師和《法音》編輯部找印刷廠也頗費周折，最後選定玄武區的廣內印刷廠，黑白印刷，單色封面，首批印數 2000 份。這是「文革」之後佛教界自己出版的第二個刊物。此前，只有上海佛教界 1980 年 2 月油印發行的《佛教通訊》。淨慧法師很早就關注佛教刊物的命運，他在日記中寫下：「二月，上海市佛教徒油印的一種小型雜誌《佛教通訊》第一輯出版發行，由前上海市佛教青年會《覺訊》月刊執行編輯蔡惠明主持創辦。這是『十年浩劫』之後佛教界出版發行的第一個雜誌，刻寫油印雖然不甚佳，但可視為一種萌芽事物，其前途如何，未可預卜。本期內容包括：1. 周總理談宗教信仰自由。2. 鑑真和尚塑像將回國「探親」。3.《天平之夢》電影已攝製完成。4. 國內佛教研究概況。5.青海省各界人士集會追悼原中國佛教協會會長喜饒嘉措。上海市佛教界追悼持松、葦航、阿檀、余伯賢、方子藩等。6. 法海點滴。7. 通信處：上海市山西北路 45 號（前門）蔡惠明同志收。」〔註8〕可以說，在當時政策環境下，《佛教通訊》的試辦流通，為中國佛教協會復辦會刊提供了一個實例參考。

《法音》的前身是創辦於 1950 年《現代佛學》，最初是陳銘樞創辦發行，主編是巨贊法師，由現代佛教學社出版。1954 年 7 月，《現代佛學》改為中國佛教協會的會刊，由中國佛教協會學習委員會直接領導。《現代佛學》自創刊到 1964 年停辦，共出版 144 期，除了國內發行，也贈閱海外佛教團體，每期印數 4000 冊。1980 年，中國佛教協會根據有關文件精神向國務院宗教事務局提交申請出版《法音》的報告，後又經北京市新聞出版局登記，獲得批准。相比較《現代佛學》濃重的政治宣傳性，《法音》的佛教定位更為明確。

1981 年，《法音》作為季刊，每年 4 期，趙樸初特題寫刊頭。創刊號最初發行 2000 份。首期內容圍繞中國佛教協會第四屆全國代表大會召開等會務活動撰寫新聞報導；佛學論文方面則主要向法師學者約稿，刊登了巨贊法

〔註8〕淨慧法師日記（1980 年），崇諦法師等整理，明海法師提供。

師《評熊十力所著書》、正果法師《略說三寶義》、明眞法師（筆名望雲）《身非是「我」論》、趙樸初《〈解深密經・圓測疏〉後六卷還譯序》、葉均《〈清淨道論〉漢譯前言》、傳印《道元禪師得法靈跡碑頌》等。《法音》第 1 期出版後，深受歡迎，不到一個月，2000 份刊物即被訂購一空，7 月又加印了 2000 份。至 1981 年第 2 期，每期印數增加至 8000 冊，國內訂戶 6000 份，並且訂閱、贈予十多個國家和地區。《法音》在寺廟、佛教團體、信徒以及佛教研究者、佛學愛好者中反響強烈，僅 1981 年當年，《法音》編輯部就收到來稿 400 餘件，處理來信 10000 餘件，收到捐款 13000 元。1982 年，《法音》改爲雙月刊發行，每期印數增至 12000 份；之後，逐年遞增，到 1987 年增加到 2 萬份，這個數字一直保持到 1996 年。〔註9〕而《法音》也從 1988 年起改爲月刊，固定訂戶達 15000 個，並一直保持每月出版發行至今。由於發行量的增加，以及很多寺廟團體定期捐資，《法音》經費方面的困難得到一定程度緩解。早期爲了節省郵費開支，《法音》編輯部自己發行，之後才由郵局訂閱發行。淨慧法師特在刊物專門開闢「助刊鳴謝」版塊，公布「功德芳名」並表達感謝。除了廣大讀者、佛教信眾對《法音》的零星捐款，淨慧法師 1989 年還代表《法音》編輯部擬定《徵求榮譽訂戶及贊助單位試行辦法》，將捐款贊助形成制度，得到各地大寺、佛教團體、僧俗信徒慷慨支持。〔註10〕這樣，《法音》保證了募集贊助經費的相對穩定。

4.1.1.2　《法音》編輯部出版佛學叢書

　　《法音》發行之後，在佛教界好評不斷。淨慧法師自 1982 年起，開始編輯流通佛學叢書。第一本書是巨贊法師、周叔迦、高觀如、石鳴珂編寫的《中國佛教史話》，由中國佛教協會印行，共有《佛教的創始人——釋迦牟尼》《佛教在中國發展的情況》《佛教翻譯家》《西行求法》《大藏經》《中國佛教的宗派》《寺塔》《僧尼生活和宗教活動》《佛教石窟》《我國少數民族的佛教》《佛教和中國文化藝術的關係》《中國佛教的國際關係》等 12 篇文章。這本書語言通俗，內容簡潔，非常成功，初版 20000 冊很快售罄。之後，淨慧法師與《法音》編輯部又陸續編輯出版了「法音文庫」叢書、「佛教文化」叢書、「佛教經典」叢書等，將發表在《法音》上的文章按照主題彙編成冊。如趙樸初在《法音》連載的《佛教常識答問》，作爲單行本流通，前後 9 次

〔註9〕魏承彥：《憶〈法音〉的初創期》，《法音》，2001 年第 4 期。
〔註10〕寬忍：《回顧與感言》，《法音》，2001 年第 4 期。

重印，發行量超過 20 萬冊，至今還是佛教方面的暢銷讀物。並且，這些佛學叢書的盈利，也被用來作為《法音》經費的補充。

4.1.2　在趙樸初身邊的成長

淨慧法師在中國佛教協會負責《法音》編輯工作期間，有機會在趙樸初身邊學習成長，也得到趙樸初很多幫助支持。巨贊法師圓寂不久，1984 年 6 月 6 日下午，趙樸初會長在中國佛教協會正式宣布：「任命淨慧法師為《法音》雜誌主編」，並說：「淨慧法師這幾年在辦刊工作中很辛苦，做了很好的工作，《法音》辦得很好。」〔註 11〕由於曾在中國佛學院讀書的緣故，淨慧法師一直尊趙樸初為師長，自稱「學生」，對趙樸初非常尊敬愛戴。又加之工作的關係，淨慧法師和趙樸初接觸較多，對宗教政策的學習和認識也走在了全國佛教界的前列，以愛國愛教、人間佛教為指導，堅持與時俱進、契理契機為方向。〔註 12〕他能敏銳覺察政治形勢，準確把握文件精神，這都離不開編輯《法音》的歷練，尤其是受到趙樸初潛移默化的影響。

作為中國佛教協會唯一的會刊，《法音》文字兼及政策性、學術性、可讀性、信息性，刊物具有官方的權威性和引領性地位，對於改革開放之後宗教政策的貫徹落實、佛教團結和發展、佛學研究的復蘇，發揮了巨大作用。早期，從《法音》組稿到審讀，趙樸初都給予指導。在《法音》出版後，淨慧法師首先呈送他過目，徵詢他的建議和意見，趙樸初閱後總會以字條反饋給編輯人員。〔註 13〕在淨慧法師的日記裏，也常見趙樸初對於《法音》的具體工作指導。如：

> 1981 年 4 月 1 日下午 2 時 30 分，樸老（趙樸初）來電話內容：
> 「1.《法音》的稿源問題：《法音》馬上要改雙月刊了，稿源是個問題，希望你們擬定一些題目，約一些人寫。我說了多次，要強調發揚佛教優良傳統。比如：佛教與藝術、佛教徒的造林護林的事蹟、佛教徒修橋補路的事蹟、佛教徒的醫藥事業等等，都可以找人寫。

〔註11〕　淨慧法師日記（1984 年 6 月 6 日），崇諦法師等整理，明海法師提供。
〔註12〕　張雪松：《淨慧法師的辦刊思想探析》，載於李四龍編：《指月者——「淨慧長老與生活禪」學術研討會論文集》，北京：生活・讀書・新知三聯書店，2015 年，第 339、341 頁。
〔註13〕　淨慧：《邁開步伐　走向未來——〈法音〉200 期感懷二三事》，《法音》，2001 年第 4 期。

2. 另外，佛教的通俗化的問題，也要組織人寫稿，為不懂佛學的人和初學佛的人創造學佛學的條件。

3. 佛教與藝術的稿子可找常書鴻寫，他因工作上意見不一致，已經離開敦煌，回到北京了。在國務院第二招待所住。他的夫人叫李承仙，可找她聯繫，她也是個學者。」

1981 年 6 月 16 日下午，樸老當面指示要解決《法音》人力不足的困難，並囑多注意報導國際佛教消息，要在「音」字上下功夫，要經常做到「法音宣流」。

1985 年 1 月 28 日下午，在北京醫院，樸老對《法音》提出三點意見：「1.加強學術性和趣味性。2.溝通信息。3.少登應酬性文章。」
〔註14〕

除了《法音》編務方面，趙樸初在處理佛教與社會政治關係方面的智慧，也使淨慧法師受益匪淺。趙樸初的政治水平高超，在文字指導中常有點石成金、立竿見影之效。例如，當時一個文件提到佛教界要「堅持四項基本原則」〔註15〕，可是「必須堅持馬列主義、毛澤東思想」中的無神論卻與佛教信仰有所衝突，於是趙樸初巧妙地將其改為「不違背」的表述，即：要求佛教徒「不進行反馬列主義、毛澤東思想的宣傳」〔註16〕。這段公案，令淨慧法師欽敬不已，他也曾多次向友人提及此事，讚歎趙樸初的政治智慧，以及對他的文字工作方面的點撥。〔註17〕還有一次，《法音》上曾經刊登有關「四個現代化」的內容，趙樸初 1981 年 4 月 1 日電話告訴淨慧法師這種提法不妥，因為「四化」中有「國防現代化」，牽涉到殺生的問題，建議淨慧法師採用「高度文明、高度民主的社會主義現代化強國」等表述。〔註18〕對於《法音》第 2 期增加發行量，趙樸初囑咐淨慧法師要將喬連生局長說的「只要紙張能解決，你們就印吧」這句話記錄下來，作為依據。尤其一些比較敏感的問題，

〔註14〕淨慧法師日記（1981 年），崇諦法師等整理，明海法師提供。

〔註15〕四項基本原則：第一，必須堅持社會主義道路；第二，必須堅持無產階級專政；第三，必須堅持共產黨的領導；第四，必須堅持馬列主義、毛澤東思想。

〔註16〕趙樸初：《學習〈鄧小平文選〉是一項長期的任務──在全國政協宗教組交流學習《鄧選》心得體會座談會上的講話摘要》（1983 年 10 月 29 日），《法音》，1984 年第 1 期。

〔註17〕如王雷泉在《走出圍牆的擦邊球大師──緬懷淨慧長老》就提及淨慧法師曾將此事講給他聽。

〔註18〕淨慧法師日記（1981 年 4 月 1 日），崇諦法師等整理，明海法師提供。

趙樸初更是親自指示淨慧法師謹慎妥善處理。如：

　　1981 年 10 月 9 日上午，樸老電話指示：「關於宣傳臺灣回歸祖國實現和平統一的問題，我們的《法音》應從宗教的角度去宣傳，不要有火氣，越宗教越好，宗教化就是政治。過去《現代佛學》，香港的人接受不了，我們不能走老路。《法音》封面是黃色的，內容也應該是黃色的（佛教尚黃）。臺灣問題，應應景就行了，政策問題人家看《人民日報》，不一定看《法音》。此事可與游驤同志商量一下。」

　　1982 年 12 月 20 日上午，范如松同志來電話，囑我和游驤同志到樸老家，有事交辦。經我向游瞭解，知道是為了倪維泉居士《怎樣認識佛教？》（載 1982 年第 5 期《法音》）一文，在社會上引起了反映。我隨即找出該文的原稿及批件，偕游一起到樸老家。樸老指示：「喬局長來看我，談到今年第 5 期《法音》上倪的文章，引用恩格斯的話，把他的話弄反了；引用列寧的話也是如此。宗研所反映到宗教局、統戰部、甚至更高的首腦機構，上了綱，有『反對馬克思主義』之嫌。為了補救此事，可用讀者來信的方式加以澄清，編輯部加個按語，表表態，以了結此事。以後這方面的問題要特別慎重。」〔註19〕

　　淨慧法師在主編《法音》期間，由於趙樸初親自指導和把關，對刊物的定位非常明確，對宗教政策的拿捏也比較到位。他認為《法音》具有積極的導向性，「態度要明確，導向要正確」，要擔當起「作為會刊的使命和責任」，如實傳遞信息，「契理契機地宣揚佛陀的正法之音，如理如義地推動法輪常轉」。並且，他主張「佛法是佛弟子生活的指南」，無論講經說法還是弘法文字，都要「緊密地聯繫生活、貼近生活、指導生活」，《法音》不能脫離對教友修道生活以及日常生活的指導。〔註20〕在 1991 年《法音》創刊十週年之際，他明確把「提倡佛學與學佛一致的學風，把佛法落實在生活上，體現佛法淨化人生、安頓人生的作用」〔註21〕作為《法音》努力的方向。這既是滿足讀者來信反映的需求，也成為了淨慧法師一貫堅持的辦刊宗旨。

〔註19〕淨慧法師日記（1981 年、1985 年），崇諦法師等整理，明海法師提供。
〔註20〕淨慧：《邁開步伐　走向未來——〈法音〉200 期感懷二三事》，《法音》，2001年第 4 期。
〔註21〕《迎接第二個十年》，《法音》，1991 年第 1 期。

當然，淨慧法師這種佛教本位的主體性意識，不單是他個人閱歷的增長，更在於宗教在整個社會結構中地位的提升。從 50 年代到 80 年代，黨和國家對宗教的基本態度和角色定位是截然不同的，佛教的命運也經歷了被改造、被取締和逐漸恢復。落實宗教政策以後，公民宗教信仰得到尊重和法律保障，佛教發展也不再完全由政治主導，宗教主體性得到一定程度的實踐。佛教在社會中的地位，也不僅僅是「單純強調佛教要與社會主義相適應」，而是「強調佛教的主體意識，回到佛教了生脫死、弘法利生的宗教本位上」。〔註 22〕

4.1.3 　與作者和讀者的交往互動

在當代大陸佛教界，淨慧法師是為數不多的學界和教界一致公認的學問僧，而他尤其得到學術界罕見的高度讚譽。中國人民大學方立天教授如是說：「他是佛教研究學者的教界朋友……在彼此見面時，法師總是以『老同學』稱呼我。」〔註 23〕2013 年 9 月 12 日，在淨慧法師圓寂百日之時，北京大學宗教學系、中國人民大學佛教與宗教學理論研究所、中國社會科學院佛教研究中心三家國內頂級宗教研究機構聯合舉辦「淨慧長老與生活禪學術研討會」，以學術研討的方式，表達追思和紀念，來自中國大陸和臺灣、法國、韓國、美國等國家地區的 50 多位佛教研究學者參加了會議。專門舉辦學術研討會來緬懷一位剛剛圓寂的當代高僧，這在大陸學術界恐怕是僅有的一次。而這種深厚的情誼，除了淨慧法師自身的道德修行和淵博知識，也源自他在編輯《法音》時就與知識分子和青年學者建立起了良好而真誠的關係，給予佛教研究事業無私的幫助。

由於長期受「左」的影響，佛教研究方面書刊奇缺，而且對佛教的態度也有失偏頗。如 1979 年人民出版社出版范文瀾著《唐代佛教》，以批判佛教為立場，認為佛教是「自誇」「騙術」「騙局」。〔註 24〕直到《法音》雜誌和「法音文庫」等書籍出版，才為學習和研究佛教提供了相對客觀的參考資料。就如一些著名學者回憶了 80 年代佛教資料稀缺的情形──

〔註 22〕 王雷泉：《痛與通──生活禪衝破佛教發展瓶頸的進路》，載李四龍編：《指月者──「淨慧長老與生活禪」學術研討會論文集》，北京：生活・讀書・新知三聯書店，2015 年，第 108 頁。

〔註 23〕 方立天：《學習淨慧法師的創新精神和慈悲情懷》，《中國民族報》，2013 年 5 月 15 日。

〔註 24〕 范文瀾：《唐代佛教》，北京：人民出版社，1979 年。

　　日本愛媛大學邢東風教授回憶：在北京求學時期，「佛教學習，更不用說研究了，學的條件都沒有。在我大學時代，我是 1977 級文革後的第一批大學生，北京師範大學沒有幾本客觀介紹佛教的書。80 年代初，只有黃心川先生的《世界三大宗教》，這裡面有佛教一點客觀介紹。後來趙樸老出了《佛教常識答問》，那又稍厚了一點兒，還是法源寺送給我的──社會上不能賣，那是佛教內部刊物。佛教的苦痛是數不盡的，我們想學的也很苦！沒法學，根本沒條件學。」〔註 25〕

　　復旦大學王雷泉教授回憶：「1983 年當時，我要寫我的研究生論文《天台止觀》，但是我們學校的書除了一部《大正藏》之外，所有的書──包括郭朋的書，一個書包就能裝下來……那個時候，我們大學裏面，我們比佛教、比佛教界更可悲。而且這裡面書充滿了偏見，連無神論都算不上，就是謾罵，就是政治表態。所以，當時我們感受沒書看的那個痛苦，特別是在看藏經都很困難。」〔註 26〕

　　《法音》不僅在佛教界取得巨大成功，而且其影響力也慢慢擴展到學術界，推進了佛教相關研究。《法音》從創刊，就贈閱給中國人民大學等高校圖書館，一些學者也經常在《法音》發表論文。淨慧法師所在的《法音》編輯部，則成為當時青年佛教研究學者、高校佛學愛好者經常借閱資料、交流互動的聚會場所。如中國人民大學張文良教授最初在中國佛教文化研究所工作時，就常與大學生和年輕人一起在淨慧法師寮房聽他講開示。〔註 27〕很多人或因閱讀《法音》，或因給《法音》投稿，或因佛教研究求取資料，漸漸與淨慧法師結識，有些學者、讀者、信眾也常常從外地慕名拜訪。例如：北京大學樓宇烈教授因編輯《中國佛教思想資料選編》與淨慧法師結識。〔註 28〕武漢大學郭齊勇教授自 20 世紀 80 年代初經蕭萐父先生指引而閱讀《法音》，後來與淨慧法師見面。〔註 29〕四川大學陳兵教授和復旦大學王雷泉教授，

〔註 25〕邢東風教授講於中國佛學院（2016 年 9 月 19 日「紀念中國佛學院成立六十週年學術研討會」發言），筆者據錄音整理。

〔註 26〕王雷泉教授講於中國佛學院（2016 年 9 月 19 日「紀念中國佛學院成立六十週年學術研討會」發言），筆者據錄音整理。

〔註 27〕張文良：《一片禪心常在定》，《禪》，2013 年第 3 期，第 200～202 頁。

〔註 28〕樓宇烈：《悼念淨慧老和尚》，《禪》，2013 年第 3 期，第 165～167 頁。

〔註 29〕郭齊勇：《續佛慧命的菩薩──淨慧長老週年祭（代序）》，載淨慧法師主編：《中國佛教里程碑：道安法師貢獻之研究》，武漢：湖北人民出版社，2015 年。

都是因向《法音》投稿而認識淨慧法師。〔註30〕北京大學李四龍教授自1993年隨樓宇烈先生學習佛教就一直是《法音》的讀者。〔註31〕中國社會科學院黃夏年研究員也說:「我與淨慧長老的深厚感情,就是通過《法音》而建立的⋯⋯通過這本刊物,我學到了很多的佛教知識⋯⋯也成為我在寫作佛教論文時的重要參考資料。」〔註32〕

從1987年開始,淨慧法師及《法音》編輯部又與中國佛教文化研究所合作,出版《法音》學術版,並擔任主編,這就是後來《佛學研究》的前身,由此與學術界互動更為密切。很多現在知名的佛教學者,都曾是《法音》《佛學研究》的讀者和作者。而淨慧法師對學者、對知識分子的尊重,以及對稿件編審的一絲不苟,亦可從他日記記錄的這件小事充分反映:

> 1982年12月20日,《愛國詩僧蘇曼殊》一文的作者郭烙(女)同志來編輯部,面談該文修改和發稿的情況。我向她說明:《曼殊》已作部分刪改,個別不利於貫徹宗教信仰自由政策的語句不宜在本刊出現,也有個別觀點是編輯部加進去的。文前文後都有一些改動。她同意編輯部的修改。我建議用筆名發表,她說:「不用了」。〔註33〕

4.1.4　接待來賓和出訪交流

除了《法音》主編職務,淨慧法師自1980年起即擔任中國佛教協會的全國代表,1982年5月在中國佛教協會第四屆常務事理會第二次(擴大)會議上增補為理事,1987年3月在中國佛教協會第五屆全國代表大會上當選為常務理事,1993年10月在中國佛教協會第六屆全國代表會議上當選為副會長。他經常代表中國佛教協會承擔接待來賓和出訪交流的工作。這些經歷讓他開拓了眼界,增長了閱歷,對佛教與時代關係的現實體認也更為直接和深

〔註30〕 陳兵:《永懷淨慧法師》,載李四龍編:《指月者──「淨慧長老與生活禪」學術研討會論文集》,北京:生活・讀書・新知三聯書店,2015年,第29頁。王雷泉:《我與生活禪的不解之緣》,「生活禪夏令營二十屆紀念大會」(河北:石家莊),2013年7月24日。鳳凰網:https://fo.ifeng.com/special/shenghuoxialing yingershinian/huiwang/detail_2013_07/22/27774790_0.shtml。

〔註31〕 李四龍:《法演正見　音暢十方──我與〈法音〉的點滴因緣》,《法音》,2018年第1期。

〔註32〕 黃夏年:《法音宣流　佛教復興──祝賀〈法音〉出刊四百期》,《法音》,2018年第1期。

〔註33〕 淨慧法師日記(1982年12月20日),崇諦法師等整理,明海法師提供。

刻,並且富有前瞻性。

80 年代,淨慧法師隨中國佛教協會代表團出訪各國家和地區時,就很關注宗教與民眾社會生活的關係。例如:他在 1982 年出訪日本立正佼成會時,就很注意該會的建築布局與文化功能,諸如同時容納 35000 人進行佛事活動的大聖堂、為社會提供的文化活動場所的普門館,以及舉辦各類會議或用餐的法輪閣等。〔註34〕1984 年 8 月 20 日至 9 月 3 日,淨慧法師隨中國宗教代表團出訪肯尼亞參加世界宗教和平會議第四屆大會時,對當地婚禮中體現的宗教與信仰者生活之間密切關係十分讚歎,進而也對比並思考佛教的情況,希望能「把信徒生活的各個重要環節同宗教儀式密切地聯繫在一起」。〔註 35〕1987 年 7 月 16 日至 9 月 10 日,淨慧法師隨中國僧伽法務團訪問美國,參觀宣化法師創建的萬佛城、星雲法師創建的西來寺、法雲法師創建的佛恩寺、佛性法師住持的正覺寺、沈家楨先生捐建的莊嚴寺和世界宗教研究院圖書館、金玉堂居士捐建的大乘寺等多個佛教機構團體。這次長達 56 天的美國之行,令淨慧法師對美國佛教的現況有了非常深刻的印象,耳目一新。尤其是美國佛教寺廟定期舉辦的佛學班、講座、夏令營,擁有豐富的佛典和藏書,經常面向社會舉辦佛法宣講和佛教學術研究活動等,這些後來也都被他成功地運用到了大陸弘法實踐之中。

在接待來賓時候,他也非常注重從對方身上吸收成功經驗。1988 年 6 月 8 日,淨慧法師陪同趙樸初接待日本佛教團體來訪,他特在日記中記下日本山田長老的話:「我們做佛教工作要做活,要合乎時代!」〔註36〕這些佛教與時代關係的認識和感受,也刺激他後來提出生活禪理念。

4.2 生活禪對安祥禪的借鑒和超越

淨慧法師在中國佛教協會期間,很早就有機會接觸到港臺佛學著作和佛教雜誌。80 年代開始,港臺佛教團體贈送的《香港佛教》《普門學報》《星雲日記》《太虛大師全書》《妙雲集》《華雨集》等書刊,在中國佛教協會以及一些著名大寺都比較常見。淨慧法師很早就比較關注臺灣現代佛教的發展,他在日記裏記下不少當代臺灣佛教的內容,對臺灣現代禪、安祥禪等也都有一

〔註34〕 淨慧:《東遊雜韻》,《法音》,1982 年第 6 期,第 47 頁。
〔註35〕 淨慧:《內羅畢之行紀感》,《法音》,1984 年第 6 期,第 31 頁。
〔註36〕 淨慧法師日記(1988 年 6 月 8 日),崇諦法師等整理,明海法師提供。

定瞭解。80 至 90 年代，臺灣、香港經濟繁榮，與韓國、新加坡並稱爲「亞洲四小龍」，佛教服務社會的影響力也與日俱增。在這樣的時代氛圍下，大陸佛教重建過程中接受海外佛教團體捐贈資金、書籍幫助，自發向港臺佛教學習，也是一種現實趨勢。在中國佛教協會倡導人間佛教的背景下，將佛法落實於生活亦成爲大陸佛教一種內在的共識。

淨慧法師說，生活禪修行理念，是「受傳統禪宗和當代海內外許多大德新的弘法觀念的啓發和影響」。〔註37〕其中最直接動因，是緣於他相繼接待臺灣佛光山星雲法師和安祥禪創始人耕雲導師（李挽）的來訪。星雲法師所開闢的佛光山事業在事實層面上呈現了踐行太虛大師人間佛教的成功範式，而耕雲先生的安祥禪則直接觸發淨慧法師提出了「生活禪」這個概念。換言之，臺灣佛教蓬勃的現代化轉型，爲大陸漢傳佛教提供了一種可借鑒的模式。

在實踐層面，淨慧法師對星雲法師佛光山人間佛教事業的高度推崇，稱之爲「星雲模式」，將其作爲落實人間佛教的典範。〔註38〕並且，星雲法師在北京圖書館公開講座中提到的在現代社會物質生活中增加禪意的倡導，也令淨慧法師更爲著意禪法與生活的關係。星雲法師面向大專青年和佛教學者舉辦的講座形式，後來也被淨慧法師吸收到了生活禪夏令營活動之中。

在思想層面，淨慧法師更多地受到了耕雲先生安祥禪的啓發。在與耕雲先生密切接觸互動中，他萌生出「生活禪」這一概念。之後，淨慧法師亦不斷吸收當代佛教弘法理念進行完善，最終形成了較爲完整的生活禪修學體系。

4.2.1 臺灣安祥禪的直接影響

學術界之前已有一些學者對安祥禪和生活禪的關聯進行討論，認爲淨慧法師曾經弘揚安祥禪，對安祥禪內容又比較熟悉，生活禪「直接或間接地」與安祥禪有「些許關聯」，〔註39〕淨慧法師提倡生活禪至少其中有受到耕雲先生安祥禪的影響，但仍不敢確定，只作爲「一個臆測」。〔註40〕事實上，安祥禪乃是淨慧法師提出生活禪的直接誘因。不僅早期生活禪理念模仿了安祥禪

〔註37〕淨慧：《入禪之門》，上海：上海辭書出版社，2006 年，第 2 頁。
〔註38〕淨慧：《應機施教與時代精神——星雲大師率團回大陸弘法探親感言》，《禪》，1989 年第 2 期，第 45～46 頁。
〔註39〕何小平：《生活禪的緣起及其與安祥禪的關聯》，載李四龍編：《指月者：「淨慧長老與生活禪」學術研討會論文集》，北京：生活、讀書、新知三聯書店，2015 年，第 215 頁。
〔註40〕聖凱：《佛教現代化與化現代》，北京：金城出版社，2014 年，第 37 頁。

的範式，連淨慧法師自己也說：「在祖師語錄的啓發下，也在臺灣安祥禪的啓發下，我在 1992 年提出了生活禪。開始我們這裡（柏林寺）弘揚耕雲先生的安祥禪前後有一年左右的時間。」〔註41〕

　　淨慧法師和耕雲先生都是虛雲老和尚門下，耕雲先生 1943 年曾在重慶皈依虛雲老和尚〔註42〕，並決心學禪，弘揚禪法；而淨慧法師是從虛雲老和尚受戒、得法。這種法緣關係，拉近了他們彼此的距離，也是淨慧法師早期認同和推廣安祥禪的一個重要原因。

4.2.1.1　耕雲先生和安祥禪

　　臺灣安祥禪的創立者是耕雲先生李挽（1924～2000 年），名連元，幼名大有，字仲三，生於天津。1942 年在西康依止噶舉派瑪西其安上師修學，得灌頂爲阿闍黎。他曾跟隨虛雲老和尚和來果禪師習禪，頗有所得。1949 年移居臺灣，服役軍中，參禪不斷。1982 年擔任臺南市禪學會導師，應請在臺灣各地講法，倡導安祥禪。

　　耕雲先生認爲，安祥是法的現量，是禪的生命，是正受的實證，是契合實相、理諸相對、揚棄一切二元觀念的最高生活藝術，是至美的心態，是永不枯竭的幸福泉源。〔註43〕安祥禪，強調安祥的心態，所謂「心安則吉祥」，故名安祥禪。耕雲先生認爲，在工業社會時代，古老的禪宗難以被現代人所理解，因此他特將傳統禪法進行「稀釋」，提出並弘揚安祥禪。

　　安祥禪的法本，是《金剛經》《六祖壇經》以及耕雲先生的「講詞、著作、解惑錄、詩歌、法語銘言及安祥禪曲」。〔註44〕耕雲先生說，安祥禪來源於祖師禪，安祥禪本身是現代的祖師禪、宗門禪，也是典型的如來禪。其依據是《大梵天王問佛決疑經》釋尊拈花，迦葉微笑，直示「安祥」。〔註45〕他認爲，如來禪與祖師禪是將禪「分成了兩個階段」，但「並非把禪分爲兩

〔註41〕淨慧：《普茶（選錄）》（2002 年 7 月 21 日），載於《夏令營的腳步——柏林禪寺生活禪夏令營》，趙州柏林禪寺印行，2014 年，第 217～218 頁。

〔註42〕《耕雲先生年譜簡編》，「安祥禪叢書」電子版，載於安祥禪網站：http://www.anhsiangchan.org.tw。

〔註43〕耕雲先生：《安祥之美》（1985 年 7 月 21 日講），載於《安祥禪》，石家莊：河北《禪》刊編輯部，1992 年，第 9～15 頁。

〔註44〕《安祥禪簡介》，「安祥禪叢書」電子版，載於安祥禪網站：http://www.anhsiangchan.org.tw。

〔註45〕耕雲先生：《禪的認知與修學》（1988 年 1 月 31 日講於臺南市），載於《安祥禪》，石家莊：河北《禪》刊編輯部，1992 年，第 52～53 頁。

種」。〔註46〕鑒於禪宗公案糾纏難懂，於是「直截了當，提出『安祥』兩個字」，〔註47〕他用現代通俗語言講解禪法和禪宗公案，易於理解。例如，他講解：禪師豎一指頭，回答祖師西來意，乃是「以無言顯有言」；人問佛，雲門文偃禪師答「乾屎橛」，此是「以有言顯無言」；人問趙州是否從南泉普願處得法，趙州禪師答「鎮州出大蘿蔔」，此爲歇後語，借喻「人人皆知之事」，又何須一問；有人問出生小孩是否具有六識，趙州禪師答「急水上打球子」，此爲幽默語，比喻「念念不停留」。如此等等，令很多對禪宗公案苦思費解不得出路之人，都對耕雲先生非常敬服。

安祥禪倡導以家庭爲修行道場，以反省作爲修行的起點，不需改變以往的生活方式，也不非要打坐禪修，而是以「不可告人的事斷然不爲，不可爲的事斷然不想」作爲唯一戒條，主張要「活在責任義務中」。〔註48〕這種現代語言的演講和闡釋，通俗易讀，頗受歡迎。在臺灣，安祥禪修學者有數千人，〔註49〕成立了中華禪學會、財團法人耕雲禪學基金會，在書籍出版宣傳方面也有一定影響力，如發行《安祥禪》、創辦《臺南市禪學研究會季刊》《中華禪學季刊》等。〔註50〕其追隨者常以「隨雲」「仰雲」爲名，以表對耕雲先生的追隨和尊崇。

4.2.1.2 從弘揚安祥禪到提出生活禪

淨慧法師和《禪》刊堪稱是安祥禪在大陸佛教的早期傳播者。自 1989 年 2 月《禪》刊創辦伊始，淨慧法師就與臺灣耕雲禪學基金會建立聯繫，經常刊登耕雲先生佛學文章，如《禪的基本內涵》《觀潮隨筆》等，又協助臺灣《中華禪學季刊》贈閱耕雲先生著作《安祥之美》，並於 1991 年受「耕雲禪學基金會」委託印製流通《安祥禪》2 萬冊。〔註51〕臺灣耕雲禪學基金會

〔註46〕 耕雲先生：《中華禪風的演變》（1984 年 4 月 8 日講於臺北市），載於《安祥禪》，石家莊：河北《禪》刊編輯部，1992 年，第 217 頁。

〔註47〕 耕雲先生：《禪的認知與修學》（1988 年 1 月 31 日講於臺南市），載於《安祥禪》，石家莊：河北《禪》刊編輯部，1992 年，第 54 頁。

〔註48〕 耕雲先生：《禪是生活的宗教》（又名《如來禪、祖師禪與安祥禪》，1991 年 7 月 18 日講於中國佛學院），載於《安祥禪》，石家莊：河北《禪》刊編輯部，1992 年，第 311 頁。此文曾發表在《法音》，1991 年第 10 期。

〔註49〕 1991 年耕雲先生訪問大陸時說：「在臺灣，有幾千位朋友認同安祥禪。」詳見耕雲先生：《禪與安祥禪》（1991 年 7 月 17 日講於北京廣濟寺），「安祥禪叢書」電子版，載於安祥禪網站：http://www.anhsiangchan.org.tw。)

〔註50〕 《臺南市禪學研究會季刊》創辦於 1982 年，《中華禪學季刊》創辦於 1988 年。

〔註51〕 淨慧：《河北佛協工作的回顧》，《禪》，1990 年第 1 期。耕雲先生：《安祥禪》：

也助印《禪》刊萬冊。而且，三聯書店 1989 年 12 月出版耕雲先生的禪學講演集《安祥禪》，上海佛學書局也流通，很受讀者歡迎。這本書是當時禪學方面的暢銷書之一。據淨慧法師說，大陸修學安祥禪者，約數萬人，僅《禪》刊就收到了上百封閱讀《安祥禪》體會的來信，還收到了上千封的讀者來信。〔註 52〕

　　1989 年至 1992 年間，淨慧法師著力弘揚安祥禪，在《禪》刊上開闢專欄介紹安祥禪，並且徵集讀後感，選登讀者閱讀《安祥禪》和修學安祥禪的體會，引發讀者熱烈討論和互動。〔註 53〕1992 年，河北省佛教協會、河北《禪》刊編輯部印行的《安祥禪》，也將《徵求讀後感啟示》附後：

　　　　您讀了本書之後，有些什麼想法呢？歡迎用一千至千五百字的
　　短文，將您的感想寫出來，寄給我們。您可以總括的敘述，也可針
　　對某一篇講詞，甚至某一句話來發揮。您的稿件若獲採用，將發表
　　在《禪》刊上……〔註 54〕

河北《禪》編輯部，1991 年 7 月，內部流通部版。

〔註 52〕自《禪》創刊號，就有刊登贈送安祥禪書籍的《贈書啟示》。1989 年第 3 期，《禪》刊編輯部就收到千餘讀者來信，索要耕雲先生《安祥之美》一書。這期《禪》刊還刊登《讀〈安祥集〉有獎徵文啟示》：「來稿一經採用，一律贈送稿酬人民幣 100 元。」另見淨慧：《禪者的對話——記淨慧法師訪「安祥禪」耕雲先生》，《禪》，1991 年第 3 期，收錄於《中國佛教與生活禪》，北京：宗教文化出版社，2005 年，第 410 頁。此文係何小平（何明乾，明乾是法名）記錄。何小平在《生活禪的緣起及其與安祥禪的關聯》一文中談到了這次當面拜訪耕雲先生並記錄整理的經過。（載於李四龍編：《指月者：「淨慧長老與生活禪」學術研討會論文集》，北京：生活、讀書、新知三聯書店，2015 年，第 215 頁。）

〔註 53〕宏毅：《我對安祥禪的認識》，《禪》，1990 年第 1 期。李林：《安祥禪——通向健康心理的橋樑》，《禪》，1990 年第 2 期。斯朋錫：《我對安祥禪的體會》，《禪》，1990 年第 2 期。史樸：《我對安祥禪的一點認識》，《禪》，1990 年第 4 期。世明：《安祥禪與反省》，《禪》，1990 年第 4 期。陳世明：《我對安祥禪的兩點體會》，《禪》，1990 年第 4 期。粟一：《安祥禪的特殊意義》，《禪》，1991 年第 2 期。白金：《我與安祥禪》，《禪》，1991 年第 2 期。正昕：《安祥禪與科學研究工作》，《禪》，1991 年第 4 期。智仁：《安祥禪——世人超脫苦海的簡捷法門》，《禪》，1991 年第 4 期。世明：《對安祥禪的兩點新認識》，《禪》，1992 年第 1 期。開祥：《大家都來讀〈安祥集〉，學安祥禪》，《禪》，1992 年第 1 期。柳依依：《我對安祥禪的認識》，《禪》，1992 年第 1 期。郭淑敏：《普通人，平常心——與耕雲先生一晤》，《禪》，1992 年第 1 期。樓宇烈：《禪的生命，禪的正受——讀耕雲先生〈安祥集〉》，《禪》，1992 年第 3 期。

〔註 54〕《徵求讀後感啟示》，《安祥禪》，載於《安祥禪》，石家莊：河北《禪》刊編輯部，1992 年，第 337 頁。

　　值得一提的是，這本《安祥禪》書名是由趙樸初題寫的，序言由北京大學湯一介教授和樓宇烈教授撰述，一定程度上也代表了佛教界和學術界對安祥禪的一致肯定。並且，書裏收錄了耕雲先生在北京大學、中國人民大學、中國社會科學院、中國佛教協會、中國佛學院的數次演講，而耕雲先生所強調的禪落實於日常生活等理念，以及安祥禪的闡發方式等，直接啓發並鼓舞了淨慧法師提出「生活禪」的理念。例如，耕雲先生講到：

　　　　禪必須落實在生活裏……禪是一種生活的宗教。〔註55〕

　　　　安祥禪既然是佛法，那麼如何將它貫注在日常生活中，讓它在血肉的現實生活裏生根呢？〔註56〕

　　　　禪是生活的宗教：把對禪的信念、對佛法的信仰與認知，在日常生活中具體反映出來，也就是把最高深的佛法實踐，並反應在最平凡的現實生活中。〔註57〕

　　不久之後，1992年10月26日柏林寺冬季禪七上，淨慧法師首次面向信眾公開提出「生活禪」理念。他認爲既然古代有如來禪和祖師禪，現在又有安祥禪和現代禪，於是也希望「根據趙州和尙的思想」提出「生活禪」。他爲信眾講解《提倡生活禪的意義》，提出「讓禪回到生活」的生活禪設想。〔註58〕

　　這也標誌了淨慧法師從弘揚安祥禪轉向倡導生活禪。淨慧法師提出：「生活禪是傳統中華禪在現代條件下的具體運用。」〔註59〕安祥禪的修行方法「求心安，活在責任義務裏，時時自覺、念念自知、事事心安、秒秒安祥」也被淨慧法師的生活禪所吸收借鑒。他認爲，安祥禪、現代禪以及生活禪這些新的禪法，只是弘法方法的變化，「要因人、因地、因時而契理契機

〔註55〕耕雲先生：《禪的特質》（1991年7月24日講於中國人民大學），「安祥禪叢書」電子版，載於安祥禪網站：http://www.anhsiangchan.org.tw。

〔註56〕耕雲先生：《安祥禪的知與行》（1991年5月3日講於北京大學），「安祥禪叢書」電子版，載於安祥禪網站：http://www.anhsiangchan.org.tw。

〔註57〕耕雲先生：《禪是生活的宗教》（1991年7月18日講於中國佛學院），載於《安祥禪》，石家莊：河北《禪》刊編輯部，1992年，第320頁。

〔註58〕淨慧：《趙州柏林禪寺第一屆禪七法會開示‧第七講　提倡生活禪的意義》（1992年10月26日），載於《柏林禪話》，趙州柏林禪寺印行，2015年，第38～39頁。

〔註59〕夏令營，第5、338頁。「中華禪」這個詞匯也是耕雲先生率先使用，淨慧法師也接受使用，作爲「祖師禪」的別稱，專指六祖慧能以來的禪法。

地運用禪來接引大眾」。〔註60〕儘管初期在語詞和表達敘述方面，生活禪仍有安祥禪的影子，但是生活禪畢竟朝著獨立成長的道路開始發展。

4.2.2　淨慧法師與耕雲先生的交往

1991 年，中國佛教協會邀請耕耘禪學基金會訪問大陸。耕雲先生分別於 4 月 24 日至 5 月 4 日、7 月 16 日至 7 月 25 日兩次率團訪問大陸，趙樸初會長親自接待，並安排宴請以及禪學講演和座談會。〔註 61〕趙樸初在致辭中特別讚歎耕雲先生弘揚中華禪學的貢獻，乃「深契佛心祖意」，是秉承禪宗的「正見、正受」。〔註62〕

期間，淨慧法師和耕雲先生多次相見。7 月 16 日，耕雲先生第二次來訪時，淨慧法師親到機場迎接，又邀請他到石家莊和正定臨濟寺講演，訪問柏林寺。淨慧法師特撰《臺灣禪學參訪團應邀來訪進行禪學交流活動》，將耕雲先生弘法活動在《法音》上進行報導。〔註63〕

4.2.2.1　淨慧法師和耕雲先生的對談

1991 年 4 月 30 日和 5 月 2 日，淨慧法師與耕雲先生會面座談，淨慧法師提出「將佛法與生命打成一片」「在生活中實踐佛法，體現佛法」，〔註 64〕耕雲先生也非常認同。這對淨慧法師提出「生活禪」設想，是一個很大的鼓勵支持。這時，淨慧法師已經對佛法與生活有了較深入的思考，距離「生活禪」概念的提出僅僅一步之遙。

4.2.2.2　大陸禪學研修現狀和禪的當代意義座談會

〔註60〕 淨慧：《入禪之門‧第一講　什麼是禪》（2000 年 11 月），載於《雲水禪話》，趙州柏林禪寺印行，2015 年，第 136 頁。

〔註61〕 5 月 3 日在北京大學講《安祥禪的知與行》，7 月 17 日在北京廣濟寺講《禪與安祥禪》，7 月 18 日在北京中國佛學院講《禪是生活的宗教》，7 月 20 日在河北正定臨濟寺講《臨濟禪與安祥禪》，7 月 23 日在中國社會科學院講《佛法與國運》，7 月 24 日，在中國人民大學講《禪的特質》，基本上是在學術講座的範疇內進行的。

〔註62〕 趙樸初在歡迎臺灣禪學參訪團宴會上的講話（1991 年 7 月 17 日）。見趙樸初：《趙樸初文集》，北京：華文出版社，2007 年，第 1100 頁。

〔註63〕 拾文：《臺灣禪學參訪團應邀來訪進行禪學交流活動》，《法音》，1991 年第 9 期，第 35～36 頁。

〔註64〕 淨慧：《禪者的對話——記淨慧法師訪「安祥禪」耕雲先生》，《禪》，1991 年第 3 期，收錄於《中國佛教與生活禪》，北京：宗教文化出版社，2005 年，第 409～410 頁。

　　1991 年 7 月 17 日，中國佛教協會北京廣濟寺舉辦「大陸禪學研修現狀和禪的當代意義」座談會，中國佛教協會傳印法師、明哲法師、印亮法師、周紹良居士，以及中國人民大學宗教研究所所長方立天教授、中國社會科學院世界宗教研究所佛教研究室主任楊曾文研究員、北京大學中國哲學研究室講師張學智和陳繼東、中國人民大學講師邢東風等約 40 人參加。會上，淨慧法師和耕雲先生都有發言和互動。

　　淨慧法師在座談會上首先報告《大陸禪學研究的現況》，將學術界研究重點概括為以《六祖壇經》為中心的研究、以禪與中國文化的關係為主題的研究、以哲學思辨來探討禪學三個方面；將佛教界的研究重點概括為響應學術界之批判的研究、禪本身的研究、傳統禪風繼承發揚以及禪宗祖庭恢復與重建的研究三個方面。淨慧法師還將大陸禪學的流派主要歸納為三個系統，即：虛雲老和尚和來果禪師門下秉持的傳統禪學、諾那活佛門下的密宗禪學、四川袁煥仙居士系統的禪學。〔註 65〕這說明，淨慧法師對當代大陸禪宗發展、禪學弘揚以及禪學研究都有比較全面的認識。他對密宗禪學的關注，可從他向佛教界引介吳立民、元音老人等人的著述充分反映出來。並且，他後來與袁煥仙居士的弟子南懷瑾也交情甚篤。

　　耕雲先生在會上發表《禪與安祥禪》，說明提倡安祥禪的初衷乃是基於時代的使命感。他認為禪是宗教，又超越於宗教，主張「學禪要達到法的人格化」「過禪的生活」，他努力「把禪稀釋，把中華禪稀釋、簡單化，儘量不用名相，儘量適應現代人的生活」。〔註 66〕耕雲先生對佛法生活化、法的人格化之強調，亦給淨慧法師很多啓發。

4.2.2.3　耕雲先生禪學講演會

　　1991 年 7 月 18 日，中國佛學院在法源寺舉行「耕雲居士禪學講演會」，400 多人前來聆聽，其中不少是大學生和《安祥禪》的讀者。這也是法源寺恢復開放以後，第一次有大學生來寺裏聽講座。之後，何小平根據錄音將耕雲先生發言整理成文，經淨慧法師「審閱而制定文章標題」為《禪是生活的宗

〔註 65〕忠雲記錄：《燕山行腳——隨師側記之二》（1991 年 7 月 17 日），《耕雲導師年譜補充資料》，「安祥禪叢書」電子版，載於安祥禪網站：http://www.anhsiangchan.org.tw。

〔註 66〕耕雲先生：《禪與安祥禪》（1991 年 7 月 17 日講於北京廣濟寺），「安祥禪叢書」電子版，載於安祥禪網站：http://www.anhsiangchan.org.tw。

教——耕雲先生在中國佛學院的演講》，刊登在 1991 年第 10 期《法音》上。
這篇文章，臺灣耕雲禪基金會後來在收錄《安祥禪》第三集時名為《如來禪、
祖師禪與安祥禪》，而河北《禪》刊編輯部印行的《安祥禪》則仍使用《禪是
生活的宗教》這個名字。這說明，淨慧法師不僅準確把握耕雲先生提出和倡
導安祥禪的精髓，也特別認同佛法對生活的指導，因此他將標題定為《禪是
生活的宗教》發表。安祥禪對生活的強調，也為後來生活禪的提出、傳播和
認同，作了一個有效的鋪墊。

4.2.2.4　耕雲先生在河北講演安祥禪，參訪柏林寺

　　在淨慧法師的邀請下，耕雲先生 7 月 19 日至 21 日蒞臨河北宣講安祥禪。
19 日在石家莊舉行座談會，耕雲先生講演《如何修學安祥禪》，並與現場聽眾
問答互動。參加者 30 餘人，主要是《安祥集》的讀者，也有河北電臺的人員、
記者，河北師範大學師生等。20 日，在臨濟寺為數百信眾講解《臨濟禪與安
祥禪》，並參訪柏林寺，皆有數百名信眾在山門夾道歡迎。耕雲先生也特捐助
柏林寺 1000 元美金用於寺廟建設。淨慧法師也將柏林寺千年古柏枯枝製成的
手杖送給耕雲先生作為紀念。

　　在河北，修煉氣功的氛圍十分濃厚，很多人是因氣功而對禪產生興趣、
因閱讀《禪》刊而接觸安祥禪，特意慕名前來拜謁耕雲先生。其中，有人表
示因閱讀《安祥禪》而家庭和樂的，有人說閱讀《安祥禪》病癒而獲得健康
的，還有請耕雲先生當場加持的。不過，耕雲先生也反對一些人過分誇大安
祥禪的治病或神異功效，他明確指出氣功修煉是外道，不是佛法，無論是氣
功還是安祥禪都不可能包治百病。〔註67〕

4.2.2.5　耕雲先生及耕雲禪學基金會對修復柏林寺的幫助

　　淨慧法師最初到河北時，柏林寺除了趙州古塔幾乎片瓦不存，河北省佛
教協會最初是在正定臨濟寺日常辦公。在物力維艱、百廢待興的時刻，耕雲
先生和安祥禪學基金會曾給予淨慧法師一些經濟方面的支持，贊助流通《安
祥禪》，發動捐資修復柏林禪寺等。耕雲先生給淨慧法師的回信裏，如實地
反映了淨慧法師為修復柏林寺再三請他幫忙募款的情形：

　　　　趙州祖庭復興事，當伺機發動贊助，愚雖為一退休軍人，亦必
　　竭其個人之力，一者報佛天之恩，一則報師（淨慧法師）之知遇，

〔註67〕耕雲先生：《安祥禪的知與行》（1991 年 5 月 3 日講於北京大學），「安祥禪叢
　　　　書」電子版，載於安祥禪網站：http://www.anhsiangchan.org.tw。

靡得心安耳。然事當在合唱團明年再度來京時。〔註68〕

　　所囑之振興趙州道場事，當全力以赴，來年或當不辱所期耳。
〔註69〕

　　吾師（淨慧法師）為復興宗乘，不辭艱難，突破困境，中興道
場，再樹法幢，重光慧日，若非乘願再來，孰能臻此？此所以諸會
友欽佩敬仰，而願盡綿薄者也。〔註70〕

而淨慧法師也對耕雲先生和耕雲禪學基金會給予的幫助，深表感謝：「河
北的佛教事業，有今天的局面，是同老居士（耕雲先生）的法布施、財布施
分不開的。」〔註71〕

早期，淨慧法師弘揚安祥禪，除了由於經濟方面得到耕雲先生的資助外，
同時也是因為他們都是虛雲老和尚門下，這種法緣關係也加強了淨慧法師對
安祥禪的親近和認同。而且安祥禪的語言，宗教色彩比較淡，通俗易懂，在
大陸熱衷氣功修煉的氛圍中容易吸引這些對禪修感興趣的人，逐漸轉向佛
法。無論是淨慧法師還是耕雲先生，都對氣功等現象心存警惕，儘管佛法、
禪修在「氣功熱」潮流下有所發展，但他們一致認為佛法與氣功不可混為一
談，佛法是不共的。

4.2.3　生活禪對安祥禪的吸收和超越

4.2.3.1　模仿和超越安祥禪

耕雲先生提出安祥禪，主要是希望順應時代發展，用現代人能夠接受的
方式，使大家易於接受和學習禪。他明確說安祥禪是祖師禪，但自己之所以
提出安祥禪，就是因為「時代不同了」，過去的人根器猛利，業輕障淺，修學
祖師禪就能成就，可是現代工業社會人的欲望深重，大家為生活奔忙，根本
無暇理會傳統參話頭、死心塌地靜坐觀心等修法，並且難以得到受用。所以

〔註68〕耕雲先生致淨慧法師信，落款時間（1991 年）9 月 26 日，柏林寺明海法師提
　　　　供。
〔註69〕耕雲先生致淨慧法師信，落款時間（1991 年）8 月 8 日，柏林寺明海法師提
　　　　供。
〔註70〕耕雲先生致淨慧法師信，落款時間（1991 年）12 月 6 日，柏林寺明海法師提
　　　　供。
〔註71〕淨慧：《禪者的對話──記淨慧法師訪「安祥禪」耕雲先生》，《禪》，1991 年
　　　　第 3 期，收錄於《中國佛教與生活禪》，北京：宗教文化出版社，2005 年，第
　　　　408 頁。

他乾脆提出了「安祥禪」。他認為，安祥禪與祖師禪的差別，是「現代禪與過去禪的差別」，過去的祖師禪是「偏重於出世」；而現代禪「應該偏重於入世」。〔註72〕耕雲先生提出並弘揚安祥禪，有著深切的現實關懷，他在給淨慧法師的信中寫到：

> 後學一介解甲武夫耳，於佛法但有信向，何德何能當師（淨慧法師）贊許！然窮半生之力，深知惟佛法乃真實解脫法門，亦唯中華禪方能予人賴以有效而徹底的心靈救濟。欲期中國興盛、世界和平，捨禪之弘揚、踐行則不為功。蓋苟無人，任何問題不會發生；離開人，任何問題無法解決。苟不提升人底品質，而奢言種種，則一切理論概屬空談，任何規劃皆同廢紙。而提升人底品質，則無有優於「禪」者。祖師禪不唯確能點鐵成金，尤能轉凡成聖。此吾師親證者，故至無須多言。故後學雖生於戰亂，長於烽火，辛酸歷盡，百死餘生，亦誓願傾其餘生，弘揚上乘也。〔註73〕

淨慧法師提出生活禪，也是同樣基於社會時代和引導信眾為出發點。他一直在思考：「特別是到了現代……如何把禪與我們的生活更貼近，在修行上不走彎路？」〔註74〕他希望能夠把祖師禪、把古人的智慧和修行經驗運用到今天現代人生活中，把功夫與見地統一起來，因此提倡「在生活中修行，在修行中生活」「覺悟人生，奉獻人生的」生活禪。他在初期的一些語言表述方面，也模仿並吸收了安祥禪的部分內容。

例如，對於「禪」的內涵界定，耕雲先生在講演中強調禪超越宗教與哲學：「禪的宗教，既是宗教，又超越宗教。所有的教派當中，只有禪宗最反迷信、最不迷信了。」〔註75〕「禪是宗教，但它又超越宗教、破除迷信。」〔註76〕

〔註72〕耕雲先生：《禪的認知與修學》（1988年1月31日講於臺南市），載於《安祥禪》，石家莊：河北《禪》刊編輯部，1992年，第54頁。

〔註73〕耕雲先生致淨慧法師信，落款時間（1991年）12月6日，柏林寺明海法師提供。

〔註74〕淨慧：《趙州柏林禪寺第六屆禪七法會開示・第二講　禪宗的「頓」與「漸」》（1997年12月15日），載於《柏林禪話》，趙州柏林禪寺印行，2015年，第108頁。

〔註75〕耕雲先生：《禪是生活的宗教》（又名《如來禪、祖師禪與安祥禪》，1991年7月18日講於中國佛學院），載於《安祥禪》，石家莊：河北《禪》刊編輯部，1992年，第308頁。

〔註76〕耕雲先生：《禪與安祥禪》（1991年7月17日講於北京廣濟寺），「安祥禪叢書」電子版，載於安祥禪網站：http://www.anhsiangchan.org.tw。）

「禪不是迷信，坦白地說，禪是無神論者⋯⋯社會主義最大的關鍵是人的素質⋯⋯提高人的素質，其方法在『禪』⋯⋯禪的特色在於一個『超』字，它是宗教，超宗教；是哲學，超哲學；是藝術，超藝術。禪的藝術，既具象又抽象；禪的哲學，既存在又超越；禪的語言，是語言而非語言。禪常常用語言表達非語言，以有言表達無言。」〔註77〕而淨慧法師在給信眾講解禪的內涵時，也基本沿用了耕雲先生的這種說法。在當時的社會環境下，講佛教、宗教是冒一定風險的，但是「禪」作為一種文化，則可以在公開場合討論交流。就如趙樸初所說的：「禪，作為人類精神文明和生命哲學的最高成就，已經在國際上受到越來越多的人的重視」，「以審美和確立人生生活形態為內容的『禪學熱』在中國、在世界方興未艾。」〔註78〕所以，淨慧法師辦《禪》刊，提出生活禪，也是出於「禪最沒有宗教色彩，最容易被絕大多數的人所理解、所接受」，〔註79〕禪是「佛教中宗教氣氛最淡、與生活最貼切的法門」。〔註80〕

並且，耕雲先生在講演時常常使用「中華禪」來指代達摩祖師所傳中土尤其是六祖慧能以後的中國化禪法，以區別於「印度禪」，他還創立了「中華禪學會」。他認為達摩至五祖所傳的禪是「宗門禪」「如來禪」，六祖以後的禪是「祖師禪」「中華禪」。〔註81〕他解釋說，這是因為「中華禪不拘形式、擺脫名相、不受困擾，嬉笑怒罵都是禪，尤其充滿了幽默感，使我們活在喜悅、安祥中。」〔註82〕「中華禪」這一詞彙，在傳統佛教典籍中沒有使用的先例，

〔註77〕 耕雲先生：《佛法與國運》（1991年7月23日講於中國社會科學院），「安祥禪叢書」電子版，載於安祥禪網站：http://www.anhsiangchan.org.tw。）

〔註78〕 趙樸初在歡迎臺灣禪學參訪團宴會上的講話（1991年7月17日）。見趙樸初：《趙樸初文集》，北京：華文出版社，2007年，第1100頁。

〔註79〕 淨慧：《趙州柏林禪寺第一屆禪七法會開示・第七講　提倡生活禪的意義》（1992年10月26日），載於《柏林禪話》，趙州柏林禪寺印行，2015年，第39頁。

〔註80〕 淨慧：《生活禪夏令營緣起》，《法音》，1993年第9期。

〔註81〕 耕雲先生：《禪、禪學與學禪》（1982年講於臺南市），載於《安祥禪》，石家莊：河北《禪》刊編輯部，1992年，第163～164頁。耕雲先生：《中華禪風的演變》（1984年4月8日講於臺北市），載於《安祥禪》，石家莊：河北《禪》刊編輯部，1992年，第213～218頁。耕雲先生：《禪是生活的宗教》（1991年7月18日講於中國佛學院），載於《安祥禪》，石家莊：河北《禪》刊編輯部，1992年，第303～305、310頁。

〔註82〕 耕雲先生：《禪與安祥禪》（1991年7月17日講於北京廣濟寺），「安祥禪叢書」電子版，載於安祥禪網站：http://www.anhsiangchan.org.tw。）

它是一個比較現代用法的詞彙。耕雲先生 1989 年曾有《歸依中華祖師禪》一文，按他所說，「中華禪」即是「中華祖師禪」的簡稱。淨慧法師也借用「中華禪」這個指稱，在 1993 年第一屆生活禪夏令營上說：「生活禪是傳統中華禪在現代條件下的具體運用」，中華禪是最具中國特色的宗派，要求「立足現實的人生，在生活的當下完成覺悟和解脫」，而生活禪「繼承了這一精神」並且結合了「現代人生活的實際」。〔註83〕之後，淨慧法師在講演和著述中，更多運用的是「祖師禪」這一傳統語彙。此外，耕雲先生有《如來禪、祖師禪與安祥禪》、《禪的四個基礎》、「為什麼要提出安祥禪」、《臨濟禪與安祥禪》等，淨慧法學師也參照其主題，撰述了《如來禪、祖師禪、生活禪》《修學生活禪的四個要點》《提倡生活禪的意義》，並且發起「河北三禪（趙州禪、臨濟禪、生活禪）學術論壇」等。

耕雲先生 1991 年在廣濟寺演講時提出，「學禪要達到法的人格化」，「佛法人格化，把禪變成為生命的全部內涵」。〔註84〕「法的人格化」這一表述，也被淨慧法師所借用。他在《生活禪開題》一文中寫到：「要使佛法的精神具體化，要使自己的思想言行與自己的信仰原則融為一體，實現法的人格化」，〔註85〕生活禪「將修行落實於當下」，實際上就是「法的人格化」，分分秒秒修行，生命與佛法融為一體。淨慧法師說：「安祥禪的倡導者李耕雲先生就講法的人格化，要把法來人格化，那就是說我們時時刻刻要安住在佛法當中，修行在佛法當中。」〔註86〕

安祥禪是在家佛教團體，倡導安分守己，問心無愧，積極服務於社會，帶有積極的入世取向，強調肩負時代的使命，耕雲先生自述提出安祥禪乃是因為時代之變遷，「安祥禪是工業社會的禪，安祥禪是現在進行式的禪」，實現「時時自覺、念念自知，事事心安，秒秒安祥」。〔註87〕而淨慧法師生活禪

〔註83〕淨慧：《在第一屆生活禪夏令營開營式上的講話》（1993 年 7 月 20 日），載於《夏令營的腳步——柏林禪寺生活禪夏令營》，趙州柏林禪寺印行，2014 年，第 5 頁。

〔註84〕耕雲先生：《禪與安祥禪》（1991 年 7 月 17 日講於北京廣濟寺），「安祥禪叢書」電子版，載於安祥禪網站：http://www.anhsiangchan.org.tw。）

〔註85〕淨慧：《生活禪開題》，《禪》，1993 年第 1 期。

〔註86〕淨慧：《入禪之門》，上海：上海辭書出版社，2006 年，第 104 頁。

〔註87〕耕雲先生：《禪的特質》（1991 年 7 月 24 日講於中國人民大學），「安祥禪叢書」電子版，載於安祥禪網站：http://www.anhsiangchan.org.tw。耕雲先生：《禪是生活的宗教》（1991 年 7 月 18 日講於中國佛學院），載於《安祥禪》，石家莊：河北《禪》刊編輯部，1992 年，第 312～318 頁。

也是著力佛法現代化，並且幫助現代人解決困惑煩惱，「用佛法的智慧解決現代人的苦惱」，「將佛法的精神落實融化於我們生活的每個角落，將禪的智慧實現於生命的分分秒秒」。〔註88〕

　　但是，也必須注意到，早期淨慧法師模仿安祥禪的表述不完全是照搬，他雖然在某些方面借用了安祥禪的理念或用詞，但是在具體闡釋層面則更深入，也更強調佛教本位的立場。比如，耕雲先生將「以正信因果爲學禪的基礎」〔註89〕，作爲修禪的第一條要領。淨慧法師提出生活禪的「修行三要」的第一條也爲「具足正信」，具體包括：「以三寶爲正信的核心，以因果爲正信的準繩，以般若爲正信的眼目，以解脫爲正信的歸宿。」〔註90〕但是，淨慧法師的「具足正信」是從三皈依開始，基本按照信、解、行、證來系統呈現具體的修行次第。

　　又如，耕雲先生非常注重修行者在世間的責任和義務，「以責任義務爲生活的重心」，將「要求人活在責任義務裏」作爲修行的方法。〔註91〕他說：「人應該怎麼活？人應該活在責任義務裏，人應該負起每個人自己的責任。」〔註92〕這是安祥禪入世精神的體現。淨慧法師對此有所發展，他將責任與義務也作爲生活禪的理念展現，提出：「在盡責中求滿足，在義務中求心安，在奉獻中求幸福，在無我中求進取，在生活中透禪機，在保任中證解脫。」〔註93〕從中可見，淨慧法師的思想，是將現實的責任義務與佛道圓成作爲一體的，不是僅僅止於世法層面的盡職盡責，更強調佛教的無我——無緣大慈、同體大悲的菩薩精神，在利他奉獻中實現自我的解脫。

　　再如，耕雲先生提出修學安祥禪「向上的基礎」是「誠、敬、信、行」，〔註94〕淨慧法師也意識到「向上」的重要性，並將「向上」與「向善」相結

〔註88〕淨慧：《生活禪夏令營緣起》，《法音》，1993 年第 9 期。

〔註89〕耕雲先生：《佛法在世間》（1991 年 3 月 29 日講於臺北），載於《安祥禪》，石家莊：河北《禪》刊編輯部，1992 年，第 287 頁。

〔註90〕修行三要，即：具足正信、堅持正行、保任正受。淨慧：《生活禪開題》，《禪》，1993 年第 1 期。

〔註91〕耕雲先生：《禪是生活的宗教》（1991 年 7 月 18 日講於中國佛學院），載於《安祥禪》，石家莊：河北《禪》刊編輯部，1992 年，第 311 頁。

〔註92〕耕雲先生：《安祥之美》（1985 年 7 月 21 日講於臺北），載於《安祥禪》，石家莊：河北《禪》刊編輯部，1992 年，第 24 頁。

〔註93〕淨慧：《生活禪開題》，《禪》，1993 年第 1 期。

〔註94〕耕雲先生：《邁向生命的圓滿》（1983 年 12 月 8 日講於臺北），載於《安祥禪》，石家莊：河北《禪》刊編輯部，1992 年，第 193 頁。

合，提出：「向善下化眾生，向上上求佛道；向上是覺悟人生，向善是奉獻人生；向善是他受用，向上是自受用。」〔註95〕這樣，既豐富了生活禪的多重面向和積極價值，同時也將世法與佛法貫通，自覺地對應到生活禪「覺悟人生，奉獻人生」的根本宗旨。

4.2.3.2　生活禪與安祥禪的比較

如果對比安祥禪和生活禪，它們的共性都是對禪宗現代轉型的一種探索實踐。但是，安祥禪是主要面向在家佛教信徒，其戒條「不可告人之事，斷然不為」〔註96〕更多的是帶有道德倫理的色彩；而生活禪則更堅持佛教戒律，以信仰三寶為核心，強調僧伽在教團的核心地位。

安祥禪強調入世，帶有儒家底色的價值取向。儘管安祥禪也說要「以正信因果為學禪的基礎」，但更強調以「存誠、行正、盡責、感謝」〔註97〕作為學禪的基礎，「提升心態並活在責任義務中」。〔註98〕安祥禪的修學重點是在世俗角度，主張做個正常的人、做個好人，愛國家、愛人民，盡責任、盡義務，求心安地過日子，使自己的心態安祥。〔註99〕因此，耕雲先生不提倡燒香、磕頭、打坐等形式。但這樣一來，佛法不共於世法的超越性價值及其儀式就很容易被消泯於世俗倫理觀念了。而淨慧法師提出生活禪，特別注重禪法傳統及其超越性價值，他一方面接引初學，同時也注重保持叢林的禪宗修學制度和儀式，堅持世出世間取向，通向解脫道和菩薩道。淨慧法師在住持柏林寺之後，每年舉辦生活禪夏令營，面向青年弘法，同時每年也開展冬季禪七，完全採取傳統的坐香禪修。不僅柏林寺如此，凡是和淨慧法師有法脈關聯的寺廟全部開展冬季禪七。在淨慧法師的生活禪法門中，做一個好人仍是遠遠不夠的，解脫成佛才是究竟目的，而成佛的目的就是「莊嚴淨土，成

〔註95〕 淨慧：《生活禪，禪生活》，載於《夏令營的腳步——柏林禪寺生活禪夏令營》，趙州柏林禪寺印行，2014 年，第 188 頁。

〔註96〕 耕雲先生：《禪的認知與修學》（1988 年 1 月 31 日講於臺南市），載於《安祥禪》，石家莊：河北《禪》刊編輯部，1992 年，第 54 頁。

〔註97〕 耕雲先生：《學禪的四個基礎》（1992 年 2 月 5 日講於臺北），「安祥禪叢書」電子版，載於安祥禪網站：http://www.anhsiangchan.org.tw。

〔註98〕 耕雲先生：《禪的認知與修學》（1988 年 1 月 31 日講於臺南市），載於《安祥禪》，石家莊：河北《禪》刊編輯部，1992 年，第 52～53 頁。

〔註99〕 耕雲先生：《禪的特質》（1991 年 7 月 24 日講於中國人民大學），「安祥禪叢書」電子版，載於安祥禪網站：http://www.anhsiangchan.org.tw。

熟眾生」,「也就是生活禪『覺悟人生,奉獻人生』宗旨的圓滿落實」。〔註100〕

4.3 生活禪對當代佛教弘法理念的揀擇

4.3.1 對吳立民及其現代弘法觀念的吸收

自 1992 年生活禪理念產生之後,淨慧法師在弘法實踐過程中不斷地將生活禪理念豐富和完善。生活禪的思想來源非常多元,無論是佛教界,還是學術界,凡有益於佛教未來的發展的思想,淨慧法師都給予關注,及時揀擇,有批判性地吸納到生活禪體系之中。其中,吳立民對他的影響是最大的。

吳立民(1927～2009 年),法名信如,號吳明。早年隨顧淨緣居士修學密法,得唐密阿闍黎位。他曾任湖南省委統戰部長、湖南省政協秘書長等職務;離休後,趙樸初將其調至北京,擔任中國佛教文化研究所所長。1987 年,吳立民在北京期間,曾應于曉飛、史原朋等之請在淨名書院講課,首講「佛教各宗大意」,淨慧法師也常去拜訪聽課。當時,社會上幾乎沒有人敢公開講解佛教相關內容,而吳立民由於特殊的政治地位,以及學者和唐密宗師的雙重身份,威望很高,又有趙樸初的支持,故而能夠在北京公開講學,且取得不小反響。淨慧法師對此評價極高:

> 他(吳立民)80 年代的時候,不辭辛苦,有求必應。當時別人不敢講,就他敢講,起帶動作用。他在北京公開講佛學,有那麼多人聽,吳老在淨名書院講經開啓了新風。〔註101〕

淨慧法師自此與吳立民結下深厚的友誼。吳立民八十壽誕之時,淨慧法師特撰對聯「學究天人,輔政安民資社稷;法傳性相,談經論道啓新風」,〔註102〕讚歎不已。從 1988 年淨慧法師主持河北省佛教協會工作伊始,吳立民就給予大力支持,他也是第一位到柏林寺講經弘法的人,對河北佛教講經活動起到了帶動的作用。淨慧法師說:柏林寺弘法活動的展開,「我們最感謝的第一位應該是吳立民先生」。〔註103〕

〔註100〕淨慧:《《心經》與生活禪》(2006 年 7 月 25 日),載於《夏令營的腳步——柏林禪寺生活禪夏令營》,趙州柏林禪寺印行,2014 年,第 327 頁。

〔註101〕楊柳純:《吳立民傳奇人生》,上海:上海辭書出版社,2009 年,第 66 頁。

〔註102〕楊柳純:《吳立民傳奇人生》,上海:上海辭書出版社,2009 年,第 65 頁。

〔註103〕淨慧:《法師講師座談會紀要》(1997 年 7 月 25 日),載於《夏令營的腳步——柏林禪寺生活禪夏令營》,趙州柏林禪寺印行,2014 年,第 88 頁。

　　淨慧法師回憶：「1988 年，受河北省統戰、宗教部門的邀請，我到河北籌備河北省佛教協會，並當了首任會長。當時有兩座寺院需要恢復，我想打開局面，開風氣之先，就邀請吳老到臨濟寺先講課，一共講了兩次。那時，臨濟寺沒有一個能容納很多人聽課的場所，就用石棉瓦搭了一個簡陋的棚子，可容納 100 多人。1989 年 7 月中旬，請來吳老講課，第一課是講解《盂蘭盆經》和地藏法門。河北夏天天氣很熱，他講課也很辛苦。每天下午講 3 個小時，連續講了 7 天，聽眾有上百人。後來整理成書出版。1990 年、1991 年、1992 年期間，吳老在柏林禪寺講經次數最多，陸續講了五六次經，包括藥師法門、《心經》、《金剛經》等，聽的人很多，也是臨時搭建的棚子。2000 年，趙樸老去世那年春天，吳老給河北省佛學院同學講《楞伽經》，講了一個月時間，是最長的一次講經，我幾乎每天都參加聽講。1993 年，吳老代表趙樸老參加柏林寺的首屆生活禪夏令營，之後有五六次在夏令營給青年學生講課。同學們都知道吳老學術思想嚴謹、爲人厚道、對待年輕人很愛護，不辭辛苦弘揚佛法。吳老與柏林禪寺有緣，與我個人也有緣，每次有求必應。柏林禪寺的普光明殿前面樹了一塊碑，是吳老手跡。」〔註104〕

　　在思想方面，淨慧法師也深受吳立民的影響。例如，在闡釋生活禪的提出根據時，淨慧法師就說是受到吳立民講解《楞伽經》「五法」的題目《五法與生活禪》的啓發，「他講得非常好，因此受到他的啓發」。〔註105〕淨慧法師將《楞伽經》作爲《禪宗七經》之首，並根據相、名、分別、正智、如如「五法」次第來講解生活禪。淨慧法師指出：相、名、分別是生活，正智、如如是禪；但是五法同時是重疊的，不是五件事，是一件事。相、名、分別是生活，也是禪；正智、如如是禪，也是生活。五法是《楞伽經》乃至如來藏的總綱。生活禪就是要說明：生活就是禪，禪就是生活；生活即禪，禪即生活。他認爲，五法有世間出世間、染淨的不同層次，而五法次第就是生活禪的教義依據。〔註106〕

〔註104〕楊柳純：《吳立民傳奇人生》，上海：上海辭書出版社，2009 年，第 67 頁。
〔註105〕淨慧：《入禪之門‧第六講　生活禪》（2000 年 11 月），載於《雲水禪話》，趙州柏林禪寺印行，2015 年，第 176 頁。這部分內容是淨慧法師在玉佛寺講《入禪之門》時錄音文字稿，部分內容以《生活禪的四個根本》節錄收錄於《生活禪鑰》（北京：生活‧讀書‧新知三聯書店，2014 年，第 174～176 頁）時，刪去了「今天」二字。
〔註106〕淨慧：《入禪之門‧第六講　生活禪》（2000 年 11 月），載於《雲水禪話》，趙州柏林禪寺印行，2015 年，第 177 頁。

甚至生活禪「在生活中修行，在修行中生活」這一理念，也是直接取自吳立民。淨慧法師在接受楊柳純採訪時候，特就此進行回答。

  （楊柳純問：）「吳老在柏林禪寺講解《藥師經》講過『在生活中了生死，在了生死中生活』，這與後來您提倡生活禪的理論和實踐有什麼聯繫嗎？」

  （淨慧法師：）「生活禪理念的提出，有些是受了吳老講經的啓發。生活禪強調修行不能離開生活，禪宗的宗風傳到現代就是生活禪。禪宗不能停滯不前，禪是活的，佛法是活的。吳老講法是活法，不是死法，他有很多理念對我有巨大啓發。如今生活禪能夠推廣，並在海內產生廣泛影響，生活禪之所以這麼受群眾歡迎，與吳老的首肯分不開，與吳老的積極參加夏令營的講學活動也分不開。最初，我也曾受到吳老講經理念的啓發。他曾提出『在生活中了生死，在了生死中生活』，我則套用過來，改成『在生活中修行，在修行中生活』，更通俗些，人們容易接受些。人們不知道『了生死』是怎麼回事，『修行』就容易理解了。『在生活中修行，在修行中生活』是生活禪的理念。」〔註107〕

  淨慧法師認爲：「吳老講法還是有側重點的，側重在圓融二世，以出世的精神做入世的事業，他的重點在這個地方，強調佛法不離世間法。」〔註108〕對於吳立民提出的「弘法貴在當機」以及三個「圓融」（圓融大小乘、圓融顯密、圓融世法出世間法）或四個「圓融」（圓融大小、圓融顯密、圓融眞俗、圓融二世）等理念，淨慧法師都比較認同。而吳立民所主張的弘法四個原則──經典有依據、歷史有傳承、當機上有創新、方便上有特色，〔註109〕在淨慧法師生活禪中也都得到充分的實現。

  與此同時，淨慧法師也非常注意秉持漢傳佛教禪宗本色，避免將禪法引入吳立民的密法和氣功之中。由於吳立民是接受了唐密藥師灌頂的阿闍黎，他特別推崇藥師定，弘揚藥師法門不遺餘力。可是，直到2003年他晚年時候，他所宣揚的修煉方法更像是氣功而非佛教或佛法。例如，他講說「末那識衝開中脈」「脈細氣通，氣通點融」「推開尾閭，視鼻端白，凝神入穴，安那般

〔註107〕楊柳純：《吳立民傳奇人生》，上海：上海辭書出版社，2009年，第69頁。
〔註108〕楊柳純：《吳立民傳奇人生》，上海：上海辭書出版社，2009年，第65頁。
〔註109〕《吳老傳唐密藥師法A》，視頻見土豆網：http://www.tudou.com/programs/view/vU-0-LCPzY/。

那」等，又說「《藥師經》的根本在藥師定」〔註110〕，還專爲修習藥師法門制定儀軌讚頌，這些都與漢傳佛教《藥師經》的主旨有所偏離。另外，吳立民的判教和講法，是站在「證悟」「修證」的角度，如他宣說：「開悟了，說什麼都對；不開悟，張口閉口都錯」，這不是在認知層面的對話交流，對於現代的佛教信眾來說，這種方式難於理解學習和掌握。而淨慧法師在引導、解釋、闡發禪法修學的時候，則避免了這種故弄玄虛和高高在上的姿態，他通過平易並且平等的身份，以通俗易懂的語言，指導信眾修行，將很多禪學愛好者從氣功修煉逐漸引入佛教修行之中。

4.3.2　對元音老人禪法的肯定

元音老人（1905～2000 年），俗名李鍾鼎，法名元音，是心中心密法（也名「印心宗」）第三代阿闍黎，徒眾尊爲「三祖」。其初祖爲民國時代的大愚法師，曾言：「拈花怎麼傳，不妨密且禪。」二祖爲王驤陸居士（1885～1958年）。元音老人於 1958 年王驤陸居士臨逝世前接阿闍黎位。元音老人早年曾追隨興慈法師學習天台，又隨范古農居士學習唯識，後隨應慈法師學習華嚴，最後弘揚禪密的心中心法門。

淨慧法師是大陸佛教界中較早介紹和宣傳元音老人禪學思想的人，他借由《禪》刊的平臺，率先將元音老人的講法著述推向了廣大讀者。1990 年，淨慧法師在《禪》刊上刊登了元音老人《〈悟心銘〉淺釋》，隨後又連載了《略論明心見性》等，對元音老人的見地和功夫特別敬佩：「那個功夫、那種見地，都是他行到、見到，然後才說到。」〔註111〕之後，淨慧法師還將《略論明心見性》印成單行本流通，這也是河北省佛教協會最早印行的書。不過，淨慧法師也非常注意揀擇，因爲元音老人的禪法帶有密宗性質，淨慧法師在發表時候對有關密宗內容進行刪減，「適應《禪》刊讀者的需要」，同時也是希望在傳統禪宗的脈絡中倡導禪法、振興禪宗。

90 年代，《禪》刊相繼連載了元音老人的《〈碧巖錄〉講座》《禪海微瀾》等。淨慧法師直言自己是最早閱讀和推介元音老人禪學著作的人，他說：「我有許多理念的形成，受益於元音老人的一些開示」，生活禪的宗旨，以及面對

〔註110〕《吳老傳唐密藥師法 A》，視頻見土豆網：http://www.tudou.com/programs/view/vU-0-LCPzY/。

〔註111〕《大德談心密——之淨慧老和尚篇》，視頻見優酷網：http://v.youku.com/v_show/id_XNTc1MzgyOTgw.html。

生死、面對生活的修行理念,「跟元音老人在明心見性上面所講的都是一致的」。〔註112〕

4.3.3　對當代學者佛教思想的吸收

淨慧法師不僅注意吸收佛教界的弘法理念,對於學術界專家學者的建議也很重視,常常與學者交流互動。這種尊重知識,禮遇白衣的做法,在傳統佛門是極爲難得的。其中,陳兵教授和王雷泉教授的一些觀點對淨慧法師影響較大。

例如,淨慧法師在闡釋佛教爲什麼要現代化的原因時,直接引用了復旦大學王雷泉教授的原話——「佛教要現代化是爲了化現代」。他進一步說明,化現代並不是改造社會,而是「化現代所有信佛的人,只要你信佛,我們就有正確地引導的責任」。〔註113〕

而淨慧法師「生活禪,禪生活」的理念,則原係四川大學陳兵教授撰述《生活禪淺識》「生活化與化生活」的概括。《生活禪淺識》這篇文章,還曾收錄於《生活禪手冊》,長期作爲生活禪夏令營的必讀學習資料。〔註114〕

黃夏年研究員也談及淨慧法師非常「善於聽取不同的意見」,而且能夠將學者的意見和建議不斷吸取到自己的生活禪理論之中。他曾向淨慧法師提出應當「加強與中國古代禪宗的理論聯繫」,後來淨慧法師《生活禪鑰》中果然做了很多闡述。〔註115〕

4.3.4　對臺灣現代禪的保留態度

臺灣現代禪教團(全稱「佛教現代禪菩薩僧團」)是李元松居士(1957~2003年)於1989年創立的。李元松2002年4月皈依印順導師,法名慧誠,此後皈信彌陀淨土,自號念佛人、信佛人。逝後依其遺願剃髮出家,法名淨

〔註112〕《大德談心密——之淨慧老和尚篇》,視頻見優酷網:http://v.youku.com/v_show/id_XNTc1MzgyOTgw.html。

〔註113〕淨慧:《生活禪的四個根本》,《生活禪鑰》,北京:生活・讀書・新知三聯書店,2014年,第172頁。

〔註114〕陳兵:《永懷淨慧法師》,載李四龍編:《指月者:「淨慧長老與生活禪」學術研討會論文集》,北京:生活、讀書、新知三聯書店,2015年,第32頁。

〔註115〕黃夏年:《第五屆河北禪宗文化論壇式總結》,見妙翊:《淨老宏大心願實現　第五屆河北禪宗文化論壇圓滿閉幕》,菩薩在線網站:http://www.pusa123.com/pusa/news/dujia/201594965.shtml。

嵩。〔註116〕

　　淨慧法師對星雲法師的人間佛教事業、對耕雲先生倡導的安祥禪等，充分肯定，但是對於臺灣李元松居士領導的現代禪則持保留態度。儘管李元松非常仰慕虛雲老和尚，1991 年時也曾到北京拜訪淨慧法師，淨慧法師也贊許李元松「有修行」，但淨慧法師仍明確表示：「生活禪與現在臺灣流行的『現代禪』，那有本質的不同。首先，生活禪是建立在傳統的功夫和見地上，建立在傳統佛教禪、戒並重的基礎上，是建立在所謂『生活禪、禪生活』『在修行中生活，在生活中修行』，是以『覺悟人生，奉獻人生』作爲宗旨的禪法的基礎上的。所以我覺得它跟現代禪兩者不能等同地看待。再一個，生活禪是僧團提出來的，現代禪是在家教團提出來的，在實踐上也有根本的不同。」〔註117〕淨慧法師指出：「（李元松）相對地把僧團的意義和概念擴大了——僧團也包括在家修行的人——這樣就引起我們佛教界的紛紛質疑」，〔註118〕而生活禪的核心是出家僧團，是以信仰三寶爲基礎，以僧伽作爲核心領導地位的。相對於淨慧法師比較溫和的保留態度，大陸佛教界如茗山法師等，對臺灣現代禪持完全否定立場，批評李元松所主張的「學佛不在出家」「學佛不受清規限制」「情慾中有佛心」等觀點係受一貫道「邪說」影響所致。〔註119〕

　　在淨慧法師提出生活禪時代，雖然各地寺廟宗教活動場所有序恢復，但對於人間佛教落實、佛教現代發展等仍比較迷茫。儘管一批有識之士已經意識到佛教必須適應現代轉型，但即使是當時弘法有影響力的耕雲先生、吳立民、元音老人，以及後來比較有影響力而又飽受爭議的淨空法師、南懷瑾等，他們的觀點和修法都有侷限和偏頗，甚至是雜糅大量非佛教成分。這些人的著作文章在當時都很流行，而淨慧法師則善巧地吸收了其中有價值部分，向讀者、信眾、佛學愛好者介紹正信的佛教。生活禪正式提出之後，《禪》刊亦

〔註116〕有關李元松由禪入淨歷程的分析，詳見鄧子美：《中日淨土信仰和現代人生意義的探尋——以釋淨嵩李元松由禪皈淨爲例》，《佛學研究》，2008 年，第 20～24 頁。唯文中李元松皈依印順導師時間有筆誤，並非 2004 年，而是 2002 年 4 月 26 日。

〔註117〕淨慧：《柏林夜話》（2002 年 7 月 20 日），載於《夏令營的腳步——柏林禪寺生活禪夏令營》，趙州柏林禪寺印行，2014 年，第 269 頁。

〔註118〕淨慧：《入禪之門·第六講　生活禪》（2000 年 11 月），載於《雲水禪話》，趙州柏林禪寺印行，2015 年，第 175 頁。

〔註119〕茗山法師：《茗山日記續集》，上海：上海古籍出版社，2003 年，第 21 頁。

鮮明地以弘揚生活禪爲主，擴大傳播影響範圍。而隨著時代發展和信眾信仰水平的提升，儘管仍有一些人依照吳立民、耕雲先生、元音老人等人的方法進行修學，但其影響力已漸衰微。相比之下，淨慧法師及其弟子倡導的生活禪則越來越煥發出勃勃的生機。

4.4　生活禪基本理念及其宗旨

4.4.1　生活禪理念的展開

4.4.1.1　生活禪的內涵

1992 年，淨慧法師效仿太虛大師《人生佛教開題》撰述《生活禪開題》，他提出：「生活禪，即將禪的精神、禪的智慧普遍地融入生活，在生活中實現禪的超越，體現禪的意境、禪的精神、禪的風采。」〔註 120〕這是他最初對生活禪內涵的表達。

《生活禪開題》這篇文章，也標誌了淨慧法師生活禪思想體系的初步形成。他呼籲要「在生活中落實修行」「在生活中修行，在修行中生活」，使信仰與工作、生活、思想、行爲融爲一體，實現佛法的人格化。

淨慧法師在《生活禪開題》中，特別概括了「生活禪提綱」，包括宗旨、教典所依、修行三要、理念展現等四個方面。他將生活禪宗旨定位爲「繼承傳統（契理），適應時代（契機），立足正法，弘揚禪學，開發智慧，提升道德，覺悟人生，祥和社會」，依據佛言祖語，倡導正信、正行、正受。〔註 121〕此後，他的思想不斷深化和完善，最後以大乘佛法悲智不二精神將生活禪宗旨凝練爲廣爲人知的「覺悟人生，奉獻人生」。

之後，淨慧法師也曾多次對生活禪的內涵進行闡釋和解讀。他說：「生活禪，顧名思義就是希望在生活當中能夠落實禪的精神。」〔註 122〕「什麼是生活禪？……第一，要從物質到精神，就是生活禪；第二，要從迷失到覺悟，就是生活禪；第三，要從染污到淨化，就是生活禪；第四，要從凡夫到聖者，就是生活禪。只要做到這四個方面，就是生活禪。」〔註 123〕他告訴

〔註 120〕淨慧法師：《生活禪開題》，《禪》，1993 年第 1 期。

〔註 121〕淨慧法師：《生活禪開題》，《禪》，1993 年第 1 期。

〔註 122〕淨慧：《坐禪開示》（1997 年 7 月），載於《夏令營的腳步──柏林禪寺生活禪夏令營》，趙州柏林禪寺印行，2014 年，第 96 頁。

〔註 123〕淨慧：《生活禪，禪生活》（2001 年 7 月 20 日），載於《夏令營的腳步──柏

弟子，「生活禪就是『生死禪』，把生活搞好了，一樣能了生脫死。」〔註124〕
生活禪就是生死禪，這其實也是淨慧法師面對佛教界質疑甚至指責生活禪是
「世間法」「不究竟」的一個回應——生活禪是完全可以通向究竟解脫的。
他強調：「生活禪、祖師禪、如來禪，所有的禪都來源於生活。」「禪在哪裏？
禪在生活中……所有佛經的內容都是在講生活禪。佛法的整個修行體系都是
圍繞生活、圍繞禪而展開的，抓住了生活禪，就抓住了佛法的根本精神。」
〔註125〕

4.4.1.2　生活禪思想的不斷完善

　　生活禪思想，是伴隨著生活禪夏令營、柏林寺等道場建設、僧團教眾管
理等一系列弘法實踐而逐漸完善的。因此，生活禪代表性的理念口號是在實
踐中不斷產生和豐富的。但是，這些理念都是圍繞著「覺悟人生，奉獻人生」
這一核心宗旨而展開。

　　2000年，淨慧法師將生活禪修行次第系統化爲四句口訣：「發菩提心，
樹般若見，修息道觀，入生活禪」，〔註126〕這是修學生活禪的四個根本；2002
年倡導「不斷優化自身素質，不斷和諧自他關係」，「以信仰鞏固良心，以良
心落實因果，以因果充實道德，以道德陶鑄人格」；2003年闡揚「善待其心，
善用一切」，作爲「覺悟人生，奉獻人生」的重要補充及具體要求；2003年
提出「感恩，分享，結緣」，2005年補充爲「感恩、分享、結緣、包容」；
2006年提出「信仰、因果、良心、道德」做人八字方針和「感恩、包容、
分享、結緣」做事八字方針。歷經二十餘年，生活禪夏令營宣傳佛教文化、
推進佛教文化回歸社會主流文化方面做出了巨大的貢獻，生活禪思想體系也
趨於系統和成熟。門下弟子將其生活禪理念總結爲下圖所示：

　　　　林禪寺生活禪夏令營》，趙州柏林禪寺印行，2014年，第185頁。

〔註124〕褚耀濟：《口述史：淨慧長老在河北（25）——不要做籠子裏的獅子、老虎，
　　　　要擔當！》，《生活禪時代》，2018年第19期。

〔註125〕淨慧：《〈心經〉與生活禪》（2006年7月25日），載於《夏令營的腳步——
　　　　柏林禪寺生活禪夏令營》，趙州柏林禪寺印行，2014年，第327～328頁。

〔註126〕此外，淨慧法師曾在《佛祖心燈》上親筆寫下：「柏林宗風四根本血脈：宗紹
　　　　雲門，法傳臨濟，源承古佛，旨接曹溪。菩提心、般若見、息道觀、無字訣、
　　　　生活禪。淨慧二〇〇一年一月十一日。」這是淨慧法師對生活禪修學根本的
　　　　一個表述。最終，他確立了「發菩提心，樹般若見，修息道觀，入生活禪」
　　　　四個根本。

修學生活禪的四個要點 〔註127〕

本來，按照淨慧法師自己的敘述，發菩提心、樹般若見、修息道觀、入生活禪是線性的遞進關係，從發菩提心開始，逐步次第進入，最後實現生活禪和禪生活。但是，這個圖示，也反映出淨慧法師門下弟子對修學生活禪四個要點的理解——將菩提心、般若見、息道觀視為是修學生活禪的三個鼎立的基礎。以它們作為基石，才能通向生活禪。

淨慧法師其實對具體修行方法比較圓融，曾說：「四念處也好，息道觀也好，參禪也好，念佛也好，持咒也好，乃至在日常生活中隨緣作自性也好，只要是能方便自己提起正念和覺照，都可以吸收。在具體的用功方法上，應當以一種開放的態度來看待佛陀所開示的三乘教法，不要人為地製造門戶對立。」〔註128〕晚年，他住持湖北黃梅四祖寺之後，也結合寺廟歷史傳統和四祖道信大醫禪師念佛禪宗風，積極提倡「修念佛禪」，常用「修念佛禪」替代「修息道觀」。他認為四祖道信大師的禪法就是念佛禪，達到了「心是心作」的境界，四祖念佛禪就是：「離心無別有佛，離佛無別有心。念佛即是念心，求心即是求佛。」〔註129〕淨慧法師主張依四祖道信大師《入道安

〔註127〕 崇柔：《淨慧長老思想理念歸納》，黃梅四祖寺網站：http://www.hmszs.org/，2015-05-03。

〔註128〕 淨慧：《關於人間佛教的理論思考》，載於明海主編：《人間佛教思想文庫：淨慧卷》，北京：宗教文化出版社，2017年，第20頁。

〔註129〕 淨慧：《四祖寺與四祖禪》，《淨慧長老選集·雙峰禪話》，生活禪文化公益基金會，2018年，第5頁。

心要方便法門》中「守一不移」的方法,「安住當下,心繫佛名,以安心見性為目的,不刻意求生佛國」,「念佛攝心」,不斷「培養專注、清明、綿密的覺受」〔註130〕,並誦持《怡山發願文》《普賢菩薩行願品》和《金剛經》,增長「慧觀(覺悟人生)」和「悲願(奉獻人生)」。〔註131〕他強調,念佛禪不同於淨土宗念佛,可以隨選一佛而念,「此念佛心,便是無念」。〔註132〕他用念佛禪來具體修行生活禪,希望進而能夠融攝、吸納淨土念佛法門。不過,儘管淨慧法師希望結合四祖寺和四祖大師歷史文化優勢弘揚念佛禪,但從上面對生活禪四個根本的圖示來看,門下弟子更傾向於接受將修息道觀作為入生活禪的基礎方法。〔註133〕

　　而生活禪理念的展開,則如下圖所示,圍繞「覺悟人生,奉獻人生」的宗旨,不斷展開,形成了較有體系的理論架構。

〔註130〕淨慧:《關於生活禪》(2009 年 7 月 26 日),載於《夏令營的腳步——柏林禪寺生活禪夏令營》,趙州柏林禪寺印行,2014 年,第 377 頁。

〔註131〕淨慧:《在生活中修行,在修行中生活》,《法音》,2012 年第 6 期。

〔註132〕淨慧:《四祖寺與四祖禪》,《淨慧長老選集‧雙峰禪話》,生活禪文化公益基金會,2018 年,第 4 頁。

〔註133〕據筆者 2016 年 7 月在柏林禪寺的訪談,僧眾在禪堂修行並沒有統一的要求,每個人都按照自己的特點選用方法,有的數息、有的念佛、有的參話頭等。

生活禪理論架構圖〔註134〕

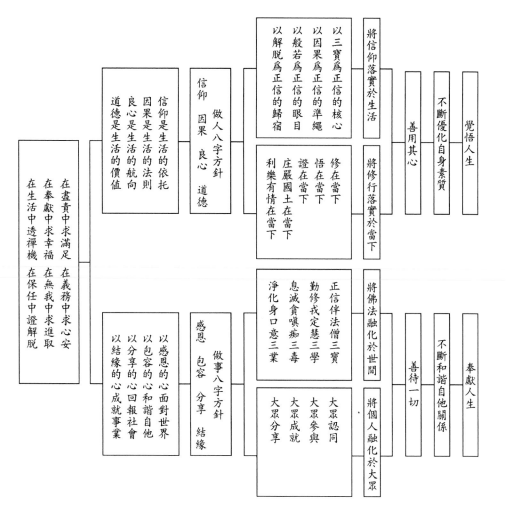

4.4.2 生活禪宗旨的確立過程

最早，淨慧法師將生活禪的宗旨確定為「關懷人生，覺悟人生，奉獻人生」12 個字。1993 年第一屆生活禪夏令營開營式上，淨慧法師對營員講：「信佛學禪，不是逃避人生，而是要關懷人生、覺悟人生、奉獻人生。」〔註135〕

〔註134〕崇柔：《淨慧長老思想理念歸納》，黃梅四祖寺網站：http://www.hmszs.org/，2015-05-03。

〔註135〕淨慧：《在第一屆生活禪夏令營開營式上的講話》（1993 年 7 月 20 日），載於《夏令營的腳步——柏林禪寺生活禪夏令營》，趙州柏林禪寺印行，2014 年，第 5 頁。

禪堂開示的時候，他又爲營員講解生活禪：「生活禪的目的和宗旨是強調關懷人生、覺悟人生、奉獻人生。」〔註136〕

第一屆生活禪夏令營的實際發起人有四人，分別是淨慧法師、明海法師、吳明山居士和謝鴻居士。淨慧法師回憶說：「我們四人商量籌劃辦夏令營，辦夏令營當時要提一個口號，研究了一個下午。『覺悟人生，奉獻人生』，好像原來還有四個字。後來覺得有這兩句八個字就夠了。『覺悟人生』剛好是佛教的大智慧，『奉獻人生』就是佛教的大慈悲，這就是菩薩精神……所以這個口號、這個理念，是一個集體創造，是我們四個人研究了一下午才提出來的。」〔註137〕所以，最早提出生活禪夏令營的宗旨是「關懷人生、覺悟人生、奉獻人生」一共12個字。如果單從字面的涵義上理解，這是從個體自我出發，自利利他。

與此同時，淨慧法師考慮到「覺悟人生、奉獻人生」分別對應了大乘佛教的智慧和慈悲，因此將最前面的四個字「關懷人生」從生活禪宗旨中省略去掉了。事實上，他在1993年第一屆生活禪夏令營期間，就已經明確講到：「佛教的精神集中起來講，就是菩薩精神。菩薩精神就是兩個字：一個是智，一個是悲。佛教的千經萬論、八萬四千法門，都是要體現這樣的精神」，而生活禪就是要在生活每個方面「將佛法的慈悲、智慧精神貫穿始終」。〔註138〕而且，第一屆生活禪夏令營時生活禪夏令營營員的T恤衫背面，也只印了「覺悟人生，奉獻人生」。〔註139〕這說明，淨慧法師當時已經有意識地將生活禪宗旨聚焦在這八個字上面。

2007年第十五屆生活禪夏令營期間，朱彩方居士曾專門請教過淨慧法師：「師父現在怎麼不講『關懷人生』？」朱彩方居士是第一屆夏令營的營員，他特別認同當時「關懷人生」的宗旨，認爲首先是從關懷人生作爲起點，然

〔註136〕淨慧：《禪堂開示（一）》（1993年7月20日），載於《夏令營的腳步——柏林禪寺生活禪夏令營》，趙州柏林禪寺印行，2014年，第7頁。

〔註137〕淨慧：《普茶》（2008年8月10日），載於《夏令營的腳步——四祖寺禪文化夏令營》，趙州柏林禪寺印行，2014年，第128頁。

〔註138〕淨慧：《禪堂開示（一）》（1993年7月20日），載於《夏令營的腳步——四祖寺禪文化夏令營》，趙州柏林禪寺印行，2014年，第7頁。

〔註139〕朱彩方居士回憶，一、二、三屆夏令營T恤衫背後是「關懷人生，覺悟人生，奉獻人生」。（詳見朱彩方：《生活禪發微》，http://blog.sina.com.cn/s/blog_715972430102vkjz.html）但是，筆者查閱第一屆生活禪夏令營照片，營服背面只有「覺悟人生，奉獻人生」二句8個字，而不是他說的三句12個字。

後才能「覺悟人生」和「奉獻人生」。對此，淨慧法師解釋到，這是因爲「出於對應的限制」，「智慧對應覺悟人生，慈悲對應奉獻人生」，因而「『關懷人生』就沒有地方擱了」。〔註140〕

這個細節，其實反映出淨慧法師對生活禪宗旨不斷深入和明確的變化。最初，「關懷人生，覺悟人生，奉獻人生」，只是側重生活禪的功能定位，是對個體生活逐步遞進的影響，並且避免使用了佛教語言，方便大眾接受理解。但是，確定爲「覺悟人生，奉獻人生」，表面上看仍是非宗教色彩的八個字，背後卻蘊育了甚深的佛教內涵，則充分體現出佛教精神和大乘佛教悲智雙運的菩薩品格。「覺悟人生，奉獻人生」，既對應大乘佛法教理依據，又把握住了其最核心的精髓。這一主旨確定後，淨慧法師圍繞「覺悟人生，奉獻人生」的智、悲品格，繼續豐富生活禪思想。

從1994年第二屆生活禪夏令營開始，生活禪的宗旨正式定爲「覺悟人生，奉獻人生」，「這是整個佛法的中心，也是禪的中心思想」，這一屆生活禪夏令營「更加突出了『覺悟人生，奉獻人生』的宗旨」。〔註141〕「覺悟人生，奉獻人生」這八個字作爲生活禪宗旨，一直沿用至今。

這一宗旨，「把生活禪的理念和傳統的大乘佛教從理論和實踐兩方面進行了連接」，大乘佛教有智慧和慈悲兩大宗旨，淨慧法師思考「如何賦予一種時代的精神、時代的意義」，於是以柏林寺僧團的名義將生活禪宗旨確定爲「覺悟人生，奉獻人生」。〔註142〕

淨慧法師認爲，「覺悟人生」針對的是「人類的迷失」，「奉獻人生」針對的是「人類的自私、以我爲中心」，〔註143〕而「覺悟人生，奉獻人生」的宗旨有效地連接了佛教大乘、小乘的修行次第。小乘修行主要是出離心、解脫道，大乘修行則是大悲心（菩提心）、菩薩道。前者是自覺，即生活禪的「覺悟人生」；後者是覺他，即生活禪的「奉獻人生」。「這樣就使生活禪的理念，與傳

〔註140〕朱彩方：《生活禪發微》，http://blog.sina.com.cn/s/blog_715972430102vkjz.html。

〔註141〕淨慧：《在第二屆生活禪夏令營開營式上的講話》（1994年8月1日），載於《夏令營的腳步——柏林禪寺生活禪夏令營》，趙州柏林禪寺印行，2014年，第23頁。

〔註142〕淨慧：《關於生活禪》（2009年7月26日），載於《夏令營的腳步——柏林禪寺生活禪夏令營》，趙州柏林禪寺印行，2014年，第377頁。

〔註143〕淨慧：《關於生活禪》（2009年7月26日），載於《夏令營的腳步——柏林禪寺生活禪夏令營》，趙州柏林禪寺印行，2014年，第377頁。

統佛教的修行法門進行了有機的連接。」〔註144〕

　　2011 年，淨慧法師在「首屆趙州禪・臨濟禪・生活禪學術論壇」上，比較全面總結了自己提出生活禪理念的感想，尤其從解脫道和菩薩道的角度深化了生活禪宗旨「覺悟人生，奉獻人生」的內涵，認爲這是「大乘佛教智悲並重的基本精神」。〔註145〕

4.4.3　淨慧法師對生活禪的定位

　　淨慧法師對生活禪的定位非常清晰，倡導生活禪是把握大乘佛教解脫道和菩薩道基本精神，滿足現代社會的信仰、道德和心靈需求，並且適應現代人簡易、休閒和生活化的特點。〔註146〕他對生活禪的發展前景充滿信心。淨慧法師自己對生活禪的評價是：生活禪「是一個永恆的題目」，「永遠不會過時」，〔註147〕「將會成爲當代佛教主流思想和修學的法門」〔註148〕。「所謂佛法者，生活禪也；所謂生活禪者，佛法之根本也。」〔註149〕他對生活禪的前景寄予厚望，他曾對明海法師說：「生活禪是一篇大文章，至少要做一百年、兩百年。」〔註150〕淨慧法師所創建、復興的寺廟，幾乎皆以生活禪作爲道場宗風。

　　淨慧法師說：將生活禪作爲佛法修行的具體法門來提倡，是「傳統中華禪在現代條件下的具體運用」，〔註151〕「以佛教原典爲理論依據，默契人間佛教思想」〔註152〕。提出生活禪，淨慧法師是在中國佛教協會倡導落實人間佛

〔註144〕淨慧：《關於生活禪》（2009 年 7 月 26 日），載於《夏令營的腳步——柏林禪寺生活禪夏令營》，趙州柏林禪寺印行，2014 年，第 377 頁。

〔註145〕淨慧：《生活禪的理念與社會價值》，《河北學刊》，2011 年第 4 期，第 3 頁。

〔註146〕淨慧：《關於「生活禪」理念提出二十週年的一點感想——在「首屆趙州禪・臨濟禪・生活禪學術論壇」上的講話》，《法音》，2011 年第 6 期。

〔註147〕王志遠訪談，今朝錄音整理：《淨慧長老訪談錄》，《宗風》（己丑・春之卷），北京：宗教文化出版社，2009 年。

〔註148〕淨慧：《在第十五屆生活禪夏令營開營式上的講話》（2007 年 7 月 20 日），載於《夏令營的腳步——柏林禪寺生活禪夏令營》，趙州柏林禪寺印行，2014 年，第 340 頁。

〔註149〕淨慧：《心經與生活禪》（2006 年 7 月 25 日），載於《夏令營的腳步——柏林禪寺生活禪夏令營》，趙州柏林禪寺印行，2014 年，第 328 頁。

〔註150〕明海：《〈禪門七日〉序言》，載於馬明博編《禪門七日》，北京：中國發展出版社出版，2013 年，第 1 頁。

〔註151〕淨慧法師：《做人的佛法》，北京：國際文化出版公司，2014 年，第 4 頁。

〔註152〕淨慧：《生活禪夏令營緣起》，《法音》，1993 年第 9 期。

教的大背景下實現的，是他以禪宗的方式來實踐人間佛教的一種探索。而契合人間佛教精神，更是出於佛法現代化、佛教必須適應社會時代的現實要求。淨慧法師在堅持「契機契理」原則，在實踐人間佛教的具體過程中，也致力於禪宗的現代轉型以及當代佛教的振興。換言之，他是將弘揚生活禪作為重振漢傳佛教的一個嘗試，這是他對漢傳佛教整體發展的思考和探索。

他認為，「佛法的弘揚是一個永無止境的契理契機的過程」，〔註153〕生活禪的修行理念在理論和實修方面也需要不斷地探索和完善。雖然他用通俗易懂的「生活禪」來接引大眾，隨順現代社會喜歡簡單、理性的特點，但是他主張必須要繼承傳統的修行方式和佛教儀式，如打坐修定、修止觀、念佛、拜懺、誦經、上殿、燒香、拜佛、過堂、打禪七、打佛七、持守戒律等等。生活禪本質是祖師禪。淨慧法師主張全方位地理解生活禪，他強調生活禪是「大智慧、大覺悟、大境界」，「覆蓋著生活的方方面面，覆蓋著世出世法的全部」，「包括了六度的全部內容」，包括「修行的一切法門」。〔註154〕生活禪也包括見地和功夫兩個方面，亦即理論和實踐。他尤其強調實修，要求「按照次第禪的修法來落實這種功夫，這是一個根本」，〔註155〕要按照次第禪的基本功夫來把功夫和見地統一起來。

並且，淨慧法師主張將生活禪內化為一種生活方式，他認為「生活禪的許多理念和當今的主流文化和傳統文化具有連貫性」，具有「功能性、昇華性、日常性、連貫性」〔註156〕的特點，既可以運用在個體的佛教信仰修行上，也可以應用到社會人際交往、事業發展乃至做人做事的心態上。何建明教授評價：「生活禪在人間佛教落實禪修方面的具體應用，唯有臺灣法鼓山可相媲美。」〔註157〕

〔註153〕淨慧：《關於「生活禪」理念提出二十週年的一點感想──在「首屆趙州禪·臨濟禪·生活禪學術論壇」上的講話》，《法音》，2011年第6期。

〔註154〕淨慧：《生活禪是大法門──「人生修養的四大選擇」講座前的題外話》（2000年7月），載於《夏令營的腳步──柏林禪寺生活禪夏令營》，趙州柏林禪寺印行，2014年，第152頁。

〔註155〕淨慧：《生活禪是大法門──「人生修養的四大選擇」講座前的題外話》（2000年7月），載於《夏令營的腳步──柏林禪寺生活禪夏令營》，趙州柏林禪寺印行，2014年，第152頁。

〔註156〕淨慧：《生活禪的四個特點──在老祖寺壬辰年上元節吉祥法會上的開示》，載於《淨慧禪話──紫雲禪話》，趙州柏林禪寺印行，2015年，第134頁。

〔註157〕何建明教授2019年2月21日講，筆者記錄。

4.4.4　生活禪理念的思想性、應用性和神聖性

生活禪理念的提出，具有鮮明的思想性、應用性和神聖性。

所謂思想性，指的是生活禪面對時代需要，用現代人明瞭易懂的語言，將深奧的方法教義進行詮釋和闡發，使人容易接受——生活禪的全部理念，都是圍繞「覺悟人生，奉獻人生」的宗旨展開。如為了具體化「覺悟人生」，淨慧法師又提出了「不斷優化自身素質」「善用其心」；為了具體化「奉獻人生」，提出了「不斷和諧自他關係」「善待一切」，從而實現「在盡責中求滿足」「在奉獻中求幸福」等〔註 158〕。這些語言，是對傳統佛教思想的現代化闡述，一方面通俗易懂，一方面淡化佛教色彩，易於被社會大眾廣泛接受和認同。

所謂應用性，指的是生活禪理念具有可操作的實踐方法，容易被運用到現實生活中。淨慧法師對生活禪的定位，不僅僅是概念或思想，而是要求必須落實，具備明確的修學方法。他將生活禪的修行方法概要為「在生活中修行，在修行中生活」，具體化為四句口訣：「將信仰落實於生活，將修行落實於當下，將佛法融化於世間，將個人融化於大眾。」再進一步操作化，若要做到「將信仰落實於生活」，就必須堅持「信仰、因果、良心、道德」的要求，這也是生活禪「做人的八字方針」。要做到「將修行落實於當下」，就必須堅持「修在當下，悟在當下，證在當下，莊嚴國土在當下，利樂有情在當下」。要做到「將佛法融化於世間」，就必須「敬信佛法僧三寶，勤修戒定慧三學，息滅貪嗔癡三毒，淨化身口意三業」，在日常具體生活中體現修行。要做到「將個人融化於大眾」，就必須堅持「大眾認同，大眾參與，大眾成就，大眾分享」以及「感恩、包容、分享、結緣」方針。〔註 159〕在闡發生活禪理念的同時，淨慧法師也特別注重傳統打坐禪修方法的弘揚，從打坐的姿勢，以及調飲食、調睡眠、調身、調息、調心開始教起，將深奧、神秘的禪修以最質樸明瞭的語言予以呈現，方便學人掌握和實修。

所謂神聖性，指的是生活禪以大乘佛法悲智並重精神為核心，具有超越性價值，修學目的通向解脫道，同時倡導人間菩薩行。「覺悟人生，是上求佛道的大智慧；奉獻人生，是下化眾生的大慈悲。」〔註 160〕淨慧法師特別突出敬信三寶以及發菩提心的重要性，修習生活禪首先要發菩提心，並且「不

〔註 158〕淨慧：《生活禪的理念與社會價值》，《河北學刊》，2011 年第 4 期，第 3 頁。
〔註 159〕淨慧：《生活禪的理念與社會價值》，《河北學刊》，2011 年第 4 期，第 3 頁。
〔註 160〕劉東：《淨慧法師「禪與生活禪」講座在北京大學舉行》，《法音》，2010 年 11 期。

能脫離解脫道的方向」〔註161〕，要以解脫成佛爲修行目標。「覺悟人生，奉獻人生」雖然從字面上看幾乎沒有任何佛教色彩，但其背後的超越性、神聖性教理依據正是大乘佛教的解脫道和菩薩道。並且，淨慧法師是將生活禪作爲祖師禪的現代繼承和發揚。他多次說過，生活禪來源於祖師禪，來源於六祖慧能大師，來源於趙州和尚，來源於虛雲老和尚等。淨慧法師始終對禪宗、對虛雲老和尚有著強烈的使命感，希望自己能夠弘揚宗風，不辜負虛雲老和尚所傳的禪宗五家法脈。他甚至表示生活禪宗旨來自虛雲老和尚的願力，說：「虛雲老和尚的願力──『眾生無盡願無盡』……他生前表示，要生生世世來苦海救度眾生……我就是根據虛雲老和尚這一精神，提出『覺悟人生，奉獻人生』這一口號的。」〔註162〕

4.4.5　生活禪理念的繼承和傳播

　　生活禪理念的傳播，除了淨慧法師身體力行提倡，也得益於其門下弟子的努力。正是他們的認同和支持，生活禪理念才能逐漸推展開來，通過生活禪夏令營、禪文化夏令營、學術研討會、四祖寺雙峰講堂、河北省佛學院等爲平臺，向信眾介紹生活禪，並且以書籍、網絡等媒介促進大眾在社會文化層面瞭解生活禪。生活禪尤其得到學術界的一致好評，淨慧法師著述也被翻譯成日文、韓文、德文、英文、越南文等多種文字。

　　誠如柏林寺方丈明海法師所講的，無論是淨慧法師自己，還是門下徒眾，他們「並沒有刻意地或者說以一種體系的、非常技術化的方式去定義生活禪究竟是什麼」〔註163〕，因此他們對生活禪也有自己的體悟和理解。事實上，不刻意定義生活禪究竟是什麼，才符合禪宗的根本精神，超越於語言名相的侷限。明海法師講自己第一次聽到生活禪的印象是「定慧一如」〔註164〕。他認爲「生活禪是心地法門」，「生活禪風，把握當下，不起第二念，不與諸塵

〔註161〕淨慧：《生活禪的理念與社會價值》，《河北學刊》，2011年第4期，第3頁。
〔註162〕淨慧：《普茶》（2002年7月21日），載於《夏令營的腳步──柏林禪寺生活禪夏令營》，趙州柏林禪寺印行，2014年，第216頁。
〔註163〕柏林寺：《明海法師：第一個聽到生活禪思想的人》，鳳凰網：https://fo.ifeng.com/special/shenghuoxialingyingershinian/huiwang/detail_2013_07/22/27774129_0.shtml。
〔註164〕柏林寺：《明海法師：第一個聽到生活禪思想的人》，鳳凰網：https://fo.ifeng.com/special/shenghuoxialingyingershinian/huiwang/detail_2013_07/22/27774129_0.shtml。

作對，不與萬法爲侶」，「生活禪不是比量，不是概念，不是理論，是禪者親自踐履、得大受用的解脫之法，是他的禪境，他的證量」〔註165〕。而「建設禪意的生活，實現禪與生活的不二，這是生活禪的主旨」〔註166〕。

　　早期的很多弟子，親近、皈依並追隨淨慧法師出家、接法等，起初並不是因爲對生活禪理念的默契，更多則是仰慕淨慧法師乃禪門得道高僧，是虛雲老和尙法嗣，在禪宗修證方面有修有得。他們是基於高僧的人格魅力感召之下，才對生活禪產生一定的認知。〔註167〕不少徒眾，之前也認爲生活禪好像只是系列簡單的「口號」，很難落實下去。例如，崇軻法師就提到大家感覺「（生活禪）口號一樣，落實不下去」〔註168〕，明基法師也曾經也一度認爲「生活禪好像很簡單，沒啥了不起」〔註169〕。他們中很多人是在淨慧法師言傳身教、爲人處事的一樁樁小事中受到巨大觸動，從而徹底改變了對生活禪的態度，並且以秉持、弘揚生活禪爲畢生志業。例如，明捐法師是從淨慧法師擠出午休時間爲大眾題字中深切感受到菩薩慈悲精神的。〔註170〕明基法師看淨慧法師陪客說話始終笑臉相迎，從未有過不耐煩，他自己於是也特別注重這一點，將修行落實於當下。〔註171〕崇軻法師曾因性格直爽，訓斥來寺香客不守規矩，而被淨慧法師當面呵責：「你是受過菩薩戒的比丘，你的菩薩慈悲在哪裏呀？」之後，淨慧法師又耐心爲他講解生活禪做人做事的二八方針，使崇軻法師對師父、對生活禪產生堅定的信念，眞正感受到「信仰的生活那麼平實」〔註172〕。

〔註165〕明海：《〈禪門七日〉序言》，載於馬明博編《禪門七日》，北京：中國發展出版社出版，2013年，第1頁。

〔註166〕明海法師：《在生活中觀自在——〈心經〉與生活禪》，柏林禪寺搜狐博客：http://bailinsi.blog.sohu.com/56926849.html。

〔註167〕在筆者訪談中，關於淨慧法師「神異」的故事也有很多，比如治病、護祐平安、超度亡靈、未卜先知等。淨慧法師早期也曾撰文記述柏林寺趙州塔放光、佛像晃動等事，但他不主張過分宣傳神通、神異。

〔註168〕正覺：《雨生百穀——春風春雨憶吾師（訪談錄五）》（視頻），黃梅四祖寺：http://www.hmszs.org/103/2018/11/201811261148.html。

〔註169〕2018年4月27日，筆者於黃梅四祖寺訪談明基法師。

〔註170〕柏林禪寺：《生活禪者》（紀錄片），黃梅四祖寺：http://www.hmszs.org/145/2018/04/201804231081.html。

〔註171〕2018年4月27日，筆者於黃梅四祖寺訪談明基法師。

〔註172〕正覺：《雨生百穀——春風春雨憶吾師（訪談錄五）》（視頻），黃梅四祖寺：http://www.hmszs.org/103/2018/11/201811261148.html。

　　真正使徒眾弟子和學生們形成弘揚生活禪的使命意識，擔起生活禪的傳承，是在淨慧法師 2013 年圓寂之後。雖然早期淨慧法師門下自稱「柏林禪系」「柏林寺系」，但是主要是一種師門的關聯。現在，在他們的語境中，「生活禪系」「生活禪傳承」以及「生活禪二代」「生活禪三代」的概念已經形成，對生活禪的學習和理解也在有意識地加強。明堯居士近年在爲僧眾講解淨慧法師的生活禪，推進僧眾對生活禪理論的理解。明海法師、明基法師、明傑法師等都認爲，在生活禪理論方面，明堯居士的體悟要比僧團更爲深刻。明影法師評價明堯居士「是長老門下最有分量的居士弟子」，是「禪講並重、學修有得的生活禪實踐者和傳播者」〔註173〕。2018 年，明堯居士編成《生活禪綱要》，並在四祖寺雙峰講堂爲僧俗二眾授課，將淨慧法師生活禪思想系統整理和呈現。〔註174〕在淨慧法師圓寂之後，黃梅四祖寺每天早、午過堂結齋儀式中增加了生活禪修行綱要四句口訣，即「將信仰落實於生活，將修行落實於當下，將佛法融化於世間，將個人融化於大眾」，作爲對淨慧法師的懷念，也作爲時刻提醒大眾踐行生活禪的一種督促。並且，四祖寺舉行皈依儀式，多在淨慧長老紀念堂法相前舉行，明基法師在皈依儀式中加入了頂禮上淨下慧老和尚以及生活禪四句口訣等內容，鼓勵信徒以淨慧法師爲榜樣踐行生活禪。明基法師法師說：「四祖寺是生活禪的基地」，「所有認同和修持生活禪的人，都是淨慧長老的化身」，〔註175〕「師父提倡生活禪，在生活中修禪，禪就是覺悟，離開生活，到哪裏去修？」〔註176〕因此，淨慧法師門下，以趙州柏林寺、黃梅四祖寺、邢臺大開元寺、石家莊虛雲禪林、石家莊眞際禪林、湖南藥山寺、黃梅蘆花庵、黃梅老祖寺等爲代表，自覺學習和弘揚生活禪是一個鮮明的宗風。一些接法弟子，如雞足山金頂寺住持惟聖法師、廬山諾那塔院住持妙行法師等，也在自己道場弘揚淨慧法師「覺悟人生，奉獻人生」「善用其心，善待一切」的生活禪理念。

〔註173〕耀察、韓天琪：《淨慧長老是實踐生活禪的最佳典範」——訪〈禪〉刊編輯明堯居士》，黃梅四祖寺：http://www.hmszs.org/。

〔註174〕明堯居士講授《生活禪綱要》的視頻，見四祖寺網站：http://www.hmszs.org/115/2018/0803/1103.html。

〔註175〕耀察：《禪是屬於全世界的寶貴財富——訪四祖寺代理住持明基法師》，黃梅四祖寺：http://www.hmszs.org/xialingying/yingyuan//2013/08/20130811544.html。

〔註176〕明基法師：《居士在生活工作中該如何修》，學佛網：http://www.xuefo.net/nr/article56/563159.html。

小　結

　　生活禪理念的產生，有著複雜的社會時代和思想背景因素。其中，最直接的影響就是臺灣安祥禪，尤其安祥禪用現代語言來解釋和傳播禪法、禪文化的弘法方式，給淨慧法師很大啓發。但生活禪並非對安祥禪的簡單模仿，而是從義理和戒律層面超越了安祥禪，維繫了佛教的信仰修學傳統和叢林僧團制度。淨慧法師的生活禪理念具有思想性、應用性和神聖性的特點。思想性使之可以從哲學和美學層面與學術界、文化界互動，能夠進入主流社會知識話語體系；應用性保證了在引導信徒和禪學愛好者修行方面具有可操作性，能夠實踐，不是空談；神聖性，亦即佛教信仰的超越性，使之始終堅持佛教信仰本位，雖然隨順世俗需要，但卻不會喪失佛教主體性。

　　生活禪是淨慧法師嘗試漢傳佛教現代轉型的探索實踐，這種轉型是建立在繼承傳統之上的，而且這個過程還在一直持續進行。在他圓寂之後，門人徒眾也開始有意識地整理淨慧法師生活禪思想論著，學習、傳播和推廣生活禪。現在，生活禪理念逐漸被社會所接受，並且逐漸形成一種超越佛教信仰的普世性價值。這種普世主義的特點，也源自淨慧法師晚年開放的胸懷——他認爲，「是佛教的不是佛教的、是生活禪的不是生活禪的沒有關係，只要它起作用」〔註177〕，他希望生活禪理念能夠「用起來」，發揮「增進道德」「守望良心」的作用。〔註178〕

〔註177〕淨慧：《親近生活禪》（2012 年 7 月 20 日），載於《夏令營的腳步——柏林禪寺生活禪夏令營》，趙州柏林禪寺印行，2014 年，第 404 頁。

〔註178〕淨慧：《淨慧長老選集·守望良心》序，生活禪文化公益基金會，2018 年，第 1 頁。

第五章　生活禪實踐與現代佛教主體性建設

5.1　生活禪實踐與佛教文化主體性建設

5.1.1　《禪》刊及其影響

5.1.1.1　創辦《禪》刊的社會背景

　　80 年代，由於落實《憲法》賦予了公民宗教信仰自由，不得歧視信教公民，佛教信仰開始復蘇。而且，隨著改革開放之後經濟發展，文化事業也日趨蓬勃，諸如電影《少林寺》（1982 年）、電視連續劇《濟公》（1985 年）和《西遊記》（1986 年）等佛教題材影視作品的傳播效應，使民眾對佛教的印象有所變化，對佛教產生好感和好奇的人也越來越多。有關佛教文學作品，有關佛教研究的書籍，有關禪學和密宗方面的讀物，都特別受讀者歡迎。

　　例如：文學傳記方面，秦文玉《女活佛》〔註 1〕1985 年初版印數 67500 冊，後來還被拍成了電影；郭青《塵緣袈裟》〔註 2〕1986 年初版和 1987 年二印共計 63400 冊。佛教研究方面，方立天著《佛教哲學》〔註 3〕1986 年初版和 1987 年二印共計 25000 冊；任繼愈主編《中國佛教史》〔註 4〕第一卷

〔註 1〕 秦文玉：《女活佛》，北京：人民文學出版社，1985 年。
〔註 2〕 郭青：《塵緣袈裟》，成都：四川文藝出版社，1986 年。
〔註 3〕 方立天：《佛教哲學》，北京：中國人民大學出版社，1986 年。
〔註 4〕 任繼愈：《中國佛教史》，北京：中國社會科學出版社，1981 年。

1981 年初版和 1985 年二印共計 14100 冊；任繼愈主編《佛教經籍選編》〔註5〕
1985 年初版 10000 冊。佛教讀物方面，南懷瑾的《佛教、密宗與東方神秘學》
〔註6〕1985 年初版印數 20000 冊；日本鈴木大拙的《禪與生活》〔註7〕1988
年初版 20000 冊，《禪與藝術》〔註8〕1988 年初版 11000 冊；而趙樸初《佛
教常識問答》僅中國佛教協會 1983～1987 年重印三版就數以萬計。佛教刊
物方面，中國佛教協會《法音》1981 年創刊時發行 2000 份，當年 7 月追加
2000 份，1982 年改成雙月刊後發行量增至 10000 份，1988 年改爲月刊後發
行量又增至 15000 份；〔註9〕淨慧法師主編的《禪》1989 年第 2 期起發行 10000
冊，1993 年的發行量爲 15000 冊。這些還僅是公開出版發行的一些例子，至
於佛教內部流通以及港臺佛教流入的佛教書籍，則更難以統計。〔註10〕如此
等等，都反映出民眾希望瞭解佛教的巨大需求。

　　從「文革」結束至 1992 年社會主義市場經濟體制的改革目標確立之前，
是社會主義文化建設新時期，國家的撥亂反正始於文化領域，給文化發展帶
來了空前活力。〔註11〕隨著改革開放逐步展開，對外交往和交流加深，中西
思想文化碰撞，掀起了「文化熱」浪潮。一方面是大量翻譯和引進西學，反
思和批判傳統文化；一方面是傳統文化得到前所未有的關注，激起傳統文化
復興運動，出現「氣功熱」「宗教熱」「武術熱」「禪學熱」等現象。

　　爲了扭轉氣功對佛教對禪的曲解，引導氣功修煉者轉向正信佛教和禪
修，淨慧法師在 1989 年創辦了《禪》刊。他說：「特別是在石家莊這個地方，
我們來以前，這個地方，是氣功熱，全國許多所謂氣功大師都是在石家莊這
裡火起來的。從歷史到現實，從佛門到社會，禪這個法門在今天還是有優勢，
所以我就辦了《禪》。」〔註12〕

〔註5〕　任繼愈：《佛教經籍選編》，北京：中國社會科學出版社，1985 年。
〔註6〕　南懷瑾：《佛教、密宗與東方神秘學》，北京：中國世界語出版社，1985 年。
〔註7〕　〔日〕鈴木大拙著，劉大悲譯：《禪與生活》，北京：光明日報出版社，1988 年。
〔註8〕　〔日〕鈴木大拙等著，徐進夫等譯：《禪與藝術》，哈爾濱：北方文藝出版時，
　　　　　1988 年。
〔註9〕　魏承彥：《憶〈法音〉的初創期》，《法音》，2001 年第 4 期，第 3 頁。
〔註10〕　比如淨空法師之所以在大陸居士團體中產生巨大影響，就是源於 80 年代向大
　　　　　陸贈送經書、講經集、錄音錄像帶等方式宣教，他的書籍、光盤等至今仍然
　　　　　大量流傳。
〔註11〕　歐陽雪梅主編：《中華人民共和國文化史（1949～2012）》，北京：當代中國出
　　　　　版社，2016 年，第 13 頁。
〔註12〕　淨慧：《在〈禪〉刊百期座談會上的講話》（2007 年 7 月月 21 日），《禪》，2007

《禪》刊初期，也著意幫助讀者區分禪與氣功的不同，在認可氣功的有用性和科學性基礎之上，更加強調禪的優越性和超越性。〔註 13〕這種不完全否定氣功價值的態度，容易讓氣功愛好者接受，並在氣功和禪之間搭建方便橋樑，既隨順社會的普遍風氣，又善巧地將氣功帶入禪和佛法。並且，「禪」與「佛法」「佛教」「佛學」等詞彙相比，宗教性比較淡，在當時氣功熱、禪學熱的潮流下，也易被官方和社會所接受。

5.1.1.2　《禪》刊的影響

80 年代，佛教刊物非常稀少。《法音》和《禪》刊深受讀者喜愛，發行量較大，而這兩個刊物的主編都是淨慧法師。與中國佛教協會會刊《法音》相比，《禪》刊的內容更為生動活潑，主題集中，在引導禪學愛好者修行方面更具有針對性。

《禪》刊一經出版，就在佛教界引起很大反響，得到當時佛門長老的認可和支持。如茗山法師 1989 年 7 月 5 日讀了《禪》創刊號，非常贊許，在日記中寫下：「閱河北省佛協出版的季刊《禪》。覺得禪是靜慮、是澄心、是專注一境，是破假我、見真我，達到無我的境界。」〔註 14〕他特給淨慧法師寫信訂閱：

> 擬致主編淨慧法師函：
>
> 淨慧法師：
>
> 見《禪》季刊問世，覺得甚合當今國際佛教界的思潮，深為慶
>
> 賀！今寄上訂刊費四元，希囑發行部按期寄來為感！〔註15〕

僅僅創辦數年，《禪》刊就因內容集中在禪學和禪修，很快就積累了較為穩定的讀者群，他們更多的是具有一定文化基礎的知識青年，不少都受過高等教育。從 1977 年高考恢復，到 90 年代初期，大專院校逐步恢復，高等教育漸成規模，一批青年知識階層逐漸成長起來。之前由於「文革」，1970 年全國普通高等學校在校學生人數最少時僅有 4.8 萬人〔註16〕，到 1976 年時在校

年第 4 期。

〔註13〕劉曉光：《禪與氣功》，1989 年第 4 期。陳重暉：《〈楞嚴〉十仙與氣功修練》，《禪》，1990 年第 1 期。佛日：《禪修與氣功勝劣辨》，《禪》，1990 年第 2 期。

〔註14〕茗山：《茗山日記》，上海：上海古籍出版社，2002 年，第 692 頁。

〔註15〕茗山：《茗山日記》，上海：上海古籍出版社，2002 年，第 692 頁。

〔註16〕中華人民共和國國家統計局：http://data.stats.gov.cn/search.htm 跡 s=1972%E9%

生有 56.5 萬人〔註 17〕。之後學校數量也有所增加，每年招生規模都略有擴大。1977 年，全國高等院校在校學生 62 萬人〔註 18〕；1980 年，全國高等院校在校學生達 114.4 萬人〔註 19〕，到 1985 年，普通高等院校在校學生 170.3 萬〔註 20〕；1990 年，在校學生爲 206.3 萬人〔註 21〕，數量已將近是 1980 年時的 2 倍。這個青年知識階層，正是生活禪興起的土壤。淨慧法師在北京主編《法音》期間，就時常有大學生投稿、交流及當面請益，有的後來還成爲座下弟子。例如，四川大學陳兵教授是 80 年代在中國社會科學院讀研究生時於廣濟寺與淨慧法師結識的；復旦大學王雷泉教授是 1984 年在復旦大學讀研究生階段因在《法音》發表論文而與淨慧法師相交；柏林寺方丈明海法師是 1990 年在北京大學哲學系讀書期間於廣濟寺第一次見到淨慧法師。

　　《禪》刊的宗旨也得到很多讀者認同。並且，前期已既有安祥禪的引介和鋪墊，提出生活禪以及創辦生活禪夏令營，就容易得到了廣大讀者和禪學愛好者的理解、共鳴、支持和參與。例如，1993 年《禪》刊發行量 15000 冊，第 1 期上發布舉辦第一屆生活禪夏令營報名通知，最後寄回報名材料的就達 1000 多份，足見讀者反響之熱烈。

　　除了接引氣功愛好者，淨慧法師也以《禪》刊和生活禪夏令營等爲平臺，對治現代社會生活中的困惑煩惱、心理失衡、信仰茫然、精神墮落等問題。在改革開放初期，社會道德觀念下滑，引發個人主義的上升，主要表現爲「關

AB%98%E7%AD%89%E5%AD%A6%E6%A0%A1%E5%9C%A8%E6%A0%A1%E7%94%9F。

〔註 17〕 中華人民共和國國家統計局：http://data.stats.gov.cn/search.htm 跡 s=1976%E9%AB%98%E7%AD%89%E5%AD%A6%E6%A0%A1%E5%9C%A8%E6%A0%A1%E7%94%9F。

〔註 18〕 中華人民共和國國家統計局：http://data.stats.gov.cn/search.htm 跡 s=1977%20%20%E9%AB%98%E7%AD%89%E5%AD%A6%E6%A0%A1%E5%9C%A8%E6%A0%A1%E7%94%9F。

〔註 19〕 中華人民共和國國家統計局：http://data.stats.gov.cn/search.htm 跡 s=1980%20%20%E9%AB%98%E7%AD%89%E5%AD%A6%E6%A0%A1%E5%9C%A8%E6%A0%A1%E7%94%9F。

〔註 20〕 中華人民共和國國家統計局：http://data.stats.gov.cn/search.htm 跡 s=1985%20%20%E9%AB%98%E7%AD%89%E5%AD%A6%E6%A0%A1%E5%9C%A8%E6%A0%A1%E7%94%9F。

〔註 21〕 中華人民共和國國家統計局：http://data.stats.gov.cn/search.htm 跡 s=1990%20%20%E9%AB%98%E7%AD%89%E5%AD%A6%E6%A0%A1%E5%9C%A8%E6%A0%A1%E7%94%9F。

心個人利益」的形式；到了 80 年代後期和 90 年代初期，發展爲個人至上的思潮，主張以自我爲中心的自我設計、自我奮鬥、自我實現，其主要表現爲「一切向錢看」的拜金主義、「人生在世吃喝二字」的享樂主義等。〔註22〕而以「覺悟人生，奉獻人生」爲宗旨的生活禪，符合積極的社會人生價值標準，有助於提升信眾的倫理道德，糾正社會的不良風氣。

淨慧法師常常對弟子說：「柏林寺有兩大特色，一是生活禪夏令營，一是《禪》刊。」〔註23〕他非常注重語言文字對佛法傳播的積極作用，「把文字的傳播與弘法看得比自己的生命還要重要」〔註24〕，希望把《禪》刊辦成百年期刊。他告誡弟子，儘管禪宗傳統是離言絕相，不立文字，但禪宗強調「不立文字」，並非不用文字，而是應當「文以載道」，「語言文字不即是佛法，佛法也離不開語言文字」。〔註25〕淨慧法師主編《法音》刊物，經驗豐富，運用到《禪》刊上更是得心應手。並且，《禪》刊作爲地方性刊物，文章主題和樣式也更爲靈活，經常刊登讀者來信和讀後感想，與讀者進行互動。從 1993 年第 1 期開始，《禪》刊又設立「問禪寮」專欄回答讀者來信提問，針對具體問題答疑解惑、指導禪修。這種互動方式，很快贏得了大批讀者的關注。

當時，「禪」是作爲一種優秀傳統文化——甚至是東方哲學和藝術的最高境界，而被社會認可的。可是，社會上對作爲宗教的佛教仍存敏感，說「禪」就沒有這些麻煩和顧慮。而淨慧法師選用「禪」的名稱，也是「因爲禪的宗教色彩比較淡，強調的是修行和文化的層面，一般人易於接受」。〔註26〕另一方面，淨慧法師希望《禪》刊能夠將熱衷氣功修煉的人轉入佛教信仰中，這也是《禪》刊的直接目的之一。

而《禪》刊果然也實現了預期的效果。例如「讀者來信」中，就有很多人從氣功轉而進入佛教的：

> 我是一個氣功愛好者。本來是一位中學教師，後來又棄教從醫，搞氣功門診工作。由於練功而接觸到佛學，東一本、西一本地

〔註22〕張世飛：《中國當代社會史（1978～1992）》，長沙：湖南人民出版社，2015年，285～287 頁。

〔註23〕崇戒：《恩師，懂您懂得太遲》，《禪》，2013 年第 3 期。

〔註24〕崇戒：《恩師，懂您懂得太遲》，《禪》，2013 年第 3 期。

〔註25〕淨慧：《發刊詞》，《禪》，1989 年第 1 期。

〔註26〕淨慧：《趙州柏林禪寺佛七法會開示·第六講　用功的要點》（1992 年 1 月 24日），載於《淨慧禪話》第 1 冊《柏林禪話》，趙州柏林禪寺印行，2015 年，第 19 頁。

找些書來看，就是不得門徑。我雖有嚮往學佛之心，可是佛學是個浩瀚的海，佛學典籍義理深奧，即使有點文學知識，也不免望洋興嘆。所以《禪》一到手，我便讀起來……禪包含氣功，氣功是禪的一部分，是不是這樣？我想，總之，禪比現在講的氣功層次更高……〔註27〕

還在兩年前上大學期間，我就接觸到禪了，當時是 1989 年月，北京大學哲學系有位講師石松去新加坡講學路過福州，來我校傳授氣功。他的功理很特別，認為：「氣功是一種生命的體驗，是人生的實踐。不是要練出一種外在的東西，而是找到自己本來就有的東西，是回復到自己最本源，最真實的自我。」他提及到禪，認為禪的方法，從根本上說也是氣功的方法。從此，我就與禪結下了不解之緣……〔註28〕

此前，學生曾於儒、道、氣功，及周易等學，略有涉及。後因鈴木大拙先生的幾部禪著而遷趣於佛法，遂於禪宗案卷，輒行參究。有時，亦是腦力用穿，幾至絕處……〔註29〕

5.1.2 生活禪語言的現代特質

淨慧法師受業於虛雲老和尚，虛雲老和尚在佛教界是以保存佛教傳統而著稱的。淨慧法師認識到，佛教傳統要更好地發揮作用，「只有和具體的時節因緣緊密結合起來」。他主張用語言文字來弘揚佛法，生活禪夏令營是「語言」，《禪》刊是「文字」。〔註30〕淨慧法師生活禪語言文字也具有通俗易懂、簡潔明確、深入淺出、方便記憶等特點。他在倡導和傳播生活禪過程中，都是儘量選用最為平常的詞彙來體現佛教精深的義理。這種語言意識，源自 1988 年河北省政府秘書長陳中保先生要他「多做宣傳」的建議，使淨慧法師認識到：「社會上要認同佛教，要理解佛教，還是要靠我們的宣傳」，並且應當「如實地把佛教教義用通俗易懂的語言向社會作宣傳」，認為語言文字傳播佛法是一個「傳承文化」和「淨化人心」的工作，能為佛教的發展掃清

〔註27〕 本刊：《讀者的回聲》，《禪》，1989 年第 2 期。
〔註28〕 求悟者：《讀者來信》，《禪》，1991 年第 4 期。
〔註29〕 白英、仁軍：《讀者來信數則》，《禪》，1992 年第 2 期。
〔註30〕 淨慧：《懷雲樓座談會》（1998 年 7 月 25 日），載於《夏令營的腳步——柏林禪寺生活禪夏令營》，趙州柏林禪寺印行，2014 年，第 129 頁。

誤解和障礙。〔註31〕

　　淨慧法師主張，佛教「一定要採取現代人所能夠接受的形式和語言」，要「對傳統佛教的一些理念進行新的詮釋」，「這是一項非常重要的工作」。〔註32〕他非常佩服星雲大師和臺灣佛教在佛教語言現代詮釋方面的成績。他自己也進行嘗試，其中最為經典的，就是他選用了「生活」這一最日常、最普遍、最為人熟知的語彙，提出了「生活禪」。淨慧法師認為，「生活」這個詞彙非常大眾化，並且高度概括了人類生命的一切活動；而佛經中雖然有類似「生活」的內容，如身口意三業、行住坐臥四威儀、業、日用事等表述，但是不夠通俗，不為大眾所接受，無法進入主流語言的環境。他說，「『生活』二字，既通俗又普及，而且能夠為所有的人接受」，〔註33〕佛教界應當拿來好好運用。而他用生活禪，來引導信眾將禪法、修行落實於具體生活，從迷失的生活轉到覺醒的生活，再進一步達到超越的生活。〔註34〕

　　再如，生活禪「覺悟人生，奉獻人生」宗旨的提出，淨慧法師也是基於同樣的考慮。如果提佛教傳統的智慧、慈悲，「可能社會人聽起來有一點宗教的味道，在當時的情況下似乎還不容易得到認同」〔註35〕，於是他把佛教的智慧和慈悲進行了新的詮釋，用現代人容易接受的「覺悟人生」和「奉獻人生」。本來「覺悟」一詞就是出自佛教，後來被社會通俗使用。由於 1949 年以後對「覺悟」「政治覺悟」的強調，這一詞彙更加深入人心。淨慧法師把「覺悟」又用回到佛教之中，無形中復歸了「覺悟」本身的佛教內涵。而「奉獻」，也是社會主義、集體主義的美德，被淨慧法師用回佛教菩薩利他精神。這些，既體現出他對佛教義理的熟稔，更反映了他的高明智慧。

　　類似的，淨慧法師晚年極力提倡的「守望良心」，「良心」也是社會通用、

〔註31〕淨慧：《在豐樂園的開示》（2007 年 7 月 24 日），載於《夏令營的腳步——柏林禪寺生活禪夏令營》，趙州柏林禪寺印行，2014 年，第 342 頁。

〔註32〕淨慧：《普茶》（2011 年 8 月 15 日），載於《夏令營的腳步——四祖寺禪文化夏令營》，趙州柏林禪寺印行，2014 年，第 219 頁。

〔註33〕淨慧：《關於生活禪》（2009 年 7 月 26 日），載於《夏令營的腳步——柏林禪寺生活禪夏令營》，趙州柏林禪寺印行，2014 年，第 376 頁。

〔註34〕淨慧：《大乘、小乘、生活禪》（1993 年 7 月 25 日），載於《夏令營的腳步——柏林禪寺生活禪夏令營》，趙州柏林禪寺印行，2014 年，第 21 頁。

〔註35〕淨慧：《第十七屆生活禪夏令營開營式上的講話》（2010 年 7 月 20 日），載於《夏令營的腳步——柏林禪寺生活禪夏令營》，趙州柏林禪寺印行，2014 年，第 383 頁。

婦孺皆知的詞語。但是，淨慧法師所說的「良心」，並非僅僅是世俗道德層面的，其背後也有深厚的佛教義理蘊意。他說：「『良心』二字，如果用佛教最高的理念來詮釋，就是我們的佛性。」〔註36〕

除了避免宗教的敏感性之外，他更是希望突破宗教的傳播侷限。淨慧法師希望生活禪在宣傳口號方面儘量不帶宗教色彩，「因為有了宗教色彩以後，他的傳播面就很有限」，會「成為一種流通的障礙」〔註37〕，反而是不帶宗教色彩才能便於社會大眾來廣泛運用。他將佛法對治的全部問題概括為如何做人和如何做事，用「善用其心，善待一切」來表達這一理念，其背後的經教基礎是《華嚴經・淨行品》，但是這種概括提煉和語言表述卻更符合現代人的思維和理解方式，超越於宗教語言和佛教信仰的侷限，更具有普世主義價值特點。他分析自己的生活禪語言：「信仰、因果、良心、道德」裏面既有佛教思想，也有儒家思想，有一點點宗教色彩；「感恩、包容、分享、結緣」基本沒有宗教色彩；「大眾認同，大眾參與，大眾成就，大眾分享」一點宗教色彩也沒有，「完全是共產黨群眾路線具體化」。〔註38〕他明確指出：「一個文化要普及，只有把它的侷限性限制在最低最低的範圍之內，把它的適應性擴大到最大最大的範圍，這樣它才能流通得了，才能為社會大眾所受用。」〔註39〕因此，他主張運用這種符合當今時代價值的普世性語言，來闡釋和傳播佛教，從而實現佛法精神真正被世人接受。

此外，淨慧法師在語言主題方面，也特別注意結合當地具體的佛教歷史文化傳統，善於運用祖庭、祖師的掌故來闡發生活禪的思想文化源頭。他在河北住持柏林寺期間，側重用趙州禪來弘揚生活禪，用無門關、庭前柏樹子、趙州八十猶行腳、趙州橋度驢度馬等公案來加深大眾對柏林禪寺禪宗祖庭的印象，以及對生活禪淵源的理解。他在帶領大家參拜臨濟寺時，則亦著重臨濟禪與生活禪的關聯。淨慧法師認為，河北的兩位祖師，是一悲一智，趙州和尚體現慈悲，臨濟禪師體現智慧〔註40〕，而生活禪宗旨正結合了悲智精神。

〔註36〕 淨慧法師：《守望良心》，黃梅四祖寺，2012 年，第 63 頁。

〔註37〕 淨慧等：《親近生活禪》（2012 年 7 月 20 日），載於《夏令營的腳步──柏林禪寺生活禪夏令營》，趙州柏林禪寺印行，2014 年，第 404 頁。

〔註38〕 淨慧等：《親近生活禪》（2012 年 7 月 20 日），載於《夏令營的腳步──柏林禪寺生活禪夏令營》，趙州柏林禪寺印行，2014 年，第 404 頁。

〔註39〕 淨慧等：《親近生活禪》（2012 年 7 月 20 日），載於《夏令營的腳步──柏林禪寺生活禪夏令營》，趙州柏林禪寺印行，2014 年，第 404 頁。

〔註40〕 淨慧：《參禮臨濟祖庭的開示》（1993 年 7 月 24 日），載於《夏令營的腳步──

當他住持黃梅四祖寺之後，又注重闡揚道信大師禪法，將念佛禪融入生活禪修行方法，將「發菩提心，樹般若見，修息道觀，入生活禪」的「修息道觀」，換作「修念佛禪」。如此，讓生活禪的歷史維度更為延伸，並且也容易令人從生活禪契入到祖師禪和佛經祖論之中。

5.1.3　進入學術空間的生活禪研究

在當代中國佛教研究中，人間佛教是一個核心主題，而涉及到當代人間佛教思想，淨慧法師提出的生活禪又無疑是學術界最為關注的個案之一；至於人間佛教的實踐模式，生活禪夏令營也是一個典範。客觀而言，生活禪在社會層面的得到認可，學術界發揮了很大的作用。

淨慧法師本人是一位學問僧，與學術界關係良好。他所整理流通的禪宗典籍，以及影印《現代佛學》雜誌、大正藏、卍續藏等，都無償提供給大學圖書館和專家學者，供研究之用。這在佛門來說，是非常難能可貴的。傳統佛教寺廟大藏經寧可束之高閣都不許僧人輕易借閱，更遑論白衣學者了。淨慧法師對待學術研究和專家學者非常友善，他也能理解學術立場和信仰立場的區別，他還促成了學術性質的《中國禪學》創刊。他從 80 年代開始就參加佛教界和學術界聯合舉辦的學術研討會，1993 年舉辦首屆生活禪夏令營時，就同時邀請法師和佛教研究學者為營員開展講座。他一生都在不遺餘力地推進學術界和宗教界良性互動。

從 2010 年開始，淨慧法師在黃梅四祖寺舉辦「黃梅禪宗文化高峰論壇」，成立黃梅禪宗文化研究會，致力於發掘和弘揚禪宗歷史文化，連續舉辦了 6 屆。「生活禪研究」和「淨慧長老和生活禪」，每次都是重要的學術專題，累計研究論文達百餘篇。2011 年，在提出生活禪理念二十年之際，淨慧法師又發起「首屆河北趙州禪‧臨濟禪‧生活禪學術論壇」，希望真誠地聽取專家學者對生活禪發展的意見和建議，推進禪和生活禪有關研究。這次活動規模宏大，由河北省佛教協會聯合河北省社會科學院和河北省民族宗教廳共同主辦，邀請了國內外佛教研究學者 120 多位，從學術層面一起來探討禪和生活禪。從第二屆開始，論壇改稱為「河北禪宗文化論壇」，共連續舉辦了 5 屆。「黃梅禪宗文化高峰論壇」和「河北禪宗文化論壇」都是由中國社會科學院世界宗教研究所黃夏年研究員擔任學術總召集人，這樣持續性、大規模、專

柏林禪寺生活禪夏令營》，趙州柏林禪寺印行，2014 年，第 15 頁。

題化地探討禪和生活禪,「在中國近代以來的學術史上堪稱空前」。〔註41〕這既表達了生活禪二十年成長的文化主體自信,向世人宣告:生活禪就是趙州禪、臨濟禪、黃梅禪的延續,弘揚生活禪對振興禪宗乃至漢傳佛教意義重大;同時也標誌了淨慧法師有意識地將生活禪正式推進學術研究領域,帶動生活禪研究,在河北和黃梅本地也培養出一批佛教研究的穩定隊伍。

之前,以學術論壇方式最早對生活禪夏令營進行調查的是時爲復旦大學社會學系的本科生汲喆(現爲法國國立東方語言文化學院教授、法國多學科佛教研究中心主任),他對第二屆生活禪夏令營營員進行問卷調查和訪談,之後又進行追蹤研究。從 1993 年至 2005 年,雖然報刊上對生活禪夏令營有所報導,但學術研究仍很少,唯有陳兵教授應淨慧法師之請而寫的《生活禪淺識》〔註42〕和《佛教的社會責任與社會價值——爲柏林禪寺第五屆生活禪夏令營而作》〔註43〕等。從 2006 年之後,生活禪夏令營現象開始被學術界注意,一些研究成果開始出現,但是數量不多。在中國知網檢索生活禪有關論文,數量最多的 2011 至 2016 年,也正是緣於淨慧法師舉辦連續五屆「河北禪宗文化論壇」和六屆「黃梅禪宗文化高峰論壇」的推動。通過這些學術活動的社會帶動效應,「生活禪」逐漸形成爲人所熟知的一個學術語彙,而生活禪研究正成爲當代佛教研究領域甚受關注的議題。

在生活禪的實踐過程中,淨慧法師積極探索現代佛教文化主體性建設。這種文化主體性,表現爲對佛教自身歷史傳統、思想理念等方面的文化自覺意識,以及結合時代精神和社會發展,按照契理契機原則對佛教義理、概念等進行現代詮釋,使佛教文化不斷煥發勃勃的生命力。由此,佛教向社會大眾輸出接受認可的理念文化價值,同時也與學術界建立起良性互動。在生活禪傳播的過程中,《禪》刊發揮的作用是無可取代的,而一系列研討會的舉辦、書籍的出版等也促進了佛教文化主體性建設。

〔註41〕黃夏年:《第六屆黃梅禪宗文化高峰論壇總結發言》,見耀察:《第六屆黃梅禪宗文化高峰論壇舉行》,四祖寺網站:http://www.hmszs.org/wenhualuntan/news/2016/10/20161016932.html。

〔註42〕陳兵:《生活禪淺識》,《法音》,1996 年第 8 期。

〔註43〕佛日:《佛教的社會責任與社會價值——爲柏林禪寺第五屆生活禪夏令營而作》,《法音》,1997 年第 8 期。

5.2　生活禪實踐與佛教社會主體性建設

所謂佛教的社會主體性，指的是佛教與現實國情、政治政策、社會階層等進行互動中的主體意識和身份表達，集中表現爲佛教自覺承擔的社會角色、社會責任等。佛教社會主體性在實踐層面，其背後蘊育的是大乘佛教普度眾生的菩薩精神，不是只求自己解脫，而是要深入世間，與社會人群發生聯繫，爲社會服務，在度人中實現自度；而在現實效果層面，最直接關係到的就是佛教的社會形象、社會評價和社會地位。佛教參與社會，有助於提高佛教和僧伽的社會形象。

淨慧法師強調：無論是寺院工作、教會工作，還是弘法工作，必須處理好三個方面的關係。首先是政教關係，要在政策基礎上處理好與政府黨政部門關係。第二，是教群關係，包括外部的教群關係（與其他宗教團體、佛教寺院、佛教團體、信教群眾和不信教群眾等）和內部的教群關係。第三是教團內部關係，包括寺院和佛教協會的關係等。〔註44〕因此，他一直說，佛教開展各項工作和各種活動，「不能離開黨和政府的認可，不能離開黨和政府的支持。」〔註45〕這也是柏林寺順利重興、生活禪夏令營等持續成功舉辦的最關鍵的客觀原因。同樣地，他被迎請到湖北，復興四祖寺，開展禪文化夏令營，也是以政府同意和支持爲前提。

5.2.1　佛教外交與柏林寺恢復的契機

柏林寺在1988年被批准爲宗教活動場所，是河北省率先恢復的佛教寺廟之一。其最大的契機在於它在中日佛教友好交往中，作爲禪師祖庭的國際影響力，具有佛教的民間外交作用。

趙州和尚在中國禪宗歷史乃至整個東亞漢傳佛教的地位非常崇高，被尊爲「趙州古佛」，「只要是聽說過有關禪的話題，哪怕只有一次，恐怕就不會不知道趙州和尚之名」。〔註46〕所以，從五代之後，歷代來朝禮參訪趙州祖庭之士絡繹不絕。明代弘治年間陳紀所撰的碑文記載，「遊訪者必先柏林，次臨

〔註44〕淨慧：《懷雲樓座談會》（1998年7月25日），載於《夏令營的腳步——柏林禪寺生活禪夏令營》，趙州柏林禪寺印行，2014年，第129頁。

〔註45〕淨慧：《懷雲樓座談會》（1998年7月25日），載於《夏令營的腳步——柏林禪寺生活禪夏令營》，趙州柏林禪寺印行，2014年，第129頁。

〔註46〕〔日〕常盤大定著，廖伊莊譯：《支那佛教史蹟踏查記》，北京：中國畫報出版社，2017年，第132頁。

濟，次五臺，其爲名刹可知矣」。〔註47〕中國、日本、韓國佛教皆尊柏林寺爲禪門祖庭。

但是，民國時代柏林寺就已殿宇衰頹。日本學者長盤大定 1920～1921 年考察時，寺中只存大雄寶殿和大悲殿，大門緊鎖，維繫艱難，方丈室已經被充作趙縣農會事務所，只有其中的一部分還留予寺院方面寄寓之用，「最值得一看的是靈塔」〔註48〕。中華人民共和國成立後，經歷了「土改」「文革」等運動中之後，柏林寺殿宇不存，只有「特賜大元趙州古佛眞際光祖國師之塔」幸免於難。

十一屆三中全會以後，各級黨和政府落實政策，陸續開放一些寺院。80 年代，落實中共中央 19 號文件《關於我國社會主義時期宗教問題的基本觀點和基本政策》和 1982 年《憲法》精神，國家保護正常的宗教活動，保障公民宗教信仰自由，逐步恢復開放宗教活動場所。由此，大陸佛教重建開始有序進行。1983 年 4 月 9 日，國務院批准《國務院宗教事務局關於確定漢族地區佛道教全國重點寺觀的報告》，公布了漢族地區佛教全國重點寺院名單，共計 142 座。這批寺廟，首先移交佛教界由僧尼管理。

當時，柏林寺只存有一座趙州古塔，並不在這 142 座寺廟名單之中，河北全省只有臨濟寺和普寧寺（藏傳佛教）2 座被列入名單。臨濟寺是臨濟宗的發祥地，於 1984 年開放爲宗教活動場所，1988 年河北省佛教協會成立就在臨濟寺辦公。普寧寺於 1985 年被批准爲宗教活動場所。如果對比那時的開封大相國寺、揚州大明寺、重慶寶頂山等寺廟落實宗教政策之艱難，柏林寺在 1988 年就被批准爲宗教活動場所，這一過程可謂是相當順利的，其最大原因是柏林寺在中日外交的價值。

從新中國成立開始，佛教始終承擔著一向重要的國家工程──宗教外交，即是在極左嚴重的「文革」初期和後期也未完全終斷。正是敏銳地注意到了佛教對於國家外交方面等的功用，維慈才極富有預見性地指出未來佛教仍有可能被恢復。〔註49〕「文革」末期開始，中國佛教協會承擔佛教外交工作，接待國際友人。80 年代初，中國的改革開放，不但給佛教外交增加了新的

〔註47〕 〔日〕常盤大定著，廖伊莊譯：《支那佛教史蹟踏查記》，北京：中國畫報出版社，2017 年，第 132 頁。

〔註48〕 〔日〕常盤大定著，廖伊莊譯：《支那佛教史蹟踏查記》，北京：中國畫報出版社，2017 年，第 132～133 頁。

〔註49〕 Holmes Welch, Buddhism Under Mao. Cambridge: Harvard University Press, 1972.

內容和使命，也爲佛教服務社會主義經濟建設開創了新的工作領域」。〔註50〕
除了宗教地位，國際影響和外交意義是寺廟恢復和開放的重要考慮因素。例
如，臨濟寺，因其是臨濟宗的發祥地，也是日本臨濟宗的祖庭，日本僧眾連
年來訪朝拜，所以在河北最先得到修復和開放。國內很多大寺祖庭也都是如
此，並且這些寺廟在修復重建中也得到了日本佛教團體以及海外華人的很多
捐資支持。

　　河北省佛教協會的成立以及柏林寺的重建，也是受到日本佛教團體來訪
的推動。日本佛教團體來華參訪祖庭、祭拜祖師，一定程度上促進了國內寺
廟保護、恢復、重建及開放的進程。1980 年 6 月 20 日，「日中友好臨濟黃檗
協會」〔註51〕（簡稱「日中友好臨黃協會」）第一次訪華團來訪，6 月 24 日參
拜正定臨濟塔，其中久弘昭先生等 3 人參拜趙州塔。1981 年 11 月 20 日，「日
中友好臨黃協會」訪華團一行 23 人首次參拜趙州塔。1982 年 7 月 23 日，河
北省人民政府將柏林禪寺塔（趙州眞際禪師塔）及遺址列爲省級重點文物保
護單位。

　　1986 年 5 月 19 日，「日中友好臨黃協會」訪華團松山萬密長老一行 100
人再次參拜趙州塔。這次來訪，由中國佛教協會會長趙樸初親自陪同。他目
睹趙州祖庭之衰頹，感慨萬千，與夫人陳邦織一起在趙州塔前留影，神情凝
重。趙樸初他的詩作《趙州塔》中，已經隱含了希望復興趙州道場的願望。
其詩曰：「寂寂趙州塔，空空絕依傍。不見臥如來，只見三瑞像。平生一拂子，
何殊臨濟棒。會看重豎起，人天作榜樣。」〔註52〕由於趙樸初的親臨和積極
呼籲，柏林寺很快被河北政府批准恢復。

　　1987 年 10 月 15 日，「日中友好臨黃協會」訪華團參拜臨濟寺和趙州塔，
趙樸初會長及中國佛教協會委派中國佛教協會常務理事淨慧法師陪同接待。

〔註50〕　學愚：《中國佛教的社會主義改造》，香港：香港中文大學出版社，2015 年，
　　　　　第 608 頁。
〔註51〕　日中友好臨黃協會，成立於 1979 年 5 月 28 日，其宗旨是：旨在通過宗門這
　　　　　一渠道，推進日中兩國文化交流和加深相互之間的瞭解與友誼，並以此爲機
　　　　　緣，正確認識集中精力致力於國家建設的中國在保護祖跡方面的實際情況。
　　　　　協會的目的是促進日中兩國友好親善和文化交流，爲弘揚佛法和世界和平作
　　　　　貢獻。見《日中友好臨黃協會宗旨書》和《日中友好臨黃協會章程》，《禪》，
　　　　　1989 年第 3 期。
〔註52〕　趙樸初：《趙州塔》，《趙樸初韻文集》，上海：上海古籍出版社，2003 年，第
　　　　　414 頁。

這是淨慧法師第一次來到柏林寺。他看到昔日祖庭蕭條零落，唯有古柏殘塔形影相弔，心裏非常難過。淨慧法師年輕時曾聽虛雲老和尚講過趙州和尚的公案，看到趙州祖庭「如此破敗不堪，觸動了感情」〔註53〕，不禁悵然淚下，發願振興祖庭。他寫下《參拜趙州從諗禪師塔》二詩，頗能反映當時的境況：「來參眞際觀音院，何幸國師塔尚存。寂寂禪風千載後，庭前柏子待何人？」「一塔孤高老趙州，雲孫來禮淚雙流。斷碑殘碣埋荒草，禪河誰復問源頭！」〔註54〕

由於這次陪同的經歷，淨慧法師也得到河北政府方面的認可和仰重，河北省委統戰部和河北省民族宗教事務局多次到北京，通過中國佛教協會邀請淨慧法師到河北籌建河北省佛教協會並出任會長。當時，淨慧法師儘管有興復趙州祖庭的願望，但是面對柏林寺的實際困難，內心也很猶豫糾結，經趙樸初會長和周紹良秘書長的勸說，才終於下定決心。周紹良告訴淨慧法師：不要辜負河北盛情邀請，而且「出家人，還是有個寺院才好」，這樣能有弘法的平臺。〔註55〕於是，他在趙樸初和周紹良的敦促下，決心前去河北。從此，柏林寺名寺得主，開始走向振興之路，亦成爲淨慧法師實踐生活禪理念、舉辦生活禪夏令營等活動的重要依託，而河北佛教僅短短數年也面貌煥然一新。

5.2.2　政教關係中的佛教社會主體性

柏林寺自1988年淨慧法師著手興復，就成爲弘揚生活禪、開展生活禪夏令營的一個根本道場。柏林寺的興復，得益於地方政府的支持，其過程也折射了當代佛教與政治、與政府部門的互動關係。確如淨慧法師所講，在當代中國，任何一種宗教，首先必須處理好政教關係，這是第一位的。

迎請淨慧法師組建河北省佛教協會、擔任會長、修復柏林寺，都是河北政府方面一手促成的。1988年5月12日，河北省政府批准柏林禪寺作爲宗教活動場所對外開放，交河北省佛教協會管理，並逐步籌資修復。值得注意的一個細節是，河北省佛教協會成立的時間是在此稍後的，比開放柏林寺還晚了幾天。1988年5月15日至18日，河北省佛教第一屆代表會議召開，正

〔註53〕明海：《憶淨慧長老：活在當下》，《大公報》，2015-12-18。
〔註54〕淨慧：《參拜趙州從諗禪師塔》（1985年10月15日），載《經窗禪韻》，天津：百花文藝出版社，2008年，第116頁。
〔註55〕仁嗣、超明：《淨慧長老訪談錄》，《江蘇佛教》，2011年第3期。

式成立河北省佛教協會，選舉淨慧法師擔任會長。5月19日，於趙州塔前舉行「重建趙州禪師道場柏林寺暨創建佛慈安養院奠基典禮」。日中友好臨黃協會第八次訪華團全體成員，以及各地信眾共300餘人參加。仔細考察這幾個事件的時間，就不難發現，成立河北省佛教協會、淨慧法師擔任河北省佛教協會會長、重建柏林寺，這是三位一體一攬子的事情。而其中最為直接而迫切的要求，乃是修復柏林寺——這是由於日本佛教團體多次來訪而促成的。儘管淨慧法師在寫給各級政府的工作報告中，也常常有「繁榮趙縣旅遊」「拉動地方經濟」的「官話」，但實際上淨慧法師始終堅持佛教主體性，他的目標非常明確——復興祖庭，振興禪宗，建成一座叢林修學的道場。在與政府部門打交道的過程中，淨慧法師非常善用宗教方針政策，他不是一味迎合或取悅於政治，不僅僅是按官方的要求被動地去實現特定社會功能或實用價值，而是非常清楚自己的佛教身份和角色定位，知道自身應當如何面對社會、如何擔當，從而積極主動地與政治、與社會大眾建立起的良性關係，發揮大乘菩薩精神，服務國家和社會，利益眾生，致力於推進社會良善和道德的提升。淨慧法師曾以趙州和尚為例，勸誡大家：佛教徒一定要愛國，同時也不要倚重政治和皇權。「佛法有自身的價值」，趙州和尚就是如此，他得到當政者的護持，但他絕不倚重政治，這樣才形成了自己的禪風並影響後世。〔註56〕他同時也告訴信徒，一定要堅持愛國愛教，國法大於教規，「擁護中國共產黨的領導」和「擁護社會主義制度」是愛國的核心，絕對不能「打折扣」。〔註57〕

　　1993年7月面向青年舉辦的第一屆生活禪夏令營，是淨慧法師將生活禪理念付諸實踐的大膽嘗試。那時，柏林寺主體建築雖然尚未竣工，但淨慧法師弘法悲心非常迫切。

　　淨慧法師講述最初舉辦夏令營的緣由，「只想為知識青年信眾提供一個學習佛法、體驗佛法的機會，為人才奇缺的佛教界培養和吸收一些人才」。〔註58〕因此，夏令營不完全是為佛教信徒舉辦的，也是為一些希望瞭解佛

〔註56〕淨慧：《見面會開示》（1997年7月20日），載於《夏令營的腳步——柏林禪寺生活禪夏令營》，趙州柏林禪寺印行，2014年，第85頁。

〔註57〕淨慧法師：《找準好位置，樹立好形象，為振興河北佛教事業做貢獻》，《中國佛教和生活禪》，北京：宗教文化出版社，2005年，第53頁。

〔註58〕淨慧：《在第十屆生活禪夏令營開營式上的講話》（2002年7月20日），載於《夏令營的腳步——柏林禪寺生活禪夏令營》，趙州柏林禪寺印行，2014年，

教的人舉辦的。〔註59〕這樣，通過夏令營的橋樑，讓年輕人有機會瞭解佛教，能夠來到寺院親身體驗，也「讓佛法來關懷大眾，讓大眾來認同佛法」〔註60〕。早期，淨慧法師確實是抱著爲佛教人才播撒種子的心態，希望藉此能爲佛教爭取並培養一些年輕人，所以他也曾交代給營員任務，希望「每個人至少勸化三個人信仰佛教」〔註61〕，但是當柏林寺佛教僧團比較穩定之後，淨慧法師就更爲著力向社會傳播生活禪理念的普世主義價值，是否信佛反而並不那麼重要了。

　　生活禪夏令營的活動，是淨慧法師「受到港臺的啟發」而仿效舉辦的。〔註62〕他曾在佛教期刊上看過港臺佛教夏令營的介紹。此前，1983 年中國佛教協會曾接待香港中文大學佛學生活體驗團。他們於 7 月 1 日至 8 月 5 日參訪 8 個省市的 47 座寺廟，舉行各種形式的座談 17 次，最早將大學生佛學活動帶入到了大陸佛教界。淨慧法師還以筆名「拾文」在《法音》上對這次活動進行過報導。〔註63〕1987 年淨慧法師在美國訪問時，也關注當地基督教和佛教團體開展夏令營活動。1989 年他接待星雲法師來訪，也聽取佛光山面向青年弘法、開展夏令營的經驗。因此，在住持柏林寺伊始，他就醞釀開展夏令營活動。

　　當時，內地開展佛教夏令營活動並無太多的經驗，主要是靠淨慧法師自己摸索，並借鑒港臺和海外佛教團體的一些方法。〔註64〕淨慧法師回憶，自

　　　第 214 頁。

〔註59〕淨慧：《懷雲樓座談會》（1998 年 7 月 25 日），載於《夏令營的腳步——柏林禪寺生活禪夏令營》，趙州柏林禪寺印行，2014 年，第 129 頁。

〔註60〕淨慧：《小組討論開示》（2001 年 7 月 22 日），載於《夏令營的腳步——柏林禪寺生活禪夏令營》，趙州柏林禪寺印行，2014 年，第 198 頁。

〔註61〕淨慧：《傳燈法座開示》（1994 年 8 月 5 日），載於《夏令營的腳步——柏林禪寺生活禪夏令營》，趙州柏林禪寺印行，2014 年，第 38 頁。

〔註62〕淨慧：《懷雲樓座談會》（1998 年 7 月 25 日），載於《夏令營的腳步——柏林禪寺生活禪夏令營》，趙州柏林禪寺印行，2014 年，第 129 頁。

〔註63〕拾文：《香港中文大學佛學生活體驗團在內地體驗佛教生活》，《法音》，1983 年第 6 期。

〔註64〕臺灣佛光山 1969 年 8 月舉辦了第一屆「大專青年佛學夏令營」。星雲大師憶述：「爲了順利舉辦夏令營，委請當時在高雄救國團服務的張培耕，借了幾面救國團的旗子插在佛光山的門口，我們才得以豁免政府當局的干涉，使得活動順利展開。當時，救國團是蔣經國先生所領導的團體，有了『蔣經國』三個字爲背景靠山，還有什麼不能做的呢？所以幾支救國團的旗子往山門口一掛，就等於『姜太公在此』百無禁忌了。」依空法師、昭慧法師、薛正直、

己首先需要面對的一個難題是——這種新的弘法方式，能否被佛教界所接受？爲了避免不必要的爭議和阻力，淨慧法師首先向中國佛教協會會長趙樸初彙報了舉辦夏令營的想法，並請趙樸初爲「生活禪夏令營」題字，隨即又將生活夏令營宗旨和具體舉辦方法進行彙報，得到趙樸初的肯定。趙樸初題字支持，實際上也就代表了中國佛教協會的態度。趙樸初當時不僅是中國佛教協會會長，還是全國政協副主席，其政治級別屬於黨和國家領導人，因此他的支持兼具官方認可的意義。〔註65〕淨慧法師說：「夏令營之所以能夠順利舉辦，能經受住方方面面的質疑，跟老人家（趙樸初）寫的這六個字（生活禪夏令營）分不開。他老人家既然肯定了，別人就不好再說什麼。」〔註66〕在開營式上，趙樸初雖因病不能親臨，仍親筆致信祝賀，並請中國佛教文化研究所所長吳立民先生代爲宣讀，還特指示中國佛教協會財務室撥 5 萬元經費作爲河北禪學研究所啓動資金，他自己又捐 2000 元作爲夏令營供齋。

　　很多學者都以爲 1993 年柏林寺生活禪夏令營是大陸第一個佛教夏令營，但是實際上並非如此。1992 年 8 月 10 日至 8 月 17 日，濟群法師在廣東丹霞山別傳寺就曾經舉辦過夏令營。他在《如何進入佛法——92 年夏丹霞山別傳寺首屆學佛夏令營開學典禮上的講話》中說：「大陸舉辦類似的夏令營還屬首創」，希望藉此「能帶動起國內知識青年學佛的風氣」，「學佛夏令營的舉辦目的是普及佛法。」〔註67〕這次夏令營報名 200 多人，正式錄取 36名學員，學員來自福建、天津、廣東、香港等地的大專院校。1992 年 11 月

古清美、尤惠貞等，都是這一期大專青年佛學夏令營的學員。（詳見星雲大師：《人間佛教回歸佛陀本懷》，北京：宗教文化出版社，2016 年，第 206～207頁。）而淨慧法師在 1993 年創辦生活禪夏令營時，請趙樸初先生親筆題寫「生活禪夏令營」橫匾，並將題字印在營服上，這與星雲大師的做法簡直是如出一轍。趙樸初屬於黨和國家領導人級別。淨慧法師和星雲大師一樣，都是剛一開山就舉辦夏令營活動，接引青年，這種作風在當時大陸佛教界難能可貴，因爲多數道場都在忙於殿堂建設。

〔註65〕同樣，「文革」以後的佛教寺廟區額紛紛請趙樸初題寫，除了表達感恩和紀念，其實也有政治護身符的作用。因爲趙樸初屬於黨和國家領導人，能夠運用自身政治資源爲佛教爭取合法權益，所以佛教界也將他視爲「大護法」。

〔註66〕淨慧：《趙州柏林禪寺第八屆禪七法會開示・回答問題（下）》（2000 年 1 月 1日），載於《淨慧禪話》第 1 冊《柏林禪話》，趙州柏林禪寺印行，2015 年，第 217 頁。

〔註67〕正如：《別傳寺舉辦佛學夏令營》，《法音》，1992 年第 12 期。據筆者掌握的材料，這是大陸最早舉辦的佛教夏令營活動。

和 1993 年 3 月，濟群法師又聯合閩南佛學院和廈門大學歷史系舉辦的兩次「佛教文化研討班」。〔註68〕1993 年夏，江西廬山東林寺也舉辦了「首屆廬山佛學院夏令營」。不過別傳寺和東林寺這兩個夏令營，之後就中斷了，而柏林寺生活禪夏令營卻一直持續下來，成爲佛教夏令營的一面旗幟。

90 年代初期，佛教界舉辦面向青年的夏令營的這些初步嘗試，係受到當時宗教政策的鼓勵。1990 年《中共中央關於加強統一戰線工作的通知》明確提出：「要引導愛國宗教團體和人士把愛教和愛國結合起來，把宗教活動納入《憲法》和法律的範圍，同社會主義制度相適應。」1991 年《中共中央、國務院關於進一步做好宗教工作若干問題的通知》提出：「調動他們的積極因素，支持他們開展有益的工作。」「調動宗教界積極因素」，之前在《中共中央關於我國社會主義時期宗教問題的基本觀點和基本政策》就有提出，這也充分體現了黨和政府「宗教工作的連續性和穩定性」。在第一屆生活禪夏令營舉辦不久，當年 11 月，江澤民在統戰工作會議明確提出「宗教與社會主義社會相適應」，要求宗教信徒「政治上熱愛祖國，擁護社會主義制度，擁護共產黨的領導」，倡導「利用宗教教義、宗教教規和宗教道德中的基本積極因素爲社會主義服務」，這也被確立爲新時期宗教工作的指導方針。所以，生活禪夏令營此後接連成功舉辦，也被政府部門順理成章地視爲「與社會主義社會相適應」「爲社會主義服務」的一個亮點，用它來展示河北宗教工作，以及宣傳中國宗教政策的優越性和良好的政教關係環境。

河北各級政府部門，一直十分尊敬淨慧法師，支持他的佛教弘法事業。1988 年 1 月河北省佛教界座談會結束後，省政府秘書長陳中保代表省政府講話，對淨慧法師特別提出了三點建議：「一要多搞活動，多搞活動才會有影響力，多搞活動，才會是佛教團體生命力的顯示；第二要多做宣傳，不僅僅要向信眾宣傳，還向社會大眾宣傳，更重要的是向政府領導宣傳，讓政府領導知道佛教是怎麼回事，佛教在今天還有什麼意義，還能對這個社會起什麼作用。領導知道佛教對現實的作用之後，就會支持佛教團體的工作，就會更好地落實宗教政策；第三，你在中國佛教協會主編《法音》雜誌，你到河北來，同樣可以辦一個刊物，辦一個刊物有利於活動的開展，有利於佛教的宣傳，

〔註68〕 弘化：《廈門大學與閩南佛學院聯合舉辦佛教文化研討班》，《法音》1993 年第4 期。濟群：《福建叢林生活漫談——以我在福建出家生活爲線索》，《法音》，2000 年第 1 期。

也有利於宣傳黨的宗教信仰自由政策，發揚佛教的文化傳統。」〔註 69〕這個基調，也成爲了淨慧法師後來開展佛教事業的指導原則。

　　據柏林寺監院利生法師回顧生活禪夏令營的興辦歷程：1993 年時，面向青年學生舉辦佛教弘法的夏令營，依照宗教政策，這種活動屬於是可辦可不辦的，主要取決於地方宗教事務主管部門。而淨慧法師把握住了其中微妙，政策法律既然沒有禁止，就可以嘗試，因此他積極努力爭取。當時，河北省民族宗教事務廳也曾就是否同意舉辦夏令營進行討論，他們內部也有不同的意見。副廳長才利民力排眾議，十分支持夏令營，這樣才舉辦了第一屆。之後，就有了後面第二屆、第三屆等，「社會各界都支持，甚至也有很多政府官員，他的小孩子也來參加，這樣呢，慢慢就一發不可收拾」。〔註 70〕

　　生活禪夏令營非常成功，「柏林禪寺也是跟夏令營同步發展起來的」，甚至「河北的佛教事業，也可以說是與夏令營同步」。〔註 71〕柏林寺最初從零起步，到 2004 年時僧團中已有 20 餘位大專及以上學歷者。〔註 72〕而河北佛教 1988 年時只有臨濟寺、普寧寺 2 座寺廟是宗教活動場所，歷經十年，1998 年時寺廟已經增至 113 座，佛教信徒 48 萬人。〔註 73〕生活禪夏令營主要面對青年知識分子，因此活動的內容也結合營員特點和佛教傳統進行一定改變和調整，開展講座、行腳、普茶（交流）、禪坐、傳燈等多樣形式，儘量營造輕鬆活潑的禪文化氛圍。淨慧法師很注意營員的參與，他第三屆生活禪夏令營開始，模仿港臺佛教夏令營，增加了傳燈法座儀式。這個活動此前在大陸還沒有實行過，是他在雜誌上看到臺灣佛教曾經舉辦，於是也嘗試進行，通過懺悔、發願、供燈的儀式，讓營員眞切體驗到燈光所代表的智慧光明。〔註 74〕

〔註 69〕淨慧：《在〈禪〉刊百期座談會上的講話》（2007 年 7 月月 21 日），《禪》，2007年第 4 期。

〔註 70〕利生法師：《生活禪夏令營回顧》（2009 年 7 月 20 日），柏林禪寺網站：http://www.bailinsi.net/index.php/Home/Xly/xlyyjxqs/id/359.html。

〔註 71〕淨慧：《在第六屆生活禪夏令營閉營式上的講話》（1998 年 7 月 26 日），載於《夏令營的腳步——柏林禪寺生活禪夏令營》，趙州柏林禪寺印行，2014 年，第 136 頁。

〔註 72〕淨慧：《分組座談》（2004 年 7 月 22 日），載於《夏令營的腳步——柏林禪寺生活禪夏令營》，趙州柏林禪寺印行，2014 年，第 289 頁。

〔註 73〕淨慧：《在第六屆生活禪夏令營閉營式上的講話》（1998 年 7 月 26 日），載於《夏令營的腳步——柏林禪寺生活禪夏令營》，趙州柏林禪寺印行，2014 年，第 136 頁。

〔註 74〕淨慧：《傳燈法座開示》（1994 年 8 月 5 日）淨慧：《在第六屆生活禪夏令營閉

傳燈活動在夜晚舉行，燃起燈燭，燈燈相傳，凡是參與者莫不感動震撼，這也是夏令營活動中最受好評的內容之一。

淨慧法師認為：「與其說佛教需要青年，不如說青年需要佛教。」〔註75〕夏令營目標群體定位明確，早期是接受 40 歲以下的，後來改為 35 歲以下，現在提早到 30 歲以下，因為年齡段集中能夠保證群體同質性強，在生活禪理解和接收方面能夠運用相對統一的模式進行。每屆夏令營活動結束之前，都有佛教三皈五戒儀式，營員自願參加。最多的一次是第四屆，營員近 300 人，活動中皈依者 170 人，受五戒者 60 餘人。〔註76〕淨慧法師生前在柏林寺一共舉辦了十九屆生活禪夏令營，前後歷時整整二十年。現在淨慧法師門下僧俗弟子中生活禪傳承的中堅力量，很多都是早期生活禪夏令營的營員或義工。通過這些營員，也將生活禪理念傳遞給自己的親友，進而波浪般地帶入到社會之中，淨化社會人心，推進提升道德修養和人文精神。

5.2.3 生活禪夏令營的社會形象和社會評價

生活禪夏令營最主要的目的和作用是「溝通佛教與社會的橋樑」〔註77〕，它集中地體現了佛教在實踐層面的社會弘化功能，是佛教社會主體性建設的一個成功經驗。與此同時，生活禪夏令營也為淨慧法師、為柏林寺贏得了良好的聲譽，重塑了柏林寺的形象——可以說是當代佛教青年心目中生活禪的「祖庭」。而生活禪夏令營也成為柏林寺乃至河北佛教工作一個重要的品牌，強化了佛教的正面形象。

淨慧法師認為，生活禪夏令營也存在三個層圈，最外層是僧團與社會的溝通；中間層是希望有更多的人來做佛教文化工作；最裏層是希望有高素質的人進入僧團成為高僧，來領導佛法，引導大眾，使佛教後繼有人。〔註78〕

　　　營式上的講話》（1998 年 7 月 26 日），載於《夏令營的腳步——柏林禪寺生活禪夏令營》，趙州柏林禪寺印行，2014 年，第 39 頁。
〔註75〕 淨慧：《禪堂開示》（1994 年 8 月 2 日），載於《夏令營的腳步——柏林禪寺生活禪夏令營》，趙州柏林禪寺印行，2014 年，第 28 頁。
〔註76〕 淨慧：《在第四屆生活禪夏令營閉營式上的講話》，載於《夏令營的腳步——柏林禪寺生活禪夏令營》，趙州柏林禪寺印行，2014 年，第 74 頁。
〔註77〕 淨慧：《爭取和掌握生命的主動權》（2007 年 8 月 13 日），載於《夏令營的腳步——四祖寺禪文化夏令營》，趙州柏林禪寺印行，2014 年，第 99 頁。
〔註78〕 淨慧：《爭取和掌握生命的主動權》（2007 年 8 月 13 日），載於《夏令營的腳步——四祖寺禪文化夏令營》，趙州柏林禪寺印行，2014 年，第 100 頁。

他非常看好夏令營弘法模式的前景，曾在第十五屆生活禪夏令營閉營式上公開提出：要使生活禪夏令營努力成為一個「具有百年傳承的佛法的事業」，「一代一代地做下去」〔註79〕，接引現代人修行，讓佛教在現實中發揮正面的影響。

同時，他也針對佛教內部對夏令營存在的誤解和質疑進行反思，諸如：這種活動在佛陀教法的傳播上其實際意義如何？這種活動的開展，特別是在少男少女同時參加的情況下，對僧團自身建設是否存在太多的負面影響？這種活動的連續舉行，是否會淡化中國傳統寺院的氛圍？〔註80〕但是，歷經二十年的實踐，生活禪夏令營已被歷史檢驗，這種弘法模式也逐漸被很多佛教寺廟團體所借鑒效仿。

學術界對生活禪夏令營的社會評價很高。例如：樓宇烈教授認為：生活禪夏令營非常成功，影響了眾多年輕人，並且生活禪的影響力不僅僅是來參加夏令營的這些人，而是一個波浪效應。〔註81〕王雷泉教授認為，生活禪夏令營堪稱中國佛教走出圍牆困境的「破牆之旅」，它在組織體制和布教方式上進行創新，攝受精英人群，努力進入社會主流文化。〔註82〕何建明教授認為：在大陸佛教界，生活禪夏令營活動真正將現代人間佛教運動傳承和發展起來。〔註83〕鄧子美教授認為：生活禪夏令營培元植厚，功在千秋。〔註84〕侯坤宏教授認為：在大陸佛教夏令營中，柏林寺生活禪夏令營最具代表性，接

〔註79〕　淨慧：《在第十五屆生活禪夏令營閉營式上的講話》（2007 年 7 月 26 日），載於《夏令營的腳步——柏林禪寺生活禪夏令營》，趙州柏林禪寺印行，2014 年，第 366～367 頁。

〔註80〕　淨慧：《心心相聯，心心相印——在第九屆生活禪夏令營閉營式上的總結講話》（2001 年 7 月 26 日），載於《夏令營的腳步——柏林禪寺生活禪夏令營》，趙州柏林禪寺印行，2014 年，第 213 頁。

〔註81〕　淨慧等：《親近生活禪》（2012 年 7 月 20 日）載於《夏令營的腳步——柏林禪寺生活禪夏令營》，趙州柏林禪寺印行，2014 年。

〔註82〕　王雷泉：《痛與通——生活禪衝破佛教發展瓶頸的進路》，載於李四龍編《指月者：「淨慧長老與生活禪」學術研討會論文集》，北京：生活‧讀書‧新知三聯書店，2015 年，第 107 頁。

〔註83〕　何建明：《中國現代佛教史上的淨慧長老》，載於李四龍編《指月者：「淨慧長老與生活禪」學術研討會論文集》，北京：生活‧讀書‧新知三聯書店，2015 年，第 263 頁。

〔註84〕　鄧子美：《培元植厚功在千秋——論淨慧法師佛學思想與事業》，載於李四龍編《指月者：「淨慧長老與生活禪」學術研討會論文集》，北京：生活‧讀書‧新知三聯書店，2015 年，第 58 頁。

引了眾多青年學生和知識分子走近佛教。〔註85〕學愚教授認為：生活禪夏令營是當代佛教弘化的典範，取得劃時代的成果，讓社會看到佛教的正能量以及服務社會的正功能。〔註86〕汲喆教授認為：生活禪夏令營體現了生活禪化現代的開放性和包容性，將非佛教信徒也有序接納到寺院中，突破了外在的封閉和限制。這種針對知識青年的新的弘法方式，有助於改善的佛教公共形象，也促進了佛教徒社會構成的優化，並且還為後來的類似活動提供了原型。〔註87〕

　　河北政府方面對柏林寺生活禪夏令營也非常支持，予以肯定。同時，政府希望淨慧法師在舉辦生活禪夏令營活動中，積極宣傳學習黨和政府的方針政策、法律法規、國家大事，做愛國愛教守法的好公民。〔註88〕第二屆生活禪夏令營開營式上，河北省民族宗教廳副廳長時振國發表講話：「去年（1993年）十一月，江澤民總書記在全國統戰會議上講話時指出：『要利用宗教教義、教規和宗教道德中的某些積極因素為社會主義服務。』舉辦生活禪夏令營活動是一個很好的嘗試」，希望夏令營「緊密聯繫佛教特色，以實現『覺悟人生、奉獻人生』的宗旨，弘揚中華民族的傳統文化，搞好學術研究與交流，努力使佛教中的積極思想、傳統美德在現代條件下得以發揮與昇華，服務社會，造福人民」。〔註89〕第十屆生活禪夏令營之際，河北省民族宗教廳廳長鞠志強代表河北省委統戰部、省民族宗教廳講話，認可生活禪夏令營取得的成績：十年來生活禪以淨慧法師所倡導的「覺悟人生，奉獻人生」為宗旨，結合夏令營這種群眾喜聞樂見的形式，立足於弘揚佛教文化，強調佛教的人間關懷，做了許多有益的嘗試和工作，使得佛教更加適應社會、貼近生

〔註85〕 侯坤宏：《淨慧法師倡導生活禪的當代意義》，載於李四龍編《指月者：「淨慧長老與生活禪」學術研討會論文集》，北京：生活・讀書・新知三聯書店，2015年，第158頁。

〔註86〕 學愚：《契機契理生活禪》，載於李四龍編《指月者：「淨慧長老與生活禪」學術研討會論文集》，北京：生活・讀書・新知三聯書店，2015年，第190頁。

〔註87〕 汲喆：《人間佛教、生活禪與「化現代」公案》，載於李四龍編《指月者：「淨慧長老與生活禪」學術研討會論文集》，北京：生活・讀書・新知三聯書店，2015年，第167頁。

〔註88〕 這是每屆生活禪夏令營開營式上，河北省民族宗教事務廳領導致辭中著重表達的「希望」。

〔註89〕 扈本訓：《在第三屆生活禪夏令營開營式上的講話》（1995年7月18日），柏林禪寺網站：http://www.bailinsi.net/index.php/Home/Xly/xlyyjxqs/id/22.html。

活，產生積極的社會影響。〔註90〕淨慧法師圓寂之後，第二十屆生活禪夏令營開營式上，河北省民族宗教事務廳副廳長崔曉輝致辭表達了對淨慧法師的懷念和感恩：「參加夏令營使我們倍加懷念夏令營的創辦者淨慧長老」，「他開創了河北佛教的嶄新局面」，生活禪夏令營「為青年人瞭解佛教、瞭解佛教文化、瞭解寺院的生活，提供了一個窗口和基地」，「符合時代發展和社會進步的要求，用佛教思維平等、智慧、和諧等優秀理念和精神內涵，提升青年人的人文素養、生活素質和綜合素質，實現了佛教利益人生和服務社會的宗旨」。〔註91〕

　　而參加過生活禪夏令營的營員，更有資格來談自己真實的收穫、體會和感受：

　　　　感恩這次到柏林寺的種種機緣……從此生活有了一種根底上的踏實感。（成瑞嵐）

　　　　在這樣一個物慾橫流的年代，感念老父般的淨慧大和尚為我們提供如此的場所，體驗別樣的修行滋味。（明寒）

　　　　七天半，對寺院的生活，有了一點兒親見親歷的體會，發熱的頭腦逐漸冷靜下來，自覺整個身心浸潤在安寧愉悅中……學佛要從做人開始，從轉變生活的態度開始。（桑辛）

　　　　生活禪夏令營給我心田注入了一片清涼：「覺悟人生，奉獻人生」，這是塵俗波流中的明亮燈塔。有此慧光照耀，我將更加熱愛人生。（楊玉昌）

　　　　在七天的夏令營中，我感到了人與人之間友好相處的真摯感情……這次夏令營，我終生難忘……收穫是巨大的，它使我放下了思想包袱，解除了精神壓力，放鬆了緊張情緒，身心得到解脫。（張福順）

　　　　我女兒多次參加了夏令營，好多的疑問都解決了，以前出的洋相，再也沒有出過……改掉了以前好多壞毛病，對老人知道盡孝……是生活禪夏令營讓她懂得了生活的真正意義。想到這一切，我心裏充滿了感恩。（明蓮）

〔註90〕鞠志強：《省民宗廳鞠志強廳長在開幕式上的講話》（2002 年 7 月 20 日），柏林禪寺網站：http://www.bailinsi.net/index.php/Home/Xly/xlyyjxqs/id/180.html。
〔註91〕崔曉輝：《在第二十屆生活禪夏令營開營式上的講話》，（2013 年 7 月 20 日），柏林禪寺網站：http://www.bailinsi.net/index.php/Home/Xly/xlyyjxqs/id/447.html。

在七天的夏令營裏，我哭了七次，不同的地點，但都是當著眾人的面……這種感動，是油然而生的，不能自己的。（子墨）

我感激這次夏令營，通過它我看到了學校以外的另一片無窮盡的天空，交到了一群能談心的朋友……柏林寺，將是我永遠的精神家園、世俗中的世外桃源。（明應）

我從來沒想到過吃飯的時候不說話居然是這麼困難，當然也就從來沒體驗過專心吃飯又是何等的享受。（禹凝）

我在柏林寺生活了七天，用心去感受這裡的一切，開始慢慢懂得淨慧老和尚所說的「感恩、包容、分享、結緣」這八個大字……感恩你結識的善緣，包容你結識的惡緣吧！惡緣能善了，當下自在。

（班步雲）〔註92〕

營員在 7 天夏令營發生了很多變化：有的樹立了正信；有的從迷惘中解脫出來，找到了生活的意義、工作的價值；有的從前吃飯挑三揀四、揮霍浪費，現在注意節約，也不再剩飯剩菜；有的過去以爲幫助別人是吃虧，從來也不去做，現在意識到了幫助別人是快樂和幸福；有的過去煩惱重重，心不在焉，整天失魂落魄，現在心態平靜專注……趙樸初也非常認可和支持淨慧法師生活禪的弘法模式。1998 年 9 月 30 日淨慧法師在柏林寺升座，趙樸初特書贈「豎起拂子，化度無盡；道通長安，不勞一問」〔註93〕。

不僅如此，生活禪夏令營這種弘法模式也對當代中國佛教界起到了引領和示範作用。從社會階層的角度，生活禪夏令營對知識階層的作用是非常顯著的。知識階層接觸和瞭解佛教，有助於帶動生活禪理念及佛教思想在社會主流文化的傳播。這在一定程度上改善了佛教在社會上的邊緣性地位，同時也樹立了佛教界積極向上、弘化度眾的正面形象。

5.3　生活禪實踐與佛教信仰主體性建設

信仰主體性，是佛教文化主體性和社會主體性的內核，是佛教神聖性和超越性的基礎，也是佛教區別於其他宗教對象的固有的內在屬性。佛教的信

〔註92〕這些話，來自柏林寺生活禪夏令營舉辦二十週年之際「我與生活禪夏令營」的徵文。詳見馬明博主編：《禪門七日——我與生活禪夏令營》，北京：中國發展出版社，2013 年。

〔註93〕倪強、黃成林編：《趙樸初傳》，北京：人民出版社，2017 年，第 252 頁。

仰主體性，是「對釋迦牟尼所說法義精髓的堅守，也就是佛教始終能夠契理的一面」〔註94〕。它主要是面對佛教內部僧尼信眾，包括佛教的神聖品格、宗教修持、教義戒律、宗派傳承，以及自身信仰表達和實踐等。在佛教中，有「四不壞信」，即信佛、信法、信僧、信戒，這是佛教最核心的信仰。

　　佛教信仰主體性，表現為佛教團體、寺廟、僧尼、信眾能夠找準自身定位，明確應當承擔的責任和義務，愛國愛教，正信正行。佛教僧俗二眾，無論服務社會，還是在傳播佛教文化時，都應當堅持以信仰為導向。一旦脫離信仰，則意味著佛教主體性的喪失。淨慧法師倡導的生活禪實踐，是希望解決佛教理念和禪修方法的現代轉型，是佛法能夠在現實中容易被大家接受，在生活中生根。生活禪，以佛法信仰為原則，「將信仰落實於生活」「將佛法融化於世間」，用佛法指導具體的現實的日常生活，將佛教信仰內化為自己的人格和生活方式。不僅如此，淨慧法師也將生活禪的很多理念運用在僧團建設、教眾管理、寺廟發展方面，使生活禪也成為淨慧法師門下的獨特宗風。生活禪，是以漢傳佛教信仰和修行為本位的現代弘化方式，它體現了大乘佛法和禪宗圓頓的精神，「在生活中修行，在修行中生活」，在迷失中求開悟，在染污中求清淨，在煩惱中求菩提，在生死中求涅槃，在此岸中求彼岸，在眾生中求成佛。〔註95〕方立天先生視淨慧法師為「人間佛教的開拓者」，他不僅實踐人間佛教，而且「為人間佛教的修行提供一種重要方式『生活禪』」〔註96〕，豐富當代漢傳佛教理論建設。

5.3.1　以漢傳佛教為本位的信仰主體性

　　生活禪實踐，體現了淨慧法師堅持以漢傳佛教為本位的信仰主體性，他呼籲要按照漢傳佛教的自身修學傳統，解行並重，強化實修實證。學佛的目標，就是求道、修道、證道、成道。〔註97〕為此，他特選編了《禪宗名著選

〔註94〕宋立道：《寄寓現代扎根傳統——淨慧長老「生活禪」的深厚宗教文化淵源》，載於李四龍編《指月者：「淨慧長老與生活禪」學術研討會論文集》，北京：生活·讀書·新知三聯書店，2015年，第117頁。

〔註95〕淨慧：《會心當下即是——生活禪的不二法門》載於《夏令營的腳步——柏林禪寺生活禪夏令營》，趙州柏林禪寺印行，2014年，第316頁。

〔註96〕方立天：《淨慧法師的傑出貢獻與歷史地位》，載於李四龍編《指月者：「淨慧長老與生活禪」學術研討會論文集》，北京：生活·讀書·新知三聯書店，2015年，第22～23頁。

〔註97〕淨慧：《趙州柏林禪寺第十二屆禪七法會開示·第十五講　學佛的目標——求

編》《禪宗七經》《在家教徒必讀經典》等，方便僧尼信眾修學。他所選擇的
經典，絕大多數是漢傳佛教的。

在一次生活禪夏令營中，有位營員詢問淨慧法師對當今漢地流行藏傳佛
教和南傳佛教的看法。淨慧法師回答：

> 我對南傳也好，藏傳也好，一點都不懂，一竅也不通，對漢傳
> 也只有一知半解。但是從我這一知半解來看，要得到這一知半解也
> 不容易。我在寺院生活了七十多年，也只知道一知半解而已。可見
> 那些人，一進入佛門就想把漢傳佛教搞通搞透，那是癡心妄想。因
> 爲北傳佛教確實太難。漢傳佛教在修行上，首先要發大菩提心，這
> 個心不容易發起來。

> ……我倒也不是對南傳佛教或者藏傳佛教有什麼意見，完全沒
> 有。平心而論，南傳也好，藏傳也好，雖然有他們的優勢，但是漢
> 傳佛教無論是從其理論的博大精深，還是修行方法的詳盡嚴密，都
> 有著非常豐富的成果和例證，值得我們好好地學習和挖掘，並依之
> 修行。我們有些人盲目崇拜，不過是妄自菲薄而已。因爲他啃漢傳
> 佛教根本啃不動，沒有那個水平，沒有那個能力，也沒有那個定力，
> 所以他就想抄一點近路。

> 難道漢傳佛教就沒有告訴我們怎麼打坐嗎？天台宗的《摩訶止
> 觀》二十卷，南傳佛教哪裏能夠找到這麼一部教打坐的完整的書出
> 來？藏傳佛教哪裏能夠找到這麼一部教打坐的完整的書出來？找不
> 到……智者大師的小止觀、中止觀、大止觀（簡單的《童蒙止觀》
> 《六妙門》、比較詳細而不是非常繁瑣的《釋禪波羅密次第法門》、
> 廣博的《摩訶止觀》），大中小三部止觀，講修定講得清楚極了。禪
> 定的方法、入定的過程，再沒有比它講得更詳細具體的。

> 我們今天的人看不懂這些書，就說漢傳佛教沒有次第、沒有方
> 法……南傳佛教的那些，都是現代人翻譯出來的……現代人翻譯
> 的，容易看得懂。這個只是說我們今天的人在語境上有一點隔閡，
> 並不是說漢傳佛教就沒有次第。中國出幾千個高僧都是吃白米飯
> 的？這麼龐大的中國佛教難道都是胡扯？說起來這個問題太嚴重

道、修道、證道、成道》（2004 年 1 月 6 日），載於《淨慧禪話》第 1 冊《柏
林禪話》，趙州柏林禪寺印行，2015 年，第 388 頁。

了……整個的佛教研究和佛教修行，在目前存在一個很大的誤區和盲點。〔註98〕

閱讀淨慧法師的文章著述，很少見到他這樣激烈批評的文字。可見，他對漢傳佛教盲目學習藏傳佛教和南傳佛教這種現象的極度不滿和深深憂患。他認為應當具有對漢傳佛教修行的信心，充分挖掘傳統天台止觀修學次第傳統加以學習運用。漢傳佛教博大精深的教理體系比南傳佛教、藏傳佛教更為優越，只是因為佛經典籍語言表達古板晦澀，難於深入學習。也是有鑑於此，他倡導生活禪實踐，採用現代通俗語言來闡釋佛法義理。他說：「弘揚佛法一定要大眾化，信佛的人聽得懂，不信佛的人也聽得懂」，「久學佛的人知道是佛法，才學佛的人也有受用，這樣才能讓佛法活起來」。〔註99〕生活禪，就是淨慧法師以禪宗方式努力振興漢傳佛教的勇敢嘗試，他用一種易為現代人所接受的方式接續了禪宗的傳統。〔註100〕

5.3.2　以信仰為核心的身份定位和僧團建設

淨慧法師主張以佛教信仰為核心，堅持佛教主體性，無論是佛協、寺廟、僧團，還是僧尼、信徒，都要明確自己的身份定位。他指出，佛教協會首先應當是佛教與政府之間上傳下達的橋樑，同時還是信眾和政府、信眾和寺院、寺院和寺院增進理解、信任、團結的紐帶，要維護佛教和信徒的合法權益，帶領和引導信徒愛國愛教，推進佛教與社會主義社會相適應；作為出家僧人，一定要找準自身定位，一要養成僧格，二要融入僧團，將僧團生活、法務活動規範化；〔註101〕作為在家信徒，信仰佛教或者加入佛教的一個先決條件就是皈依佛、法、僧三寶，皈依三寶是建立佛教信仰的基礎。〔註102〕這種身份定位，必須是主動的、自覺的、符合佛教正信的。

〔註98〕淨慧：《交流答問》（2007年8月11日於方丈室），載於《夏令營的腳步——四祖寺禪文化夏令營》，趙州柏林禪寺印行，2014年，第108～109頁。

〔註99〕淨慧：《黃梅四祖寺第九屆禪七法會開示·第九講　生活是塊試金石》，載於《雙峰禪話》，趙州柏林禪寺印行，2015年，第351頁。

〔註100〕淨慧法師的弟子明奘法師還曾編輯《生活禪日課》《生活禪修持日課》，指導信眾修行。

〔註101〕淨慧法師：《找準好位置，樹立好形象，為振興河北佛教事業做貢獻》，《中國佛教和生活禪》，北京：宗教文化出版社，2005年，第47～63頁。

〔註102〕淨慧：《遵規守戒，把學佛落實在具體生活中》（1998年7月23日），載於《夏令營的腳步——柏林禪寺生活禪夏令營》，趙州柏林禪寺印行，2014年，第118頁。

　　其中，僧伽的信仰和修行，以及示範引領作用，至為關鍵。淨慧法師強調，「中國佛教是以僧團為主體」〔註103〕，主張僧人要以清修為本，符合中央提出的「政治上靠得住，學術上有造詣，品德上能服眾」三個要求，以此來提高僧團素質。〔註104〕他強調：

　　　　作為僧人，作為已經信了佛法的人，一定要在修行上用功夫，否則的話，我們以後在修行上拿不出東西來，我們中國佛教還是沒有希望，還是會被其他的文化信仰所代替。目前這種形勢已經是非常明顯地擺在我們面前，現在從海外傳進來的佛法，從少數民族地區傳進來的佛法，都是修行的內容，都是禪定的內容。實際上這是我們漢傳佛教的僧人在這個方面用功不夠，用力不夠，用心不夠。漢傳佛教的修行方法可以說是豐富的不得了，不管哪一個系統的佛法，我們可以這樣說，能夠跟漢傳佛教相比的——沒有！所以我們一定要自己來珍惜自己，一定要曉得我們自己家裏有寶藏。我們要努力地去發掘這些寶藏，利用這些寶藏，來為當前的人類做貢獻。〔註105〕

　　淨慧法師認為，《瑜伽焰口》所言「弘法是家務，利生是事業」，就是僧團應當做的工作。僧團的定位主要有四件事：一是學習，二是辦道，三是弘法，四是利生。〔註106〕

　　淨慧法師生活禪僧團建設理念主要包括：首先，僧團的道風要堅持傳統化，僧團的管理要堅持律制化，僧團的生活要堅持平民化；然後，要不斷強化信仰意識、歸屬意識、神聖意識和責任意識，不斷鞏固自己的道心；第三，要提高作學問、做工作的能力，道心是體，能力是用，為弘法利生作出應有的貢獻。〔註107〕其具體要求是：「在求學中堅定正信，樹立正見；在求道中堅持正行，保任正受；在弘法利生中繼承傳統，適應時代，溝通社會，服務人

〔註103〕仁嗣、超明：《淨慧長老訪談錄》，《江蘇佛教》，2011年第3期。
〔註104〕仁嗣、超明：《淨慧長老訪談錄》，《江蘇佛教》，2011年第3期。
〔註105〕淨慧：《趙州柏林禪寺第十屆禪七法會開示·第十二講　修行的道路很長遠》（2002年1月9日），載於《淨慧禪話》第1冊《柏林禪話》，趙州柏林禪寺印行，2015年，第302頁。
〔註106〕淨慧法師：《找準好位置，樹立好形象，為振興河北佛教事業做貢獻》，《中國佛教和生活禪》，北京：宗教文化出版社，2005年，第60頁。
〔註107〕淨慧法師：《僧團建設的四化原則和四種意識》，載於淨慧主修、明海主編：《柏林禪寺志》，鄭州：大象出版社，2015年，第306～309頁。

群，住持正法。」〔註108〕他也將生活禪這種理念貫徹在佛教僧伽教育中，將「養成僧格，融入僧團」作爲河北省佛學院的院訓綱宗，倡導堅持「信、戒、學、修」方針，即：信，以三寶爲信仰的核心，以因果爲信仰的準繩，以般若爲信仰的眼目，以解脫爲信仰的歸宿；學，以信戒學修爲基本內容，以文思讀寫爲基本方法，以言傳身教爲根本職責，以尊師重道爲根本態度；戒，愛國以守法爲根本，愛教以持戒爲根本，做人以道德爲根本，做事以慈濟爲根本；修，以禪觀禮誦爲修持的內容，以叢林生活爲修持的依託，以養成僧格爲修持的目標，以關照生活爲修持的要素。〔註109〕出家僧眾弘法度生，就是要做兩件事，一件是「令未信者信」，讓沒有信佛的人建立信仰；二是要「令已信者增長」，已經信佛的要不斷地使他的信仰更加堅固。他常說，皈依僅僅是個開始，更多的工作是皈依之後長時間地給與服務，提高信徒的修行，增長信徒的信心。〔註110〕

5.3.3　生活禪宗風和傳承方式

5.3.3.1　生活禪宗風

　　淨慧法師認爲，漢傳佛教在宗派、宗風方面過於圓融，每個寺廟、每個宗派，都應當有自己的宗風特點，這樣才能長久發展代代傳承。他將柏林寺的宗風定位爲生活禪的「發菩提心，樹般若見，修息道觀，入生活禪」四句口訣，〔註111〕並將《柏林寺宗風十要》作爲寺廟傳座、傳法的基本文獻。而他所復興、創建的道場，門下弟子也自覺傳承生活禪思想，積極弘揚生活禪。其中，河北趙縣的柏林寺和邢臺大開元寺是生活禪在北方弘揚的兩座中心道場，並有邢臺玉泉寺、石家莊眞際禪林和虛雲禪林等；南方以湖北黃梅四祖寺爲生活禪的弘揚中心，並有老祖寺、蘆花庵，以及湖南藥山寺、湖北黃州安國寺、江西廬山諾那塔院、雲南雞足山金頂寺等。這樣，生活禪道場南北呼應，舉行活動往往形成聯動效應。

〔註108〕淨慧：《當代僧伽的職志》，《法音》，1992年第1期。

〔註109〕《河北省佛學院院訓綱宗》，載於淨慧主修、明海主編：《柏林禪寺志》，鄭州：大象出版社，2015年，第203頁。

〔註110〕淨慧法師：《找準好位置，樹立好形象，爲振興河北佛教事業做貢獻》，《中國佛教和生活禪》，北京：宗教文化出版社，2005年，第57頁。

〔註111〕淨慧：《趙州柏林禪寺第十一屆禪七法會開示·第一講　柏林禪寺的宗風》（2002年12月22日），載於《淨慧禪話》第1冊《柏林禪話》，趙州柏林禪寺印行，2015年，第310頁。

　　淨慧法師說，振興祖庭不是僅僅修幾間房子而已，關鍵「要在禪法上，在禪的精神實質上，能夠弘揚、傳播，有了傳人了，那才可以說是振興了禪宗祖庭」。〔註112〕淨慧法師是虛雲老和尚禪宗五家法脈的傳人，深得器重，因此他一生以振興禪宗、弘揚禪法爲志願。他注意到一個現象，雖然中國佛教絕大多數寺廟都是禪宗，但是極少數有禪堂，一些寺廟雖有禪堂卻從不坐禪，僅僅是一個名義上的禪宗寺廟而已，禪法名存實亡。所以，淨慧法師在復興的寺院中，都安設禪堂，允許僧俗四眾參加，並堅持冬季禪七製度，有的是每年舉行一個方便禪七，有的是三個禪七，有的一年連續十個禪七。在這些寺廟裏，禪堂是修行的中心。在淨慧法師的努力下，柏林寺和四祖寺的禪堂，得以與揚州高旻寺禪堂、江西雲居山眞如寺禪堂等齊名。

　　淨慧法師恢復禪堂坐香和冬季禪七，形成制度，方便僧俗信眾定期來寺專修，鞏固佛教信仰和修行，尤其顯示出對比丘尼的特別支持和關照。這緣於比丘尼對他的養育之恩。淨慧法師說，最早一歲多由比丘尼養母撫育，並且送他拜師受戒；恢復柏林寺時，又是得比丘尼佛性法師幫助，募化 10 萬美元，建成普光明殿，因而他發願建立比丘尼道場，報答比丘尼的恩德。〔註113〕石家莊虛雲禪林、黃梅蘆花庵，就是在淨慧法師悲心宏願下建成的，方便女眾修學。明清寺廟的禪堂，幾乎都嚴禁女眾進禪堂修行，這種傳統一直延續到當代，被視爲規矩「嚴格」。近代以來，一些寺廟開始開放禪堂接納女眾修行，現在如高旻寺、柏林寺、四祖寺等，都是四眾禪堂，面向出家男眾、女眾和在家男眾、女眾平等開放。柏林寺禪七時候，是男眾、女眾在不同的禪堂分別進行。不僅如此，淨慧法師還復興了女眾道場石家莊虛雲禪林和黃梅蘆花庵，禪堂主要方便比丘尼日常禪修，冬季禪七時也面向信徒開放。女眾道場的禪堂，在當代中國佛教中至今仍然非常罕見。除了淨慧法師創建的虛雲禪林和蘆花庵，著名的如：江西撫州金山禪寺——據說這是大陸比丘尼道場最早設立的禪堂；江西曹山寶積寺——是國內唯一女眾住持的禪宗祖庭道場；五臺山西臺法雷寺——是五臺山最先掛鐘板的禪堂，是唯一開展比丘尼百日禪七的道場。〔註114〕這五個尼眾禪堂，有四個屬虛雲老和尚一系。

〔註112〕淨慧：《第二次普茶》（2003 年 7 月 23 日），載於《夏令營的腳步——柏林禪寺生活禪夏令營》，趙州柏林禪寺印行，2014 年，第 272 頁。

〔註113〕淨慧：《法師講師座談會紀要》（1997 年 7 月 25 日），載於《夏令營的腳步——柏林禪寺生活禪夏令營》，趙州柏林禪寺印行，2014 年，第 87 頁。

〔註114〕當家師爲果度尼師，是五臺山西臺頂法雷寺退居方丈聖一法師的弟子。

金山禪寺開山印空尼師是虛雲老和尚的戒子，寶積寺住持養立尼師是一誠法師的弟子。蘆花庵住持宏用尼師和虛雲禪林常宏尼師是淨慧法師的弟子。而虛雲老和尚本人也曾修建廣州無著庵比丘尼道場，提供女眾修行。

　　淨慧法師特別提醒僧眾，作爲宗教活動場所的寺廟，並非僧伽的專屬，而是要面向信徒和群眾，「宗教政策對宗教活動場所的定位是，滿足廣大信教群眾過宗教生活的需要」。〔註115〕因此僧團絕對不可脫離寺廟當地基層的基本群眾，包括信教不信教的群眾都不能脫離。〔註116〕在建寺安僧、弘法利生的過程中，淨慧法師將自己生活禪的寺院管理理念概括爲「兩愛」「雙風」「四要」「四不要」九個字。「兩愛」，是愛國、愛教，堅持愛國愛教是佛教的根本方向。愛國在愛教中體現出來，愛國就是毫不動搖地接受共產黨的領導、走社會主義道路、愛國守法。「雙風」，是學風、道風，樹立學風和道風是佛教的根本任務。「兩愛」「雙風」是寺院管理的綱領。而具體落實「兩愛」「雙風」，就在「四要」「四不要」中體現。「四要」，即：寺院道風傳統化、管理律制化、弘法大眾化、生活平民化。「四不要」，即：做人不要有俗氣，做事不要講闊氣，處事不要有官氣，待人不要有霸氣，避免俗、闊、官、霸四氣。他認爲，提升佛教素質、強化道風建設，必須堅持「四要」「四不要」。「兩愛」「雙風」「四要」「四不要」這九個字，是寺院管理的大綱、大框架。〔註117〕他指出，只要有了好的僧團，一定會產生好的居士；反之，好的居士也會產生好的僧團，因爲出家人很多都是從做居士開始的。〔註118〕好的僧團、好的道風，也會獲得信眾的擁護支持。早期復興柏林寺時物力艱難，很多人都是被淨慧法師願心和修行所感動，紛紛解囊相助。例如：普光明殿是佛性法師捐資 10 萬美元建成，山門殿是美國黃居士捐資 3 萬美元，鐘鼓樓由臺灣本慧法師募款修成，觀音殿是旭日集團總經理楊勳先生捐資 90 萬元建成，等等。〔註119〕

〔註115〕仁嗣、超明：《淨慧長老訪談錄》，《江蘇佛教》，2011 年第 3 期。

〔註116〕淨慧：《趙州柏林禪寺第十九屆禪七法會開示·第二十四講　六和敬的管理原則》（2011 年 1 月 29 日），載於《淨慧禪話》第 1 冊《柏林禪話》，趙州柏林禪寺印行，2015 年，第 454 頁。

〔註117〕仁嗣、超明：《淨慧長老訪談錄》，《江蘇佛教》，2011 年第 3 期。

〔註118〕淨慧：《趙州柏林禪寺第八屆禪七法會開示·回答問題（下）》（2000 年 1 月 1 日），載於《淨慧禪話》第 1 冊《柏林禪話》，趙州柏林禪寺印行，2015 年，第 217 頁。

〔註119〕淨慧：《法師講師座談會紀要》（1997 年 7 月 25 日），載於《夏令營的腳步——柏林禪寺生活禪夏令營》，趙州柏林禪寺印行，2014 年，第 87～88 頁。

　　淨慧法師這些理念並不是空談和口號，而是嚴格地執行，具體落實在寺廟管理之中的。柏林寺早期出家弟子，很多都是大專以上者追隨淨慧法師出家的，素質較高，道心和修持都非常突出。這批高學歷弟子是僧團的中堅力量，他們依止淨慧法師修學，使得柏林寺僧團比較穩定，寺廟管理按照淨慧法師主張的「自覺、自由、自在」的方針開展，各方面事務都非常有序，充滿向上發展的活力。然而，自淨慧法師 2004 年離開柏林寺去四祖寺之後，這批弟子有的外出雲水參學，有的進入佛學院深造，有的被各地迎請住持道場，有的追隨淨慧法師到四祖寺，漸漸很多都離開了柏林寺。2011 年，柏林寺住持明海法師在五臺山閉關，淨慧法師臨時挑起了柏林寺各項工作，他目睹僧眾每天僅僅滿足上殿過堂，湊合人數，在學風和道風上顯示疲軟懈怠和戒律鬆弛的跡象，就將全寺僧眾召集，宣布實施三項制度：第一是取消坐牌，只保留 3% 名額。第二是上殿按名單對號入座，客堂和佛學院負責管理請假空缺。第三是堅持坐香，也是按名單對號入座。〔註 120〕這樣，運用制度手段，將每個人都平等地納入到制度規約之中，及時地扭轉了柏林寺的風氣，避免了僧眾戒律清規鬆弛、管理腐化墮落的危險，又一次重振柏林寺的道風。

5.3.3.2　生活禪傳承方式

　　傳統的禪宗傳承制度，主要依靠剃度和傳法兩種方式，師父會爲弟子按照本宗字輩給弟子以法名、法號。這種比擬家族式的剃度和傳法關係，使得禪宗法脈一直綿延存續。所謂生活禪的傳承，不僅是指生活禪理念層面的認同和傳續，更顯示出一種法緣性的關係。生活禪教團核心的出家僧眾，幾乎都是淨慧法師的剃度弟子和部分接法弟子。剃度弟子跟師父之間的關係，情同父子，甚至比父子關係還密切。而傳法弟子，則代表了師父的器重和認可。這些剃度弟子和傳法弟子，是生活禪傳承和弘揚的骨幹，尤其在淨慧法師圓寂之後，更是擔起了承上起下的使命，修行和推廣生活禪。生活禪傳承，還是依靠了傳統禪宗的雲門、臨濟、曹洞法脈，〔註 121〕現在雖然並未宣示開宗

〔註120〕淨慧：《趙州柏林禪寺第十九屆禪七法會開示·第二十五講　人人都活在制度之內》（2011 年 1 月 30 日），載於《淨慧禪話》第 1 冊《柏林禪話》，趙州柏林禪寺印行，2015 年，第 457～458 頁。

〔註121〕即使是臺灣佛教法鼓宗、慈濟宗、佛光宗等，已經建立現代宗派，但他們也依然沒有完全脫離傳統的禪宗法脈，其法卷源頭還是依靠臨濟宗或曹洞宗等傳統。

立派，但是卻有融合僧俗弟子形成生活禪教團的動力。在淨慧法師門下，徒眾弟子群體的自我認同已經越來越明顯。

除了法脈關係，學緣關係和戒緣關係，也讓生活禪在佛教僧眾中產生了一定的影響。所謂學緣，主要是在河北省佛學院在讀和畢業的學僧，這裡是淨慧法師依託柏林寺一手創辦的，是傳播生活禪的重鎮。另外，閱讀學習生活禪著作，也是一種學緣。戒緣，是淨慧法師擔任戒師舉辦傳戒法會，形成戒師和戒子的關係，這也是相對密切的法緣關係。他們認同淨慧法師生活禪理念，也決心親近學習，並加以弘揚。這批並非出自淨慧法師門下但卻認可支持生活禪的僧眾，實際上也在佛教內部逐漸擴大了生活禪的傳播和影響。

其實，從生活禪提出伊始，佛教界就一直有反對生活禪的聲音，或者誤解生活是世俗法，或者漫罵生活禪是染污法，甚至無端指責生活禪非禪、生活禪是邪知邪見邪說、淨慧法師是邪師等。對此，淨慧法師和門下弟子從不爭辯，只是默默耕耘，用實際行動來換取理解和肯定。筆者在四祖寺調研期間，親見兩位河北比丘尼來到淨慧長老紀念堂，在淨慧法師遺相前長跪不起，公開懺悔昔日誹謗淨慧法師和生活禪的口業。她們特請明基法師作見證，祈求明基法師作為她們二人的依止師父。類似情形，還有很多。

現在，生活禪的傳承主要還是依託於淨慧法師的宗教魅力。他是一代佛門高僧，很多弟子徒眾首先是因為崇拜高僧，前去親近，之後才開始接觸到生活禪的。對絕大多數人來說，學修生活禪是最初基於高僧信仰和高僧感召，而非生活禪理念的直接吸引。目前，生活禪傳承，主要也是依靠與淨慧法師法緣和情感上的血肉關聯，以淨慧法師為凝聚的中心。至於未來生活禪傳承是否會轉向以生活禪修學為認同紐帶，發展出生活禪的多元形態，也要看生活禪的修學者是否秉持信仰主體性，生活禪風是否與時代發展主流保持一致。當然，這可以拭目以待。

小　結

淨慧法師生活禪實踐，展現了他在建設現代佛教主體性方面的努力。他堅持佛教本位，以信仰主體性為核心，積極與知識分子和社會文化階層互動，將生活禪的文化理念在社會層面傳播，努力在主流文化和話語體系中呈現佛教的積極價值。從他在河北的實踐經歷來看，創辦《禪》刊、開展生活禪夏令營、復興柏林寺等，看似有先有後，實則也是同步進行的，文化、社會、

信仰主體性三位一體。生活禪不僅發展出普世性的文化理念，也形成了具有自身宗風特點的佛教僧團，代表了生活禪的傳承。

佛教主體性不是被動地迎合政治的要求、滿足預期的功能定位，而是要有自覺的佛教和佛教徒身份意識，秉持佛教信仰，發揚大乘精神，自覺主動參與社會，服務眾生。佛教主體性的信仰、社會和文化三個層面，就要求佛教和佛教徒必須與社會、文化建立起良性互動的關係。淨慧法師的生活禪實踐，在這三個層面積累了一定的經驗，他不僅僅是在具體落實人間佛教，「讓人間佛教以禪的面貌出現」，〔註122〕而且也在嘗試探索整個佛教的發展前途。

每個人都受制於特定的歷史和時代，都有自身的侷限性，淨慧法師當然也不例外，生活禪同樣也存在缺陷、侷限和不足。但是，客觀來看，他倡導的生活禪弘法模式，畢竟在現實的社會主義中國的具體國情下，爲漢傳佛教現代轉型和禪宗的振興發展提供了一種可能。

〔註122〕淨慧：《湖北四祖寺第八屆禪文化夏令營‧普茶開示》（2011 年 8 月 15 日），載於《夏令營的腳步——四祖寺禪文化夏令營》，趙州柏林禪寺印行，2014年，第 219 頁。

結　語

　　淨慧法師對中國佛教的命運始終懷著強烈的責任感和使命感，生活禪就是他對漢傳佛教整體發展和現代轉型進行深入思考、理性抉擇和不斷探索的實踐。

　　生活禪，不僅僅是一種思想理念，也不僅僅是修行層面的禪法或法門或是佛教宗派層面的禪宗新形態，更絕非簡簡單單每年一屆的夏令營活動，它作爲一種信仰和生活方式被人們所接受和傳播，是眞切的「社會事實」存在，甚至可以說是一種現代的佛教運動。生活禪的出現和興起，既有淨慧法師本人弘法度生的悲心宏願，也有著複雜的現實因素和歷史因素。改革開放以後，中國社會處於飛速發展和急劇轉型階段，生活禪的出現正是佛教在時代發展和社會變遷中的積極回應。它不僅在理論層面繼承了近代以來太虛大師倡導的人間佛教思想，而且在實踐層面上成功地吸納了改革開放以後成長起來的青年知識階層和文化精英，努力使佛教重新以正面價值的形象回歸到公眾視野和日常生活。

　　一般認爲，太虛大師倡導的人間佛教運動，是現代佛教轉型的標誌。漢傳佛教從傳統到現代的變遷，很大程度上是迫於外界環境的刺激，這種「現代性」變革並非自然而然出現，因此「現代中國的佛教革命的內在邏輯，顯然是佛教徒講的最多的『救國與信佛』的關係」，佛教革命「骨子裏關心的不僅僅是宗教本身的改革，更重要的是對於國事民生民族前途的大事」〔註1〕。這種繫縛於國家政治的佛教現代性，也集中地體現在了新中國成立以後巨贊

〔註1〕 李向平：《二十世紀中國佛教的「革命走向」──兼論「人間佛教」思潮的現代性問題》，《世界宗教研究》，2002 年第 3 期。

法師倡導的佛教「生產化」「學術化」運動。巨贊法師希望爲佛教在新中國社會制度下謀求正當的身份地位，側重佛教的世俗一面，發展生產，融入新社會制度。不過，隨著佛教被捲入到各種政治運動和革命改造洪流之中，佛教自身的現代化進程一度中斷。直到改革開放以後，落實宗教政策，在趙樸初的努力下將太虛大師人間佛教確立爲大陸佛教的指導思想和發展方向。這一次，是大陸佛教面對現代性發展的主動回應，而淨慧法師的生活禪則是具體落實人間佛教佛教、積極應對現代性的一種有效實踐模式。

從現代中國佛教的歷史進程看，一個鮮明的特色是繼承傳統與適應時代並重。換句話說，復歸傳統也是佛教應對現代性的突出表現，甚至是佛教之所以爲佛教的神聖性依據，傳統和現代並不是截然對立的。如太虛大師在倡導佛教革命時強調要回歸佛陀本懷，「仰止唯佛陀」；而淨慧法師則將生活禪視爲祖師禪的延續，將自己作爲趙州禪師、六祖大師、四祖大師等子孫後代，生活禪即是傳統祖師禪在當代的繼承和弘揚。因此，他在四祖寺倡導建立「中華禪宗佛祖大金塔」〔註2〕，希望強化中國歷代禪宗祖師的神聖性——祖師是佛的示現，倡導信眾繼承漢傳佛教的禪法。而生活禪理念在僧團內部的展開，也是依據佛教叢林模式，依託於佛教禪宗傳統的剃度、傳法而師資相承。作爲虛雲老和尚五宗法脈的傳人，淨慧法師倡導生活禪，實際還承載著振興禪宗的重任。

生活禪，是太虛大師人間佛教運動在當代的落實和延續。但生活禪能夠產生並且延續下來，卻是取決於它滿足了當代社會的期待和功能。淨慧法師對佛教整體歷史變遷具有深刻的認識，也清晰地意識到佛教發展必須緊扣時代脈搏，每個時代都有自己不同的問題需要面對，太虛大師那時要對治的是鬼神佛教，而當今要解決的問題則是提升和淨化生活。他認爲，生活禪就是針對現代人生活緊張忙碌的實際狀況，將修行融入日常生活，從而滿足現代人在宗教實踐上簡便易修的願望。這種基本理念，也順應了現代性去魅化、理性化的要求——既引導信徒正信，將宗教修行落實到個體日常生活，同時也重塑佛教積極形象，推進佛教復歸主流文化和公共空間。如生活禪的宗旨「覺悟人生，奉獻人生」，既秉承佛教的悲智精神，又符合現代社會的普世性價值，它將自身理念嵌入於社會觀念之中，而因具有蓬勃的生命力。而且，

〔註2〕淨慧：《修建禪宗佛祖大金塔緣起》，《守望良心》，黃梅四祖寺，2012年，第139頁。

生活禪所面對的對象，也超越於傳統的佛教信眾範圍，容易引導佛教愛好者、好奇者產生對佛教正確的理解認識。他說希望「在家佛弟子、甚至不信佛的人，都可以運用生活禪」，希望「把少數人的佛教變成大眾的佛教」「把彼岸的佛教變成現實的佛教」「把學問的佛教變成指導生活實踐的佛教」。〔註3〕為此，他通過生活禪夏令營、學術研討會、書籍出版等多種方式，逐漸地把生活禪和佛教帶入了社會大眾的公共視野之中。

　　生活禪儘管與東亞地區其他佛教現代轉型有類似之處，如重視日常生活，強調對平信徒的引導等。但是，淨慧法師生活禪所尊崇的仍然是以佛法僧三寶為本位，致力於建立以僧伽為領導核心的教團模式。這與當代臺灣安祥禪、現代禪以及日本創價學會、立正佼成會等純粹在家居士佛教團體具有本質的不同。生活禪的出現和傳播，並不是偶然的，它本身也嵌入於當代大陸社會經濟轉型的現代性變遷，是社會整體的間接反映。回到當時的歷史處境，從淨慧法師人生經歷中，再來反思生活禪興起和發展的背景及原因，釐清淨慧法師與歷史時代的關係，有助於重新審視生活禪對當代佛教史的意義——這不僅呈現淨慧法師個人強烈的自覺意識和擔當精神，它更代表了改革開放以來佛教復興背景下的一種現代性路徑選擇和積極的主體性實踐。而通過生活禪來探索佛教信仰、文化和社會主體性建設的經驗，是淨慧法師留給當代大陸佛教界的一筆寶貴的饋贈。

〔註3〕　淨慧：《在第八屆生活禪夏令營開營式上的講話》（2000 年 7 月 20 日），載於《夏令營的腳步——柏林禪寺生活禪夏令營》，趙州柏林禪寺，2014 年，第 150 頁。

附　錄

附錄 1：淨慧法師年譜簡編 〔註1〕

1933 年

農曆八月二十七日，淨慧法師出生於湖北黃岡縣（今武漢市新洲區）賀橋黃瓦匠灣一戶農家。

新洲位於黃岡東部，屬於丘陵地帶，土地貧瘠。淨慧法師出生時，家中已有一個兄長，他在五個兄弟姊妹中排行老二。父母本以耕織為生，但父親嗜賭成性，輸得家產一乾二淨。

1934 年　一歲

因遇荒年，顆粒無收，淨慧法師父母帶著兩個兒子外出逃荒，來到黃岡西部的汪集鎮一帶沿門乞討。汪集屬於平原，土地比較肥沃，當地生活比新洲稍好。

1935 年　二歲

時值冬季，生活艱難。由於淨慧法師年歲幼小，剛剛一歲零五個月，加之身體孱弱，不易養活，父母忍痛將他賣入汪集陶家河一個鄉間小廟，換取 5 塊大洋。

由於廟中都是男眾僧人，不善照顧，淨慧法師每日啼哭，十分可憐。一

〔註1〕因淨慧法師在自述、回憶文字中習慣於用周歲紀年，所以本譜亦用周歲。

位叫「徐齋公」的女居士看到，心中不忍，於是和廟中師父商量，將淨慧法師帶至女眾道場安置。這樣，將淨慧法師送到了汪集四萬湖村仙姑廟，由海善、仁德母女二位尼師收養撫育，取名「如意」。

仙姑廟也是一座小廟，最初是由一位俗名叫萬壽田的老和尚修建的，後來又有董姓醫生、海善尼師及其女兒仁德尼師一家三口在此一起出家。

1936 年　三歲

淨慧法師身體不好，三歲時候尚不會走路，坐也坐不穩，必須倚著桌子或者綁在椅子上。

1937 年至 1941 年　四歲至七歲

海善尼師和仁德尼師教導淨慧法師念誦觀音菩薩聖號。淨慧法師按湖北地方習俗，稱海善尼師為「細爹」，意為「祖母」；稱仁德尼師為「爺爺」，意為「姑姑」。

1941 年至 1946 年　八歲至十三歲

八歲，淨慧法師開始入私塾讀書，先後學習了《三字經》《百家姓》《千家詩》《論語》《大學》《中庸》《孟子》《幼學瓊林》等。

約十歲時，海善尼師趺坐往生，享年七十歲。不久，董老和尚、萬老和尚等接連離世，仙姑廟只剩下仁德尼師、淨慧法師和一位種田的老人。仙姑廟只有兩畝旱地、三畝水田，全靠自耕自食，糧食勉強夠吃，生活十分困難，但每年仍拿出一擔穀子供淨慧法師上學。

約十一二歲時候，淨慧法師有次掉入田間水渠之中，心中誠念觀音菩薩，竟然平安回到岸邊，從此更對觀音菩薩虔信不疑。

1947 年　十四歲

冬，淨慧法師在能慶尼師引薦下，在武昌卓刀泉寺禮宗樵法師正式披剃，法名宗道，字淨慧。他所傳承的剃度派，為：宗閥——宗德（大鑫）——宗鎰——宗樵——宗道（淨慧）。

淨慧法師在普渡寺每天上殿，聽講佛法，學習功課，背誦佛經。先後背誦《四十二章經》《遺教經》《八大人覺經》和《溈山警策文》，並聽慧通法師講《析疑論》。

1948 年　十五歲

在普渡寺大約住了半年之後，淨慧法師來到武昌的卓刀泉寺。這個寺廟，是師公宗鎰法師的家廟，由師叔宗林法師當家。

1949 年　十六歲

武漢解放，淨慧法師在卓刀泉寺看到國民黨撤退和解放軍進城，加深對人世無常、滄桑變化的認識。

解放不久，淨慧法師來到武昌城內的正覺寺住。正覺寺是一座叢林寺院，淨慧法師每天上午、下午聽印覺法師講《沙彌律儀》，熟記背誦，晚間集體念佛，並且學習敲打法器和打坐。寺中也響應政府提倡生產號召，組織僧人進行種菜勞動以及織布、裁縫等。

半年之後，淨慧法師來到三佛寺依止師太大鑫和尚學習經教和禮儀，任大鑫和尚侍者。三佛寺是淨土專修道場，規矩嚴格，每天兩堂殿、七支香，淨慧法師在念佛堂和大眾一起念佛，上午三支香，下午兩支香，晚上兩支香。從新派僧人身上，淨慧法師意識到，佛教弘揚固然要有修行，但也必須具有文化，能夠瞭解佛經、講經說法，這樣才能為佛教承擔更多的責任。他所讀的第一本書是《來果禪師自行錄》，第二本書是《虛雲老和尚事蹟》。

1950 年　十七歲

解放初期，各地僧人響應國家號召參加勞動，自食其力。大鑫和尚在武漢組織年輕僧尼辦廠生產，淨慧法師最初是做軍鞋底，後來又從事織毛巾，供給抗美援朝軍需。

仙姑廟在土改時被四萬湖村村民強行拆除，淨慧法師養母仁德尼師被迫還俗。同年，仁德來武昌探望淨慧法師，一別三年才得相見。

1951 年　十八歲

春節期間，聽聞虛雲老和尚住持的廣東乳源雲門寺將要舉行傳戒法會，淨慧法師決心前往受戒，由師父宗樵法師陪同前往。

農曆二月初，先到韶關大鑒寺，又步行到南華寺，後抵達雲門寺。經知客引薦，第一次見到虛雲老和尚。

農曆二月二十四日至五月二十三日，發生「雲門事變」。

農曆六月，雲門寺舉行傳戒。淨慧法師六月初八日受沙彌戒，六月十五日受比丘戒，六月十九日受菩薩戒。得戒和尚是虛雲老和尚，羯磨阿闍黎是覺澄律師，教授阿闍黎是正虛律師，尊證阿闍黎是明空律師、遍印律師、傳芳律師、天應律師、素風律師、宏悟律師、滿覺律師。戒場於六月二十一日圓滿，新戒共十二人。其中男眾十人，女眾二人，白光法師爲沙彌頭，淨慧法師爲沙彌尾，同受戒者有靈意法師、彌光法師、陀光尼師等。另有常住僧人求增戒、補戒者十多人。

戒期圓滿之後，淨慧法師留在雲門寺，農禪修行度日。冬季禪七，參「念佛是誰」，淨慧法師若有所悟，經虛雲老和尚印證「是好境界，不要執著」。

禪七之後，淨慧法師親近虛雲老和尚，幫助佛源法師、覺民法師、得眾法師等一起抄錄整理《虛雲和尚法彙》，並成爲了虛雲老和尚侍者。

1952 年　十九歲

二月初八日，六祖大師誕辰，淨慧法師與佛源法師、法雲法師、覺民法師、朗耀法師、寬度法師、揚智法師、慈藏法師等八人一起在方丈樓六祖大師和憨山大師眞身像前，得受虛雲老和尚云門宗法卷，成爲雲門宗第十三世傳人，法名妙宗。虛雲老和尚傳法偈曰：「妙宗開化佛悲懷，道濟蒼生法界寬。淨戒嚴持崇聖德，慧命相傳般若燈。」

約一月之後，虛雲老和尚又將曹洞、臨濟、法眼、溈仰四家法卷傳給淨慧法師和慈藏法師等。虛雲老和尚賜淨慧法師法名復性，承續曹洞宗爲第四十八世，偈曰：「一枝秀迪雲門峰，豈比尋常草本同。自是大覺志堅固，森森永蔭法門榮。」虛雲老和尚賜淨慧法師法名本宗，承續臨濟宗爲第四十四世，偈曰：「當年二祖爲心宗，求法忘軀立雪中。子志若能繼先德，芳名千載自流通。」虛雲老和尚賜淨慧法師法名本性，承續法眼宗爲第九世，偈曰：「摩醯頂上眼重開，方許吾宗大將才。法門幸有能承繼，立志須從勇猛來。」虛雲老和尚賜淨慧法師法名宣道，承續溈仰宗爲第九世，偈曰：「大法迴然絕古今，毫端獨露本來眞。風行草偃尋常事，普澤人天作雨霖。」

春，乳源縣實行「土改」，雲門寺再次遭受衝擊。農曆四月初四日（4 月 27 日），虛雲老和尚啓程離開雲門寺赴京。途徑武昌三佛寺時，虛雲老和尚身染重病，淨慧法師聞訊特從雲門寺趕來照料，並隨侍進京。

9 月 17 日，虛雲老和尚一行抵達北京，先住廣化寺，繼移住廣濟寺西院。

淨慧法師與法雲法師、寬度法師、靈意法師四人前往山西大同雲岡石窟、五臺山等地朝拜。

9月25日，北京佛教界在廣濟寺舉行歡迎虛雲老和尚、圓瑛法師抵京盛會。次日，北京市佛教界在廣濟寺舉行祝願世界和平法會，迎接「亞洲及太平洋區域和平會議」召開，由虛雲老和尚、圓瑛法師、巨贊法師主壇。

10月15日，北京佛教界舉行法會，慶祝「亞洲及太平洋區域和平會議」閉幕，淨慧法師隨侍虛雲老和尚在側，有幸得見諸山長老和高僧大德。

年底，淨慧法師奉虛雲老和尚之命回雲門寺協管寺務。

1953 年　二十歲

5月，佛源法師奉虛雲老和尚之命回雲門寺，擔任住持。

6月3日，中國佛教協會成立。首任名譽會長為達賴喇嘛、班禪額爾德尼、虛雲老和尚、查干葛根，會長為圓瑛法師，副會長為喜饒嘉措、公德林、晉美吉村、能海上師、趙樸初、噶喇藏、祐巴、阿旺嘉措。會址設在北京廣濟寺。

7月13日，佛源法師在雲門寺升座，淨慧法師先任侍者，後任監院。淨慧法師每天早晚功課之外主要工作就是種田、砍柴。由於勞動過度，淨慧法師腿部犯了關節炎，身體也不太好。

冬，淨慧法師在雲門寺參加禪七。

南華寺傳戒，虛雲老和尚為得戒和尚，本煥法師為說戒和尚，惟因法師任羯磨師，佛源法師任教授師，淨慧法師與仁和法師同為侍師。

1954 年　二十一歲

雲門寺「土改」基本完成，分得水田 50 多畝。寺內每晚學習，教焰口和唱念，佛源法師並講《四十二章經》和《百法明門論》。淨慧法師等年輕僧人每天勞作之後都學習熱情高漲。之後，佛源法師又請教授和尚正虛法師每天中午講《楞嚴經》，但因為大家上下午都要勞動，午飯後聽講效果不是很好。淨慧法師每天晚上都在煤油燈下自學兩到三個小時，將圓瑛法師的《〈楞嚴經〉講義》全部看完。

虛雲老和尚寫信讓淨慧法師來雲居山養病。這是淨慧法師第一次到雲居山，隨虛雲老和尚小住一月，每日一起吃小米稀飯，不隨眾，也不用下田勞動，腿疾終於痊癒。

秋，淨慧法師從江西雲居山虛雲老和尚的茅蓬出發，訪廬山東林寺，又朝拜九華山，繼往武漢三佛寺小住。之後，到湖南長沙，與慈藏法師、得眾法師在開福寺丈室拜見明眞法師，又到衡陽朝禮南嶽，然後返回雲門寺。

1955 年　二十二歲

1955 年 8 月 16 日至 31 日，中國佛教協會第二次理事擴大會議在北京召開，通過成立中國佛學院的決議。虛雲老和尚因身體原因沒有出席，派雲居寺監院慈藏法師代表自己參加。

秋，淨慧法師第二次到雲居山，與虛雲老和尚同住茅棚三月，任侍者；又協助虛雲老和尚傳戒，任第三引禮師，負責整個傳戒活動的法事安排。時值全國「肅反」運動，淨慧法師不僅操持戒堂佛事，也要協助政府人員檢查。

12 月 14 日，開壇傳戒。傳戒和尚是虛雲老和尚，羯摩阿闍黎是性福法師，教授阿闍黎是清源法師，尊證阿闍黎是福海法師、悟源法師、果一法師、智修法師、滿覺法師、定樂法師和朗耀法師。淨慧法師與慧靜法師、慈藏法師、印開法師、法雲法師、傳士法師等二十位法師任引禮師。12 月 21 日傳授沙彌戒，12 月 27 日傳授比丘戒，12 月 29 日戒子燃香申供，12 月 30 日傳授菩薩戒，12 月 31 日傳戒圓滿。戒期共計 18 天，入壇戒子百餘人，係雲居寺本寺住眾。另有京、冀、晉、贛、閩、蘇、粵、皖、湘、陝、鄂、浙、滬、遼、吉、川、豫、桂、甘、內蒙等地二百餘人依照戒期自誓受戒，由雲居山眞如禪寺發給戒牒。

1956 年　二十三歲

淨慧法師和慈藏法師一起考入中國佛學院，成爲中國佛學院第一屆學員。

開學臨行前，淨慧法師與慈藏法師在雲居寺向虛雲老和尚辭行。虛雲老和尚令淨慧法師和慈藏法師二人跪在佛前發誓：「今後不管遇到任何困難，甚至是被迫反對師父，也一定要活下去，留下佛教種子，等待時機，開展弘法事業。」

9 月 28 日，中國佛學院舉行開學典禮。一共招收學員 118 名，課程主要是佛學、語文和政治，分專修科（二年制）甲、乙班和本科（四年制）。首任院長是喜饒嘉措大師，副院長是巨贊法師、趙樸初居士和法尊法師，副教務長是國務院宗教事務局關松，任課教師有教師有法尊法師、巨贊法師、明眞法師、觀空法師、正果法師、塵空法師、周叔迦、王恩洋、虞愚、林子青、

高觀如、葉均（了參法師）等。經過考試，淨慧法師考取本科班，慈藏法師考取專修班。

1957 年　二十四歲

1957 年 4 月 27 日，《人民日報》刊發中共中央《關於整風運動的指示》，進行「反官僚主義、反宗派主義和反主觀主義」整風運動。中國佛學院不久也受到整風運動影響。

5 月 1 日，淨慧法師與中國佛學院全體學僧及北京市佛教徒一起參加了「五一國際勞動節 50 萬人遊行大會」。

5 月 14 日，柬埔寨舉行紀念佛陀涅槃二千五百週年慶典，中國佛教代表團出席。同日，淨慧法師與中國佛學院全體學僧在北京廣濟寺參加紀念佛陀涅槃二千五百週年法會。

6 月 8 日，中共中央頒發《關於組織力量準備反擊右派分子進攻的指示》，開始大規模的「反右」鬥爭。中國佛教協會發起人之一陳銘樞受到民革中央猛烈批鬥，被定為「右派分子」。

暑假之後，中國佛學院也開始「反右」運動，大鳴大放，中國佛學院停課時多，教學時少，淨慧法師和佛學院同學都無法進行正常的佛教學習。

中國佛教協會《現代佛教》10 月刊，發表巨贊法師批判陳銘樞的文章。

11 月 2 日，中共中央統戰部頒布《關於在漢族宗教界進行社會主義教育的意見》，部署揭發和批判宗教界「右派」分子的方案。

1958 年　二十五歲

2 月，《弘化月刊》第 201 期，刊發淨慧法師文章《學習古德勤儉樸素的精神》。淨慧法師列舉佛教大德，作為學習的榜樣，有：不作不食的百丈禪師、力役田舍的道安法師、刻苦事眾的簡禪師、六載舂粟的道亮律師、躬役自作的慕喆禪師、身先苦役的志超法師、崇尚節儉的圓悟法師。

3 月 6 日至 15 日，淨慧法師和中國佛學院師生 108 人一起參加修十三陵水庫的勞動，每天早晨三點半起床，徒步三小時走到十三陵水庫，勞動到日落，再徒步三小時回到住地。

春，全國宗教界進行社會主義教育，揭發批判「右派」。3 月底，雲門寺方丈佛源法師被逮捕，後下放到南華禪寺接受群眾監督勞動改造。5 月 6 日，南華寺方丈本煥法師在韶關大鑒寺被捕入獄。同時，雲居山山門兩側牆壁也

帖滿了批判虛雲老和尚的大字報和意見書。中國佛學院也展開激烈批判虛雲老和尚的運動，淨慧法師和慈藏法師遭受波及。

8月8日，中國佛學院第一屆專修科學員畢業典禮。慈藏法師畢業後轉到本科學習，並協助管理圖書館。

10月16日，中國佛學院師生在北京廣安門火車站裝運貨物勞動。

暑假之後，中國佛學院也經常停課，開展大煉鋼鐵運動。所有學員去徐水鋼鐵廠學習煉鐵，整日圍守鋼爐參與大煉鋼鐵運動。

淨慧法師找到了親生父母並取得聯繫，趕回湖北新洲賀橋黃瓦匠灣家中相聚，並去新洲汪集四萬湖村探望養母仁德──這是二人繼1950年武昌相見一面之後的重逢。

1959 年　二十六歲

由於政治運動影響，中國佛學院四年制本科班提前一年結業，於 2 月14 日舉行結業典禮。淨慧法師與明學、體眞、常仁、寬德、眞寂、大昶、傳明、曇畿、紹賢、根源、心理、了瀚、常浩、能戒、圓明、徹洪、常淨、建慈、法映、靜遠、明哲、一如、振國、惟因、思慶、明照、宗仁、戒圓、通一、友嵐、性光、以賢等一起成爲中國佛學院首屆本科班畢業生。一部分學僧畢業返回地方，一部分留校讀研究班。淨慧法師繼續留在中國佛學院讀研究班，慈藏法師則返回湖南老家。

5月18日至6月1日，中國佛學院師生80人參加首都綠化隊義務勞動。

9月，中國佛學院首屆研究班舉行開學典禮。研究班學制三年，分爲佛教史研究組和教理研究組，在導師指導下分別從事佛教文史和中觀、瑜伽、天台、上座部佛教的研究。文史組導師是王恩洋教授和虞愚教授，中觀學導師是觀空法師，瑜伽學導師是正果法師，天台學導師是周叔迦居士，上座部佛教導師是葉均居士。研究部也學習藏文、巴利文和日文。淨慧法師和一如、通一、明照等人就讀於文史組，並一起編寫《新中國十年佛教大事記》。

10月1日，中國佛學院師生參加國慶遊行。

10月13日，虛雲老和尚在江西雲居山眞如寺圓寂。10月17日，北京佛教界在廣濟寺舉行追悼會，中國佛教協會副會長巨贊法師赴雲居山弔唁。虛雲老和尚去世的消息，《光明日報》進行了報導。

1960 年　二十七歲

　　秋季學期，周叔迦居士開設《八宗概要》課程，一次課上講解禪宗，以「但看棚頭弄傀儡，抽牽全仗裏頭人」爲喻來表達臨濟宗的三玄三要。淨慧法師在課堂會心一笑。結果政治運動中，有人向教務長關松打小報告，淨慧法師竟遭致污蔑——被認爲這一笑是「反黨」，是「嘲笑群眾如同傀儡一樣被黨領導」。

1961 年　二十八歲

　　1 月 30 日至 2 月 12 日，中國佛學院舉行座談，糾正「左傾」錯誤，確定「政治與佛教兼授，佛教各宗並重」，宗教院校不要用馬列主義觀點批判宗教。之後，由正果法師主持制定了《學生寺規》《漢僧寺院管理條例》等規章制度。

　　5 月 26 日，首都佛教界在法源寺舉行「祝願中日人民友好、追薦中國在日殉難烈士法會」，淨慧法師與中國佛學院一起參加。

　　暑假時，淨慧法師去武漢看望師太大鑫和尚，又回新洲賀橋黃瓦匠灣老家探望親人。

　　8 月 12 日，中國佛學院全體學僧至首都機場迎接佛牙舍利回國。

　　8 月 17 日，中國佛學院研究班舉行畢業典禮。淨慧法師與常淨、常浩、智觀、照通、戒慧、體眞、友嵐、傳明、建慈、徹洪、照榮、光金、佛修、振國、常仁、宗仁、法映、明照、一如、通一、昌明、仁光、海印等成爲首批研究班畢業生。

　　9 月，中國佛學院成立研究部，學制三年，分爲教理研究組和教史研究組。教史組以收集、整理、綜合研究中國佛教歷史爲主，適當研究各國佛教歷史。教理研究組分爲南傳上座部佛教、印度佛教因明學、藏地中觀學、漢地中觀學、瑜伽學等方向。

　　10 月，大鑫和尚在「糾風會」上因備受無端指責而突然中風，次日凌晨不幸圓寂於武昌寶通禪寺，享年 74 歲。淨慧法師聞訊，悲痛不已，立即趕回武漢治喪。

1962 年　二十九歲

　　9 月 25 日，中國佛學院藏語佛學系成立。中國佛學院本科、研究部和藏語班在北京雍和宮舉行開學典禮。

　　虛雲老和尚圓寂三週年之際，淨慧法師悄悄編輯《虛雲和尚法彙全集續編》，刻蠟版油印百冊，送給湖北、廣東信眾結緣。此事被人告發，領導認爲這是重大政治問題，於是將這件事定性爲「淨慧問題」。

　　淨慧法師在中國佛學院挨批鬥一年。

1963 年　三十歲

　　9 月 29 日，淨慧法師被中國佛學院補劃爲「右派」，9 月 30 日由中國佛學院送至北京大興國務院機關畜牧農場監督勞動。

1964 年　三十一歲

　　2 月 12 日，農曆除夕，淨慧法師爲自己之前的錯事悔慚不已，賦詩《癸卯除夕》：「爆竹聲聲動地天，鏡中獨自對慚顏。三生石上勞千日，一錯胸中恥百年。有志乘風追躍馬，無心避世玷金仙。抬頭何幸青絲在，贖罪甘膺百鍊堅」。

　　淨慧法師即將被迫離開北京，在中國佛學院嚮明眞法師辭行拜別。

1965 年　三十二歲

　　由於國務院機關畜牧農場連年虧本，宣告解散。1 月，淨慧法師由北京被遣送到廣東乳源瑤族自治縣示範農場勞動改造。

　　5 月，淨慧法師至雲門寺與師友重逢。

1966 年至 1968 年　二十三歲至三十五歲

　　淨慧法師在廣東乳源瑤族自治縣示範農場勞動。

1969 年　三十六歲

　　乳源示範農場因收不抵支，宣告解散。1 月，淨慧法師從廣東乳源示範農場被遣送回原籍湖北新洲。

　　回到農村，生活更爲困苦艱難，時值「文革」風暴，淨慧法師又頂著「右派」帽子，在萬般不得已之下捨戒還俗，在家鄉務農勞動，親友爲他重新取了俗名「黃建東」。

1970 年　三十七歲

　　由於農村體力勞動過量，加上糧食不夠吃，淨慧法師得了風濕性心臟

病，全身水腫，但仍堅持勞動。後來醫治消腫，身體瘦弱如柴。

1971 年　三十八歲

淨慧法師參加興修水利勞動，因每餐飯食充足，漸漸恢復體力。

1972 年　三十九歲

9 月 29 日，中日兩國政府簽訂中日聯合聲明，正式建立外交關係。中國佛教協會開始恢復一些工作，尤其是開始恢復同日本佛教界的聯繫和交往。

淨慧法師堅持吃素和讀書，農閒時候常讀范文瀾的《中國通史》和古典詩詞，每天早晚和勞動休息時也打坐修行。

1973 年　四十歲

農曆八月二十七日四十歲生日之時，淨慧法師慨歎光陰荏苒，時過境遷，賦詩《四十初度》：「轉眼韶華四十春，讀書學道兩無成。人間歲月隨緣度，世外桃源不可尋。本與雲門為後進，誰期賈島作前身。山河萬里新天地，一體同沾化雨恩」，悔恨自己「從虛公（虛雲老和尚）坐下得戒、得法，何期因緣多逆，未能傳法度眾生，反作三家村中罪人！」

國家撥款修繕歸元寺，以「翠微公園」名義對外開放，昌明法師在寺中做管理員。

1974 年　四十一歲

淨慧法師至武漢，夜宿歸元寺，訪昔日中國佛學院同學昌明法師。昌明法師生活相對穩定，每月工資 37 塊錢，不時接濟淨慧法師度過挨餓難關。

1975 年　四十二歲

化石老人（顯光法師）從昌明法師那裡得到淨慧法師下落，給淨慧法師通信。

5 月 7 日，淨慧法師作詩二首，寄贈化石老人。淨慧法師與化石老人是中國佛學院同學，感情深厚，常有詩作唱和，相互給予慰藉、勉勵和支持。

1976 年　四十三歲

春節，淨慧法師將師長心滿老和尚迎至家中。他教導淨慧法師要心懷信

心，以後努力弘法。

元宵，淨慧法師與友人聚，發願「應從俗諦歸真諦，了卻塵緣結淨緣；莫道此生虛浪置，好將鐘鼓續薪傳」，希望自己有朝一日能夠重現比丘身，弘法利生。

11 月，淨慧法師憶及昔日往事，懺悔反思，終於釋然。賦詩《水調歌頭‧紀事》：「十五年前事，做錯了文章。今古文人之累，利鎖與名韁。我本愚氓無識，辜負名山事業，自笑太荒唐！負疚還桑梓，鯉對每慚惶。東風勁，潮流激，志如鋼。汗水泥巴老繭，換取稻粱香。幸得容顏未老，豈敢蹈常襲故，虛費好時光？丟掉包袱後，前路正康莊。」

1977 年　四十四歲

2 月 1 日，淨慧法師以將自身尼寺成長、讀書學經、三佛寺叢林生活、雲門從虛雲老和尚受戒接法、雲門寺當家、中國佛學院學習、「右派」還鄉執教等經歷，寫成《浪淘沙》八首。

春節，淨慧法師作詩寄化石老人，相互勸勉「巧把時裝當袈裟，寬腸大度笑哈哈，人間富貴應無份，八德池中上品花。」

7 月 7 日，化石老人來探望淨慧法師，勉勵前程。

9 月 23 日，淨慧法師重遊武漢歸元寺，訪同學昌明法師。

10 月 13 日，心滿老和尚離開新洲，臨行苦口婆心勸導淨慧法師一定要擔負弘法責任。淨慧法師作詩相送，竟成永別。

11 月 21 日，淨慧法師抵達桂林，遊歷一月。

12 月 20 日，淨慧法師重訪武漢卓刀泉寺，此為淨慧法師 1947 年剃度之地。淨慧法師舊地重遊，賦詩《重過卓刀泉》：「重過卓刀泉，剎那廿八年⋯⋯飄然來故地，感歎且流連。願策駑鈍馬，乘風好向前。」

12 月 22 日，淨慧法師訪洪山寶通禪寺，在此見到道根法師、聖參法師諸位師友。寶通禪寺大雄寶殿在「文革」中佛像被毀，改為素食堂，僧人皆著俗裝在食堂工作。

1978 年　四十五歲

3 月 9 日，淨慧法師寄信給昔日中國佛學院明真法師、正果法師兩位老師。

4 月 5 日，中共中央頒布中發〔1978〕第 11 號文件，決定全部摘掉右派

分子的帽子。由於淨慧法師在老家新洲的名字是「黃建東」，而被劃爲「右派」的名字是「淨慧」，當地政府部門爲此特與中國佛教協會、國務院宗教事務局、中央統戰部進行核實。

5 月 10 日，淨慧法師寄信給趙樸初居士，希望能蒙提攜投身佛教事業。

6 月，淨慧法師反思往昔，賦詩《即事》：「十五年前事，撫躬咎自知。含愁看北斗，揮淚別京師……十五年前事，從頭較短長。閒抛心寸寸，豈料禍泱泱。事久人心見，葵傾性向陽……」

夏，摘去「右派」帽子，淨慧法師先任教於農村小學，後任教於賀橋太平中學。

冬，中央統戰部發函到地方，抽調淨慧法師等幾位中國佛學院畢業的學員，到中國佛教協會工作。

1979 年　四十六歲

正月初九，淨慧法師養母仁德辭世，享年 67 歲。當日，淨慧法師正與她辭別，她心中非常不捨，希望自己臨終時淨慧法師能夠念佛相送。淨慧法師答應一定及時回來。但剛出大門沒多遠，她就突然病倒不省人事，淨慧法師連忙返回，幫她助念，又料理後事，圓滿了她的心願。

2 月 8 日，淨慧法師回到北京，在廣濟寺照顧法尊法師、明眞法師和正果法師三人日常起居，並灑掃殿堂和院落。稍後，佛源法師來北京照顧明眞法師。廣濟寺每天五點上早殿，六點搞衛生，八點清理文物，不時接待境外賓客來訪。當時，淨慧法師等人只在迎送外賓時才能身著僧裝，隨緣再現比丘相，故人們多稱呼淨慧法師的俗姓「小黃」。

2 月，趙樸初召集明眞法施、正果法師、淨慧法師、圓澈法師 5 人開會，逐步恢復中國佛教協會日常工作，先成立辦公室、佛學研究組、國際組、教務組、接待事務組等機構，並研究在各省、市恢復教協的問題。淨慧法師被安排在研究組工作，研究組組長是正果法師，副組長是魏承彥居士。

淨慧法師與同戒白光法師、同學戒慧法師和傳印法師、徒弟齊賢法師、武漢慈學尼師等恢復通信聯繫。

1980 年　四十七歲

4 月，淨慧法師和王新居士負責具體編務的《中國佛教》（第一冊）由東方出版社正式出版。這是建國以後由佛教界自行編輯、公開出版的第一本佛

學著作。其中的詞條內容，最早是 50 年代應斯里蘭卡佛教徒爲紀念釋迦牟尼佛圓寂兩千五百週年而編纂的。

12 月 14 日，法尊法師圓寂，淨慧法師在身旁照顧。

12 月 16 日，中國佛教協會召開第四屆全國代表會議開幕，標誌著中國佛教協會會務工作正式全面恢復。

1981 年　四十八歲

中國佛教協會恢復會刊，將原《現代佛學》改爲《法音》季刊。巨贊法師擔任主編，淨慧法師擔任責任編輯，負責具體編務。

1982 年　四十九歲

1 月，《法音》改爲雙月刊，淨慧法師負責具體編務。

5 月，在中國佛教協會第四屆常務事理會第二次（擴大）會議上，淨慧法師被增補爲中國佛教協會理事。

9 月，淨慧法師隨中國佛教協會代表團參訪日本。

由於國家落實宗教政策不久，北京佛教界尙未完全恢復僧裝，只在接待來賓時候身穿僧裝。學者王志遠在廣濟寺第一次見到淨慧法師時，淨慧法師穿的就是一件四個口袋的中山裝。茗山法師在日記中也時而稱他爲「黃建東（即淨慧師）」，時而稱他爲「淨慧法師」，有的人也稱他「小黃」。

1983 年　五十歲

12 月 13 日，淨嚴法師、寬霖法師、圓拙法師、明開法師、靜如法師、茗山法師、遍能法師、明學法師、妙湛法師、印廣法師擔任十師，爲中國佛學院學僧傳授比丘戒，爲期一日。淨慧法師和妙善法師、覺海法師、寬忍法師、通果法師等因曾捨戒，這次又重補受戒，正式恢復出家比丘身份。

1984 年　五十一歲

4 月 7 日，巨贊法師圓寂。之後，淨慧法師接替巨贊法師，擔任《法音》主編。

1986 年　五十三歲

7 月，淨慧法師隨中國佛教代表團訪問日本曹洞宗大本山永平寺。

1987 年　五十四歲

3 月，在中國佛教協會第五屆全國代表大會上，淨慧法師當選爲中國佛協常務理事。

10 月 15 日，淨慧法師率中國佛教協會法務團一行 15 人，與日本福富雪底長老帶領的日中友好臨黃協會第七次訪華團一行 45 人，在河北正定臨濟寺聯合舉辦大雄寶殿落成剪綵儀式和慶祝法會，並到趙縣參禮趙州塔。看到柏林寺門庭蕭條，趙州塔殘破不堪，淨慧法師不禁潸然淚下，萌發恢復趙州祖庭之願。

12 月，淨慧法師應河北省民族宗教事務局之請，主持河北省佛教協會籌備成立工作。

1988 年　五十五歲

1 月，《法音》改爲月刊發行。

5 月 18 日，河北省佛教協會在石家莊成立，會址在臨濟寺。淨慧法師在河北省佛教第一屆代表會議上當選爲會長，同時主持柏林禪寺的重建工作。

5 月 19 日，日中友好臨黃協會第八次訪華團到河北正定臨濟寺和趙縣柏林禪寺參訪。上午，在臨濟寺舉行「臨濟寺大雄寶殿佛像開光法會暨祖堂奠基典禮」。下午，在柏林寺遺址舉行「重建趙州道場柏林寺暨創建佛慈安養院奠基典禮」，淨慧法師、本煥法師、傳印法師、有明法師、有馬賴底長老等中日佛教高僧爲佛慈安養院奠基。

9 月，淨慧法師與有明法師、弘川法師、那存寶音喇嘛等一起考察承德普寧寺。

1989 年　五十六歲

2 月，淨慧法師在臨濟寺創辦《禪》刊，係河北省佛教協會會刊。

3 月，淨慧法師代表中國佛教協會負責接待臺灣星雲法師及佛光國際佛教促進會一行，陪同星雲法師登長城、遊覽長江三峽，並撰文《應機施教與時代精神——星雲大師率團回大陸弘法探親感言》，讚歎星雲法師佛光山事業，是實現太虛大師人生佛教和佛教時代化的「星雲模式」。

7 月，淨慧法師應美國紐約報恩寺住持法雲法師和正覺寺住持佛性法師之邀，到美國參訪。法雲法師和佛性法師，也都是虛雲老和尚的法子。

1990 年　五十七歲

8 月，淨慧法師在正定臨濟寺舉行盂蘭盆節報恩法會。

9 月，淨慧法師赴邢臺市任縣大悲閣視察。

10 月，淨慧法師赴韓國漢城出席世界佛教徒聯誼會第 17 屆代表大會。

11 月 17 日，淨慧法師主持柏林寺普光明殿佛像安座法會。供奉的漢白玉釋迦牟尼佛坐像和觀世音菩薩立像為美國紐約正覺寺住持佛性法師、美籍華人劉珍美居士、河北保定田淨喜居士捐資雕刻。

河北省佛教協會會址遷至河北省林業廳大樓。

淨慧法師接待日本福島慶一法師一行。

1991 年　五十八歲

1 月 23 日，淨慧法師主持柏林禪寺臘八法會暨傳授皈依，紀念釋迦牟尼佛成道，信眾數千人雲集。

7 月 16 日至 29 日，臺灣耕雲禪學基金會導師耕雲先生（李挽）和董事長陳維滄先生率臺灣禪學參訪團一行 7 人來大陸進行禪學交流活動，淨慧法師與其數次會晤。

7 月 20 日，淨慧法師陪同耕雲先生等參拜柏林寺和趙州塔，並贈送其一根古柏手杖。

冬，淨慧法師在柏林寺舉行首屆佛七。

1992 年　五十九歲

8 月 29 日，柏林禪寺普光明殿落成典禮，中國佛教協會會長趙樸初居士致信祝賀，本煥法師、一誠法師、昌明法師、明學法師等蒞臨典禮。

9 月 26 日至 10 月 3 日，淨慧法師應日中友好臨黃協會邀請，率河北省佛教協會友好代表團訪問日本，並與柳田聖山教授進行學術交流。

10 月 26 日，淨慧法師在柏林寺舉辦首屆冬季禪七法會。在法會最後，淨慧法師第一次面向信眾提出「生活禪」理念，倡導「讓禪回到生活」，在日常生活將禪、佛法與生命緊緊結合。

11 月，石家莊虛雲禪林恢復為宗教活動場所。

1993 年　六十歲

1 月，淨慧法師在《禪》刊發表《生活禪開題》。此為效仿太虛大師《人

生佛教開題》之作，呼籲「在生活中落實修行」「在生活中修行，在修行中生活」，並提出「生活禪提綱」。

2 月，淨慧法師在柏林寺接待香港佛教青年協會導師暢懷法師回鄉探親弘法。

3 月，淨慧法師出席中國人民政治協商會議趙縣第七屆委員會第一次全體會議。

4 月 17 日，淨慧法師在雲居山真如寺天王殿前從一誠法師手中迎請雲居山茶苗，24 日種於柏林寺問禪寮院內。

5 月，淨慧法師出席中國人民政治協商會議河北省七屆一次會議。

7 月 20 日，河北禪學研究所成立暨第一屆生活禪夏令營開營典禮在柏林寺舉行。夏令營為期七天，淨慧法師將生活禪的目的和宗旨定位為「關懷人生，覺悟人生，奉獻人生」。

10 月 23 日，淨慧法師主持衡水冀州市竹林寺佛像開光法會。

10 月，中國佛教協會召開第六屆全國代表會議，淨慧法師當選為副會長。

10 月，淨慧法師在石家莊博物館舉辦「海峽兩岸首屆佛教書畫展」，特邀臺灣本慧法師蒞臨。

11 月，淨慧法師在多季禪七法會上，對信眾開示，將生活禪宗旨正式確定為「覺悟人生，奉獻人生」。

12 月，河北省佛教協會第二屆代表會議在河北省林業廳培訓中心舉行，淨慧法師連任會長。

1994 年　六十一歲

1 月 12 日至 2 月 14 日，淨慧法師應法國潮州會館和《歐洲時報》之請，在巴黎舉辦中國佛教文化展。期間，又訪問法國天主教大主教呂斯蒂傑。

2 月，淨慧法師向趙樸初會長彙報法國弘法訪問情況。

12 月 23 日至 27 日，淨慧法師在香港九龍出席「佛教的現代挑戰」國際學術會議，發表論文《當代佛教契理契機的思考》，倡導學習太虛大師，建設人間佛教。這次會議由香港法住學會主辦，名譽顧問是趙樸初，顧問是饒宗頤、季羨林、聖嚴法師、傅偉勳，並由香港旭日集團贊助。淨慧法師與旭日集團楊釗、楊勳也由此結緣。

1995 年　六十二歲

3 月，淨慧法師在河北省佛教協會舉辦「禪悅雅集」，邀請省內書畫名家共話「禪悅人生」，並書偈曰：「春光雅集會群賢，無限佛緣兼墨緣。滿室祥雲來紙上，誼如江海筆如椽。」

5 月，淨慧法師在廣濟寺會晤在法國弘法的越南一行禪師。

6 月，淨慧法師代表河北省佛教協會爲贊皇縣黃蓮溝希望小學、白家窯希望小學奠基。11 月，參加落成典禮。

9 月，淨慧法師出席日本瑞嚴寺青龍殿開光法會。

1996 年　六十三歲

7 月 26 日，淨慧法師應新加坡佛教居士林林長李木源之請，赴新加坡弘法。7 月 27 日至 8 月 2 日講《六祖壇經》，8 月 4 日舉行「一日禪修」。期間，有 70 位信徒皈依座下。

12 月 5 日，淨慧法師護送佛牙舍利赴緬甸。這是佛牙舍利第三次赴緬甸巡禮。淨慧法師擔任代表團顧問，國務院宗教事務局副局長劉書祥擔任團長，中國佛教協會副會長烏蘭活佛擔任副團長，國務院宗教事務局外事司副司長安保枝擔任秘書長。這次佛教舍利在緬甸供奉，一直持續到 1997 年 3 月 5 日，爲期 90 天。

12 月 7 日，淨慧法師與中國護送佛牙舍利代表團全體成員一起參拜大金塔。晚間，又再帶領幾位僧人、居士再次禮拜，專門在大金塔下打坐和誦經。

河北省佛教協會會址遷至石家莊市光華路新址。

淨慧法師考察邢臺普明寺。

淨慧法師在柏林寺舉行傳授在家居士五戒、菩薩戒法會。

1997 年　六十四歲

3 月，淨慧法師率中國佛教協會代表團訪問泰國，拜訪泰國華宗大尊長仁得法師。

4 月，在北京大學宗教學系和哲學系設立「懷雲獎學金」，鼓勵青年學者從事佛教文化研究。

7 月，淨慧法師率團訪赴匈牙利，爲布達佩斯虛雲禪院舉行開光典禮，並委派弟子明證法師等主持虛雲禪院日常工作。

8月，河北省佛教協會慈善功德會成立。

9月，淨慧法師出席河北省博物館「喜迎香港回歸佛教書畫作品展」開幕式並講話。

11月15日，淨慧法師主持無錫靈山大佛開光大典，代趙樸初會長宣讀賀詞。

1998年　六十五歲

1月22日，政協第八屆全國委員會常務委員會第23次會議，淨慧法師當選第九屆全國政協委員。

3月，淨慧法師出席全國政協會議。

5月，河北省佛教協會召開第三次代表會議，淨慧法師連任爲會長。

7月，淨慧法師出席「紀念中國佛教兩千年」新聞發布會。

9月6日至7日，淨慧法師在北京參加「佛教與東方文化──紀念佛教傳入中國兩千年海峽兩岸佛教學術會議」，並與臺灣法鼓山聖嚴法師交流。

9月10日，河北省佛學院試辦開課。

9月30日，柏林禪寺舉行中興十週年慶典暨升座法會，淨慧法師正式就任柏林禪寺方丈。

10月12日，淨慧法師與河北省佛學院98級第一屆學僧朝拜禪宗祖庭臨濟寺。

10月，淨慧法師出席河北省博物館「紀念中國佛教二千年佛教藝術展」開幕式並講話。

11月，淨慧法師在柏林寺接待日本禪僧修業體驗團一行，在禪堂親自指導日本禪僧打坐、著裝、茶禮方式等。

12月，淨慧法師出席河北省佛教協會「震旦佛教藝術研究院」成立會議。

河北省佛教協會會址遷至于底村虛雲禪林辦公。

1999年　六十六歲

2月，淨慧法師爲瑞士弟子明契剃度。

4月15日，中共中央政治局原常委、全國政協原主席李瑞環視察柏林禪寺，淨慧法師熱情接待。

5月21日，淨慧法師護送佛牙舍利至香港，並主持恭迎佛牙舍利法會。

佛牙舍利在香港紅磡體育館供奉七日。

9月，淨慧法師在北京雲居寺主持「房山石經回藏法會」。

10月，淨慧法師率中國佛教代表團訪問日本曹洞宗大本山永平寺。

12月4日，淨慧法師在柏林寺舉行首屆臨濟宗傳法大典，嗣法弟子為：常演覺乘禪人、常如明海禪人、常願明啓禪人、常紹明奘禪人、常仁明恕禪人。

2000年　六十七歲

4月，淨慧法師在柏林寺接待河北省文學界學者。

5月，河北省佛學院成立。國家宗教局原副局長楊同祥、河北省委統戰部原部長吳振華、中國佛教協會原秘書長刀述仁、河北省民宗廳原廳長鞠志強與淨慧法師一同揭牌。

12月10日，柏林禪寺第九屆禪七法會起七，連續打三個禪七，地點定在禪堂和觀音殿，以出家僧眾為主，居士可以參加。並且，為了體現禪淨雙修的特點，也同時舉辦三個佛七，地點定在古佛庵，並請白雲法師開示。法會期間，參加禪七的大眾將不再上早晚課，而念佛七則堅持早晚課照常。

淨慧法師將生活禪修行次第系統化為四句口訣：「發菩提心，樹般若見，修息道觀，入生活禪」，作為修學生活禪的四個根本。

2001年　六十八歲

1月，河北省佛教協會主辦的河北省佛學院，經國家宗教事務局批准，正式成立。河北省佛學院試辦於1998年，以淨慧法師提出「信、戒、學、修」四字方針和「養成僧格、融入僧團」八字綱宗作為辦學指導思想。

5月5日，淨慧法師在柏林寺傳臨濟宗法脈，嗣法弟子為：常觀無用禪人、常嚴界讓禪人、常毅寂仁禪人、常輝明續禪人、常思明憨禪人、常普學賢禪人。

5月18日，淨慧法師應新加坡毗盧寺方丈慧雄法師邀請抵達新加坡，慧雄法師、淨空法師、廣品法師等到機場迎接。5月19日，淨慧法師參訪淨宗學會、新加坡居士林和龍山寺。從5月20日至5月27日，淨慧法師每天在新加坡居士林講《楞伽經》大意，聽眾300餘人；5月28日又至淨宗學會講開示。

5月31日，淨慧法師訪問印度尼西亞。6月5日至香港停留弘法，6月

10 日回到柏林寺。

　　10 月 19 日，淨慧法師在柏林寺主持「韓中禪茶一味紀念碑落成揭碑儀式」。

　　11 月 5 日，淨慧法師在柏林寺接待中共中央總書記、國家主席江澤民以及中共中央組織部部長曾慶紅、中國人民解放軍總參謀長傅全等領導視察。

　　11 月 14 日，柏林寺萬佛樓完成澆注封頂，淨慧法師率僧俗信眾舉行封頂儀式。

　　12 月 15 日，淨慧法師在柏林寺接待外交部「駐華大使參訪團」。

　　12 月 29 日，淨慧法師在柏林禪寺舉辦第十屆辛巳年冬季禪七法會，仍是三個七，歷時 21 天，至 2002 年 1 月 18 日圓滿結束。這次禪七，僧俗二眾共有 300 餘人參加，以「息道觀」爲主要禪修方法。並且，仍有佛七法會同時舉行。

2002 年　六十九歲

　　3 月，淨慧法師率中國佛教協會佛指舍利迎歸團到臺灣，迎歸法門寺地宮佛指舍利。

　　4 月 12 日至 19 日，淨慧法師率中國宗教代表團出訪瑞士。

　　6 月，淨慧法師創辦《中國禪學》年刊，由中華書局出版，主編爲吳言生教授。6 月 26 日，《中國禪學》創刊號出版座談會在北京荷塘月色舉行，黃心川、張新鷹、王生平、李富華、魏道儒、周齊、齋滕智寬、樓宇烈、姚衛群、黎荔、張美蘭、方立天、溫金玉、宣方、梅瑛、妙中、邱環、韓煥忠、吳立民、張晶、徐文明、程恭讓、明海、明堯、柴劍虹、宋文京、薄潔萍、陳星橋、王麗心、韓松、王小寧、尹小林、吳言生等專家學者出席座談會。

　　7 月 20 日至 26 日，柏林寺舉辦第十屆生活禪夏令營。全體營員參加「五百佛子朝佛國」活動，行腳五臺山。這次生活禪夏令營，還採取網上語音直播紀實，方便網友學習。

　　9 月 4 日至 5 日，如瑞法師率五臺山普壽寺眾律學院三百多名尼眾法師訪問柏林寺，淨慧法師爲其開示。

　　10 月 19 日，淨慧法師應邀赴韓國釜山海雲禪寺參加「國際無遮禪大法會」，並做《提升人性，回歸佛性》開示。

11 月，淨慧法師與有明法師接待越南一行禪師來訪。

12 月，淨慧法師隻身來到邢臺玉泉寺，開始恢復玉泉寺。

淨慧法師倡導「不斷優化自身素質，不斷和諧自他關係」，「以信仰鞏固良心，以良心落實因果，以因果充實道德，以道德陶鑄人格」。

2003 年　七十歲

1 月 23 日，淨慧法師當選為第十屆全國政協委員會委員。

1 月 27 日，淨慧法師在柏林寺傳臨濟宗法脈。六位嗣法弟子分別是：浙江常善淨仁禪人、雲南常法惟聖禪人、雲南常用如正禪人、山西常體海素禪人、河北常化明舟禪人、遼寧常相道極禪人。

2 月，淨慧法師率團赴泰國迎歸佛牙舍利。

5 月 7 日至 28 日，淨慧法師在柏林寺舉行「護國息災水陸大齋勝會道場」法會，祈願國家安寧、人民安樂、世界和平，「非典」疫情早日得到控制。本次法會由香港慈輝佛教基金會、香港旭日集團等發起，5 月 7 日下午淨壇結界，全國十二家寺院同時啓建水陸道場，三座寺寺院同拜《梁皇寶懺》。

7 月，河北省佛學院珍旭樓落成典禮。

9 月 28 日，柏林寺舉行「萬佛樓落成暨佛像開光大典」。

10 月，淨慧法師應湖北黃梅、當陽有關部門邀請，任黃梅四祖寺和當陽玉泉寺方丈。

10 月 25 日，淨慧法師在柏林寺指月樓接待北大禪學社一行 39 人。

11 月，淨慧法師主持滄州東光縣鐵佛寺大雄寶殿佛像開光法會。

9 月 15 日至 10 月 6 日，柏林禪寺隆重舉行第二屆三壇大戒法會，各地戒子 301 人。

12 月 6 日，淨慧法師參加唐山興國寺奠基慶典。

12 月 8 日，柏林禪寺舉行第十二屆禪七專修法會起七，為期 35 天。淨慧法師專程從湖北黃梅四祖寺趕回，親自指導禪七。參加禪七法會信眾共有二百餘人。

淨慧法師闡揚「善待其心，善用一切」，作為「覺悟人生，奉獻人生」的重要補充及具體要求；又提出「感恩，分享，結緣」六字原則。

2004 年　七十一歲

2 月 17 日，淨慧法師在柏林寺傳臨濟宗法脈。嗣法弟子爲：常益眞修禪人、常量眞廣禪人、常君明潤禪人、常敬明思禪人、常聞明基禪人、常蘊明馨禪人、常應智悟禪人、常解達詮禪人、常融門富禪人、常尊明仰禪人。

5 月 30 日至 6 月 2 日，河北省佛教協會第四次代表大會在石家莊金谷飯店召開，淨慧法師連任會長，並作《河北省佛教協會第三屆理事會工作報告》。

5 月，淨慧法師出席南宮普彤寺大雄寶殿落成和開光典禮。

6 月 27 日，淨慧法師在柏林寺接待「韓國五臺山中國巡禮團」。

6 月，淨慧法師在柏林寺接待日本禪僧修業團一行。

7 月 1 日，淨慧法師與明海法師在柏林寺接待國家民委主任、中央統戰部副部長李德洙一行 65 人視察。

7 月 16 日至 20 日，淨慧法師擔任團長，國家宗教事務局副局長楊同祥擔任顧問，率中國佛教代表團一行 9 人，參加在泰國曼谷召開的首屆「南北傳佛教國際會議」。大會的主題是「佛教的團結與合作」，淨慧法師作爲第一位發言貴賓，講演《發揚佛教慈悲濟世的精神，維護世界和平》。

7 月 20 日至 26 日，柏林寺舉辦第十二屆生活禪夏令營，主題是「安住在責任與義務中」。淨慧法師未及參加開營式，但在 21 日晚間即與營員見面交流。

7 月 25 日，淨慧法師爲瑞典 55 歲的佛教徒 Johnny Peterson 剃度，賜法名「明寶」，字「崇悟」。他曾學佛已 30 餘年，曾出版 2 本相關書籍，也是此屆生活禪夏令營營員。

7 月 29 日，淨慧法師爲瑞士 59 歲的佛教徒 Daniel Odier 剃度，賜法名「明慶」，字「崇福」。他曾學佛 20 餘年，曾出版 30 餘本書籍，其中 5 本佛教書籍。此次專程從巴黎趕來依止淨慧法師剃度出家。

8 月 11 日下午，淨慧法師在柏林寺接待日本茶道文化學會會長倉澤行洋一行 14 人來訪。

8 月，淨慧法師主持石家莊眞際禪林開光啓用儀式。

9 月 9 日，淨慧法師在柏林寺接待日本臨濟宗妙心寺派德源寺住持嶺興嶽長老率僧眾 38 人訪問團。

9 月 23 日，明海法師在柏林寺升座，淨慧法師在禪堂爲新方丈送香板、送位，在萬佛樓送座，並傳《柏林寺宗風十要》。

10月15日至16日，淨慧法師在柏林寺接待陳雲君先生偕夫人王玳瑋及學生40餘人，並爲陳先生慶賀六十壽辰。16日上午，淨慧法師在問禪寮爲陳先生、夫人及學生10人傳受三皈五戒。

10月18日至21日，淨慧法師前往韓國漢城接受「第九屆韓國茗園茶文化大獎」。

10月，淨慧法師辭去柏林禪寺住持職務，受請繼任湖北黃梅四祖寺方丈、湖北當陽玉泉寺方丈，並著手修復北宗祖庭度門寺及關羽初顯聖地小關廟。

11月11日，淨慧法師與明海法師率柏林寺僧眾迎接中共中央政治局常委李長春、河北省省委書記白克明、石家莊市市委書記吳振華、市長臧勝業等領導來訪。

11月13日，淨慧法師主持南宮普彤寺弘川法師示寂法會。

11月21日，淨慧法師在柏林寺傳臨濟宗法脈。嗣法弟子爲：常通照力禪人、常堅賢志禪人、常證性空禪人、常修悟證禪人、常悔大癡禪人、常安寬祥禪人、常嶽存海禪人、常契聖哲禪人、常依明來禪人、常一賢純禪人、常敏法振禪人。

11月，淨慧法師於黃梅四祖寺接受韓國佛母會所贈金縷九條衣。

2005年　七十二歲

春，淨慧法師應邀至馬來西亞妙文精舍弘法。

4月20日，中央政治局原常委、全國政協原主席賈慶林，中央統戰部部長劉延東等到保定探望河北省五大宗教界人士。

4月，淨慧法師爲滄州任丘古佛禪林開光慶典儀式剪綵。

5月2日，淨慧法師赴雲南雞足山，主持金頂寺大雄寶殿佛像開光暨惟聖法師升座法會。

6月21日，淨慧法師在邢臺玉泉禪寺傳曹洞宗法脈。嗣法弟子爲：騰玄覺乘禪人、騰悟宏法禪人、騰戒明海禪人、騰覺悟濟禪人、騰振明憨禪人、騰藏義輝禪人、騰源慧能禪人、騰安道智禪人、騰定利生禪人、騰宗衍空禪人、騰修法印禪人、騰道菩光禪人等。淨慧法師勉力諸位法子要「闡揚曹洞宗風，建設平民佛教，維護佛法尊嚴，力戒浮華作風」。

6月4日，淨慧法師在柏林寺接待國務院新聞辦「中外記者採訪團」。

6月5日，淨慧法師在柏林寺接待參加中央社會主義學院讀書班的各省佛教學員一行43人。

　　7月1日，河北省佛學院舉行2003級中專班、大專班畢業典禮。淨慧法師作了《僧團自身建設的「四化工程」》的重要講話，強調要堅持傳統化、律制化、大眾化和平民化。河北省委統戰部副部長王旭虹、省民宗廳副廳長張興堂等出席畢業典禮。

　　7月20日至26日，柏林寺舉行第十三屆生活禪夏令營，主題是「弘揚感恩文化，落實人間關懷」。淨慧法師提出生活禪感恩文化的具體內涵，即：「以感恩的心面對世界，以包容的心和諧自他，以分享的心回報社會，以結緣的心成就事業。」

　　8月23日，淨慧法師在柏林寺接待新加坡佛教總會會長惟儼法師一行5人來訪。

　　8月25日，淨慧法師於邢臺玉泉寺五葉堂作詩悼念周紹良先生兼懷周叔迦長者。

　　8月，淨慧法師參加北戴河美術館「全省宗教界紀念抗戰勝利60週年書畫展」開幕式，並作講話。

　　9月18日，淨慧法師出席在石家莊眞際禪林舉辦的「慶中秋賞月普茶會」，來自石家莊及附近市縣、北京、陝西、秦皇島等地500餘人參加。

　　9月，淨慧法師主持霸州市信安鎮龍泉寺開光慶典。

　　9月，淨慧法師在柏林寺接待日本臨濟宗妙心寺派則竹秀南長老一行，並舉行「中日友好報恩大接心」活動。

　　秋，淨慧法師復建黃梅千歲寶掌祖庭老祖寺及四祖寺分院蘆花庵。

　　10月18日至21日，淨慧法師在柏林寺舉辦「天下趙州禪茶文化交流大會」，並主持茶供。

　　10月23日至30日，淨慧法師在柏林寺禪堂指導日本三寶教團來賓禪修。來賓來自歐洲、美國、加拿大、日本、菲律賓、新加坡等10餘個國家。

　　10月26日，淨慧法師在柏林寺接待「中國駐外大使考察團」。考察團團長爲駐菲律賓大使李建軍先生，秘書長爲國外工作局副局長邊燕花女士。

　　12月8日至19日，淨慧法師應新加坡佛教總會、新加坡蓮山雙林寺惟儼法師之請，率弟子明憨法師、明傑法師、道智法師等赴新加坡弘法，並主持蓮山雙林寺首屆禪七法會。當地100餘名居士參加了禪七法會。17日，禪七法會圓滿，淨慧法師一行先後訪問了新加坡佛教總會、靈峰般若講堂、光明山普覺禪寺、天竺山毗盧寺、護國金塔寺、慈光福利協會、新加坡居士林等，當晚在佛教總會禮堂講《生活在感恩中》。

12 月 28 日，淨慧法師代表河北省佛教協會主持印贈《新修大正藏》首發儀式，免費贈送給寺院、佛學院、佛教研究機構和專家學者。

2006 年　七十三歲

3 月 14 日，淨慧法師在邢臺玉泉禪寺傳曹洞宗法脈。嗣法弟子為：騰思素聞禪人、騰悲道慈禪人、騰照華忍禪人、騰峰印覺禪人、騰實明虛禪人、騰浩法青禪人、騰果明因禪人、騰波覺海禪人、騰智果慧禪人、騰理印正禪人、騰如學賢禪人、騰樸大緣禪人、騰海妙山禪人、騰性純空禪人、騰俊明傑禪人、騰願妙勝禪人、騰廣明仰禪人。

3 月，淨慧法師應請重修邢臺大開元寺。

4 月，淨慧法師參加「首屆世界佛教論壇」。

5 月 20 日，淨慧法師應中國青年出版社邀請，在北京商務印書館涵芬樓書店講演《禪在當下》，聽眾近 200 人。

6 月，淨慧法師參加邢臺臨城縣雲通寺大雄寶殿奠基儀式。

7 月 18 日，淨慧法師參加河北省佛學院首屆研究生班畢業典禮。

7 月 13 日，淨慧法師赴河北平山縣覺山天寧萬壽禪寺，為大雄寶殿奠基主法。

7 月 20 日至 26 日，柏林寺舉行第十四屆生活禪夏令營。淨慧法師特邀請香港理工大學校長潘宗光教授為營員授課。

8 月，淨慧法師在柏林寺接待韓國智冠長老一行。

9 月，淨慧法師在柏林寺接待日本領興嶽長老一行。

10 月 18 日，淨慧法師主持邢臺大開元寺奠基灑淨儀式。

11 月 21 日，淨慧法師赴深圳弘法寺協助本煥法師傳授三壇大戒，慶賀本煥法師百歲壽誕。戒期 28 日，本煥法師擔任得戒和尚，星雲法師擔任羯磨和尚，覺光法師擔任說戒和尚，淨慧法師擔任教授和尚。

11 月 30 日，淨慧法師主持印贈《卍字續藏》舉行首發儀式，捐贈佛教寺廟和研究機構。

12 月 24 日，淨慧法師在石家莊真際禪林為佛教信眾、禪文化愛好者近600 人講演《如何親近善知識》。

淨慧法師提出「二八」方針，做人要堅持「信仰、因果、良心、道德」八字方針，做事要堅持「感恩、包容、分享、結緣」八字方針。

2007 年　七十四歲

5 月 8 日，淨慧法師在柏林禪寺舉行「佛光裏的愛心祈福法會」。當晚，在石家莊裕彤體育館出席由香港慈輝佛教基金會、河北省佛教協會、河北省紅十字會聯合舉辦的「愛與心相連」大型慈善義演晚會，籌措善款 2480 萬元，用於救助農村特困家庭先天性心臟病兒童。

6 月，淨慧法師應邀前往蘇州，在太湖大學堂探訪南懷瑾先生。

7 月 16 日，淨慧法師在邢臺玉泉禪寺傳臨濟宗法脈。嗣法弟子為：常柔素聞禪人、常瑄靜法禪人、常全持中禪人、常得中慧禪人、常臻妙行禪人、常津妙一禪人。

9 月 13 日，淨慧法師在湖北紅安天台寺傳臨濟宗法脈於常悅悟樂禪人。

10 月 1 日至 30 日，柏林禪寺舉行傳授二部僧三壇大戒法會，淨慧法師擔任羯磨和尚，得戒和尚為本煥法師，說戒和尚為傳印法師，教授和尚為明海法師。全國各地戒子共 391 人。這是柏林寺第三屆傳戒法會，也是首屆傳授二部僧三壇大戒法會。

11 月 15 日，淨慧法師在江西宜黃曹山寶積寺傳曹洞宗法脈。嗣法弟子為：騰寶心亮禪人、騰積衍悌禪人、騰應萬如禪人、騰智常宏禪人、騰泉常開禪人、騰峰宏誠禪人、騰順宏用禪人。

11 月 19 日，淨慧法師在湖北當陽度門寺傳臨濟宗法脈。嗣法弟子為：常愷寬悟禪人、常熙印傑禪人、常宣法雲禪人、常景寬文禪人。

2008 年　七十五歲

5 月 12 日汶川地震，淨慧法師號召河北省佛教界捐款捐物，先後籌集物資、資金超過 817 萬元。

7 月 10 日，柏林寺宣布：「由於北京奧運期間特殊的安保要求，因應政府主管部門要求，我們決定：第十六屆生活禪夏令營今年停辦。」

10 月 9 日，淨慧法師於黃梅四祖寺接待美國漢學家比爾·伯特來訪。

11 月 7 日，湖北當陽玉泉寺重建完成，淨慧法師立即退居，為新任方丈寬祥法師送位、送座。

11 月 17 日，韓國太谷宗「靈山齋」訪華團參訪柏林禪寺，在萬佛樓舉行靈山齋法事。靈山齋是韓國太古宗一項傳統的法事，表法佛陀靈山說法後大眾踴躍歌舞以申供養的情景。國家宗教局辦公廳主任張樂斌、淨慧法師、太

古宗靈山齋保存會會長幻宇法師等先後致辭。參與法會者逾千人。

11月28日，時值河北省佛教協會成立和柏林寺正式開放20週年，淨慧法師在紀念大會上發表講話，感謝各級黨政領導和社會各界對佛教事業的關懷和支持。中央統戰部宗教工作處處長褚有奇、國家宗教事務局副司長劉威、中國佛教協會會長一誠法師等出席了慶典。

淨慧法師《生活禪鑰》一書，由北京三聯書店出版。

2009年　七十六歲

4月，淨慧法師參加第二屆世界佛教論壇。

6月2日，淨慧法師在邢臺玉泉禪寺五葉堂傳曹洞宗法脈。嗣法弟子為：騰義能修禪人、騰然宗慧禪人、騰懷悟性禪人、騰應佛祥禪人、騰戒正修禪人、騰觀中慧禪人、騰性果玄禪人、騰超妙光禪人、騰睿宗舜禪人、騰契寂靜禪人、騰庵如性禪人、騰震戒毓禪人、騰慶明勇禪人、騰嘉明影禪人、騰昭寬成禪人、騰暢崇珮禪人、騰帆定明禪人、騰寬通妙禪人，為曹洞宗第四十九代。這是在玉泉寺第四次傳曹洞宗法脈。

7月1日，淨慧法師參加河北省佛學院第五屆中專班學僧畢業典禮，為畢業生頒發證書。

7月20日至26日，柏林寺舉辦第十六屆生活禪夏令營。

7月31日，淨慧法師在黃梅老祖寺首次傳臨濟宗法脈。嗣法弟子24人，分別是：常邃洪法禪人、常省明虛禪人、常培明因禪人、常照明見禪人、常峻鏡定禪人、常怡法空禪人、常頓定意禪人、常退惟新禪人、常運德平禪人、常進了凡禪人、常迦強輝禪人、常豁昌隆禪人、常化法藏禪人、常巍恒願禪人、常逾性如禪人、常適明勇禪人、常幻明影禪人、常益明清禪人、常遜崇延禪人、常迪持順禪人、常炳一清禪人、常休明月禪人、常頤崇諦禪人、常賅聖禪禪人，為臨濟宗第四十五代。

9月，河北省佛教協會第五次代表會議選舉淨慧法師連任會長。

9月，淨慧法師主編《虛雲和尚全集》出版。10月20日，在北京舉行《虛雲和尚全集》首發式暨虛雲和尚圓寂五十週年紀念活動。

10月23日，淨慧法師在柏林禪寺舉行「臨濟宗法脈西行傳承大典」，傳德國本篤禪修中心威里吉斯·雅各爾（Willigis.Jager）臨濟宗第四十五代法卷，取法名常眞。

10 月 27 日，淨慧法師主持老祖寺重建落成暨佛像開光慶典法會，並向大眾致答謝詞。當晚七時，老祖寺首屆禪修法會起七。

《禪》刊電子版在悅讀網免費提供讀者閱讀和下載。

2010 年　七十七歲

農曆二月二日，淨慧法師在柏林寺主持第四屆萬燈法會和齋天法會。

6 月，淨慧法師主持秦皇島昌黎縣水岩寺開光法會。

7 月 20 日至 26 日，柏林寺舉辦第十七屆生活禪夏令營。

8 月 25 日至 31 日，邢臺玉泉禪寺舉辦「庚寅年秋季禪修法會」，這次禪七由淨慧法師主七。

8 月 31 日，淨慧法師在玉泉禪寺接待德國本篤修行中心參訪團一行 12 人，並在禪堂教其坐禪。

9 月 17 日，淨慧法師在邢臺玉泉禪寺傳臨濟宗法脈。嗣法弟子為：常惟明徹禪人、常牖寬旭禪人、常鏡演覺禪人、常頓寬池禪人、常觀繼純禪人、常敏宗慧禪人、常攝妙世禪人、常儀妙音禪人、常稟傳經禪人、常授耀茂禪人、常儉慧誠禪人、常賅寬嚴禪人、常乘界隆禪人、常昭果緯禪人、常訓文慧禪人、常無崇洪禪人、常斌崇質禪人、常貽傳益禪人、常威燈磬禪人、常通明一禪人、常平演善禪人、常拙悟證禪人、常秘聖光禪人、常煥崇悲禪人、常薰法賢禪人、常鑒湛如禪人。

9 月，淨慧法師赴香港出席首屆中華佛教宗風論壇。

10 月，淨慧法師應邀在北京大學講《禪與生活禪》。

12 月 24 日至 30 日，淨慧法師應新加坡聲聞禪院監院隆振法師之邀，前往該寺主持禪七，並為大眾講解《信心銘》。僧俗信眾 80 餘人參加。

2011 年　七十八歲

1 月 26 日，淨慧法師在石家莊真際禪林參加河北省佛教協會迎新春茶話會，並作講話：希望能夠大家在佛法上有體驗，在教化上發揮作用，人生修養上取得進步。

2 月 2 日，淨慧法師在柏林寺主持除夕辭歲普佛，千人齊聚。淨慧法師勉勵信眾「把送舊迎新的理念貫徹到我們的生活每時每刻，在人生的道路上不斷地前進，不斷地取得新的成就」，並帶領大家一起誦《藥師經》兩遍祈福。

3月，淨慧法師到印度參訪，遊歷藍毗尼、恒河、那爛陀寺舊址、靈山、菩提伽耶等地。

4月29日，淨慧法師在柏林寺接待歐洲華僑華人參訪團，並舉行「歐洲華僑華人愛國祈福法會」。參訪團團長為歐華聯會秘書長、歐洲中國和平統一促進會主席張曼新先生。

5月14日上午，「首屆河北趙州禪・臨濟禪・生活禪學術論壇」在石家莊河北會堂開幕，淨慧法師致開幕詞並作發言。

5月23日，淨慧法師至五臺山看望正在閉關的明海法師。

6月，淨慧法師應邀赴德國本篤禪修中心弘法，指導禪修，並在弗萊堡大學做佛學講座。

7月20日至26日，柏林寺舉辦第十八屆生活禪夏令營。

8月，淨慧法師赴張家口市張北縣萬佛寺視察寺廟工程建設。

9月，淨慧法師在中國人民大學參加「方立天教授從教五十年」慶祝活動。

2012年　七十九歲

1月24日，淨慧法師在柏林寺在大齋堂為僧俗信眾開示：「人心的轉化是世界轉化的關鍵，人心的轉化、人心的向善就能使我們逢凶化吉，遇難呈祥。」

1月25日，淨慧法師在柏林寺萬佛樓主持千人祈福吉祥法會，玉泉寺、大開元寺、真際禪林等也同時舉行。

1月27日，淨慧法師在真際禪林主持「2012年新春祈福吉祥法會」，並為信眾開示「信仰、因果、良心、道德」這八個字對當今社會的重要性，特別強調要守住良心這塊陣地，讓良心這塊陣地堅如磐石，不可動搖。

2月22日，百名護法善信在柏林禪寺敬設上堂大齋。

2月23日，淨慧法師主持柏林禪寺第七屆護國鎮災般若萬燈法會。

4月2日，本煥法師在深圳弘法寺安祥示寂，世壽106歲。4月5日，淨慧法師到弘法寺主持本煥法師追思法會及荼毗儀式。

5月19日至20日，「第二屆河北禪宗文化論壇」在邢臺召開。淨慧法師提出：「禪是最根本的法門，生活禪是對佛教思想做了一個全新的詮釋。」

5月30日，淨慧法師在黃梅四祖寺主持中華禪宗佛祖大金塔奠基法會。

5月，淨慧法師陪同傳印法師視察建設中的邢臺大開元寺，以及邯鄲月愛寺、成安縣二祖寺。

6 月 6 日，淨慧法師從廣東惠州來到五臺山。6 月 7 日，淨慧法師到聖寶山願成寺看望正在閉關的明海法師。

6 月 8 日，淨慧法師在柏林寺在指月樓會與愛國者國際化聯盟學習俱樂部進行座談。

6 月 9 日，淨慧法師在柏林寺與安斯泰來製藥（中國）有限公司來訪團進行了交流，指出學修生活禪以做人爲根本，即：「以信仰爲根本，培養做人的神聖感；以因果爲原則，培養做人的責任感；以良心爲保證，培養做人的敬畏感；以道德爲操守，培養做人的尊嚴感。」

6 月，淨慧法師出席河北省佛學院第四屆研究班、第六屆大中專班畢業典禮。

7 月 20 日至 26 日，柏林寺舉辦第十九屆生活禪夏令營。

農曆八月二十七日，淨慧法師生日之時，應信眾護法之請上堂開示，公開懺悔 1958 年「中傷師友」往事，在場聽聞者無不動容。

9 月 7 日，淨慧法師在柏林寺接待全國人大副委員長王兆國及夫人、河北省委書記張慶黎等領導。

11 月 10 日，淨慧法師在柏林禪寺主持「恭迎本寺方丈明海法師五臺山閉關圓滿回山履職法會」。

11 月 13 日，淨慧法師赴雲南主持雞足山華首門的祈福法會，14 日主法碧雲寺開光慶典。

12 月 1 日，淨慧法師主持衡水冀州市道安寺奠基儀式。

12 月，《生活禪鑰》日文版由日本山喜房佛書林出版。

2013 年　八十歲

1 月 29 日，淨慧法師寫下《自贊》一詩，交弟子崇戒法師打印留存，特囑暫不發表。詩云：「早歲參禪悅，截流識此心。雲門蒙授記，趙州作主人。生活禪風立，修行不擇根。把握在當下，電光石火頃。七旬承道信，八旬侍弘忍。五載當陽道，玉泉度門興。寶掌千年壽，虛公百廿春。同參東西祖，道絕去來今。」

2 月 7 日，淨慧法師於黃梅五祖寺晉山履職。

4 月 20 日，淨慧法師於黃梅四祖寺安詳示寂。

附錄 2：淨慧法師文章著述

（一）公開發表的論文、文章等〔註2〕

淨慧：《學習古德勤儉樸素的精神》，《弘化月刊》，1958 年第 2 期。

淨慧：《關於慧能得法偈的再探》，《法音》，1987 年第 6 期。

淨慧：《五戒及其內容──戒學講座之三》，《法音》，1988 年第 7 期。

淨慧：《戒學講座之七──比丘及比丘尼的起源》，《法音》，1988 年第 11 期。

淨慧：《僧尼戒律的由來及種類》，《法音》，1988 年第 12 期。

淨慧：《戒學講座之九──比丘比丘尼戒的內容及其同異》，《法音》，1989 年第 1 期。

淨慧：《試論慧能思想的特色》，《禪》，1989 年第 1 期。

淨慧：《應機施教與時代精神──星雲大師率團回大陸弘法探親感言》，《禪》，1989 年第 2 期。

淨慧：《陪星雲大師遊長江三峽》，《禪》，1989 年第 2 期。

淨慧：《菩薩戒的內容與分別》，《法音》，1989 年第 3 期。

淨慧：《戒學講座之十四　戒律的傳承與弘揚》，《法音》，1989 年第 7 期。

淨慧：《紐約東海禪林雜韻三首》，《禪》，1989 年第 4 期。

淨慧：《河北佛協工作的回顧》，《禪》，1990 年第 1 期。

淨慧：《挽袁鴻壽副會長（聯語三則）》，《禪》，1990 年第 3 期。

淨慧：《千年古剎　此日重光》，《禪》，1990 年第 3 期。

淨慧：《參禮漢城曹溪寺有感呈徐文玄長老》，《禪》，1990 年第 4 期。

淨慧：《視察任縣大悲閣有感》，《禪》，1990 年第 4 期。

淨慧：《贈堵明復居士（七絕二首）》，《禪》，1991 年第 1 期。

淨慧：《趙州祖庭庚午年臘八法會瑞應紀實》，《禪》，1991 年第 1 期。

淨慧：《〈虛雲和尚法彙續編〉前言》，《禪》，1991 年第 2 期。

淨慧：《〈禪與超意識〉序》，《禪》，1991 年第 2 期。

淨慧：《莊嚴國土　利樂有情》，《禪》，1991 年第 3 期。

〔註2〕《黃梅禪》刊載的淨慧法師文章，時間截止至 2017 年 12 月。《禪》刊載的淨慧法師文章，時間截止至 2018 年 2 月。

淨慧：《皈依法座》，《禪》，1991 年第 4 期。

淨慧：《當代僧伽的職志》，《禪》，1992 年第 1 期。

淨慧：《雲水齋雜韻》，《禪》，1992 年第 2 期。

淨慧：《〈日日禪〉序》，《禪》，1992 年第 2 期。

淨慧：《禪修法座》，《禪》，1992 年第 2 期。

淨慧：《月到中秋》，《禪》，1992 年第 4 期。

淨慧：《趙州祖庭壬申冬季禪七（二偈）》，《禪》，1992 年第 4 期。

淨慧：《生活禪開題》，《禪》，1993 年第 1 期。

淨慧：《趙州柏林禪寺禪七開示》，《禪》，1993 年第 1 期。

淨慧：《問禪寮答問》，《禪》，1993 年第 1 期。

淨慧：《問禪寮雜韻》，《禪》，1993 年第 1 期。

淨慧：《柏林禪寺募建山門鐘樓緣啓》，《禪》，1993 年第 1 期。

淨慧：《問禪寮答問》，《禪》，1993 年第 2 期。

淨慧：《趙州柏林禪寺七開示》，《禪》，1993 年第 2 期。

淨慧：《根造上師圓寂唁電》，《禪》，1993 年第 3 期。

淨慧：《問禪寮答問》，《禪》，1993 年第 3 期。

淨慧：《〈在家教徒必讀經典〉前言》，《禪》，1993 年第 3 期。

淨慧：《淨慧法師在開營式上的講話》，《禪》，1993 年第 4 期。

淨慧：《大乘、小乘、生活禪》，《禪》，1993 年第 4 期。

淨慧：《生活禪夏令營法座》，《禪》，1993 年第 4 期。

淨慧：《從「出家」體驗人生》，《禪》，1993 年第 4 期。

淨慧：《柏林禪寺第二屆禪七法會開示（一）》，《禪》，1994 年第 1 期。

淨慧：《柏林禪寺第二屆禪七法會開示（二）》，《禪》，1994 年第 2 期。

淨慧：《願願不離國土的莊嚴、眾生的淨化》，《禪》，1994 年第 3 期。

淨慧：《〈禪者的腳步〉讀後記》，《禪》，1994 年第 3 期。

淨慧：《〈花都法雨〉序》，《禪》，1994 年第 3 期。

淨慧：《〈大乘無量壽莊嚴清淨平等覺經白話本〉序》，《禪》，1994 年第 4
　　期。

淨慧：《在第二屆生活禪夏令營開營式上的講話》，《禪》，1994 年第 4 期。

淨慧：《在柏林禪寺山門鐘鼓樓落成典禮上的講話》，《禪》，1994 年第 4
　　期。

淨慧：《祝〈江西佛教〉創刊》，《禪》，1994 年第 4 期。

淨慧：《當代佛教契理契機的思考》，《禪》，1995 年第 1 期。

淨慧：《柏林禪寺第三屆禪七開示（一）》，《禪》，1995 年第 1 期。

淨慧：《柏林禪寺第三屆禪七開示（二）》，《禪》，1995 年第 2 期。

淨慧：《思維暇滿人生》，《禪》，1995 年第 3 期。

淨慧：《柏林禪寺觀音大士像開光法語》，《禪》，1995 年第 4 期。

淨慧：《主編寄語》，《禪》，1995 年第 4 期。

淨慧：《柏林禪寺觀音殿落成典禮上的講話》，《禪》，1995 年第 4 期。

淨慧：《當代佛教契理契機的思考》，《法音》，1995 年第 4 期。

淨慧：《在第三屆生活禪夏令營開營式上的講話》，《禪》，1995 年第 5 期。

淨慧：《在省宗教界抗日戰爭勝利五十週年座談會上的發言》，《禪》，1995
　　　年第 5 期。

淨慧：《主編寄語》，《禪》，1996 年第 3 期。

淨慧：《在紀念中國佛學院建院四十週年大會上的發言》，《禪》，1997 年
　　　第 1 期。

淨慧：《拜讀樸老〈次韻和友人賀九十生日詩〉敬步原韻祝光壽無量》，
　　　《禪》，1997 年第 1 期。

淨慧：《佛教的正信與正行》，《禪》，1997 年第 1 期。

淨慧：《96 年冬季禪七開示（一）》，《禪》，1998 年第 1 期。

淨慧：《96 年冬季禪七開示（二）》，《禪》，1998 年第 2 期。

淨慧：《96 年冬季禪七開示（三）》，《禪》，1998 年第 3 期。

淨慧：《在河北省佛教協會第三次代表會議開幕式上的講話》，《禪》，1998
　　　年第 4 期。

淨慧：《96 年冬季禪七開示（四）》，《禪》，1998 年第 4 期。

淨慧：《96 年冬季禪七開示（五）》，《禪》，1998 年第 5 期。

淨慧：《96 年冬季禪七開示（六）》，《禪》，1998 年第 6 期。

淨慧：《在趙州塔修復竣工典禮上的講話》，《禪》，1998 年第 6 期。

淨慧：《趙州柏林禪寺晉院法語》，《禪》，1998 年第 6 期。

淨慧：《為張九淵居士上堂法語》，《禪》，1998 年第 6 期。

淨慧：《柏林禪寺水陸道場為楊勳居士上堂法語》，《禪》，1998 年第 6 期。

淨慧：《答海峽之聲記者問》，《禪》，1999 年第 1 期。

淨慧：《「生活禪系列叢書」總序》，《禪》，1999 年第 2 期。

淨慧：《戊寅年（1999）柏林禪寺冬季禪七開示（一）》，《禪》，1999 年第 2 期。

淨慧：《戊寅年（1999）冬季禪七開示（二）》，《禪》，1999 年第 3 期。

淨慧：《戊寅年（1999）柏林禪寺冬季禪七開示（三）》，《禪》，1999 年第 4 期。

淨慧：《戊寅年（1999）柏林禪寺冬季禪七開示（四）》，《禪》，1999 年第 5 期。

淨慧：《戊寅年（1999）柏林禪寺冬季禪七開示（五）》，《禪》，1999 年第 6 期。

淨慧：《在河北省佛教協會第三屆第三次常務理事會上的講話》，《禪》，2000 年第 1 期。

淨慧：《柏林雜毒海》，《禪》，2000 年第 1 期。

淨慧：《在河北省佛學院成立典禮上的講話》，《禪》，2000 年第 3 期。

淨慧：《讀戒賢法師見贈並寄》，《禪》，2000 年第 4 期。

淨慧：《做人的六條標準》，《禪》，2000 年第 6 期。

淨慧：《融入僧團　建設僧團》，《禪》，2001 年第 1 期。

淨慧：《理悟和事修》，《禪》，年 2001 第 2 期。

淨慧：《人生修養的選擇》，《禪》，2001 年第 3 期。

淨慧：《和馮學成居士見贈之作》，《禪》，2001 年第 3 期。

淨慧：《萬佛樓隨筆工地雜感示柏林大眾（十二首）》，《禪》，2001 年第 3 期。

淨慧：《在家學佛方便談》，《禪》，2001 年第 4 期。

淨慧：《趙樸老逝世週年感懷二首》，《禪》，2001 年第 4 期。

淨慧：《漫談無門關》，《禪》，2001 年第 5 期。

淨慧：《制戒十義》，《禪》，2001 年第 6 期。

淨慧：《贈李嘉誠先生詩三首》，《禪》，2001 年第 6 期。

淨慧：《恭迎江總書記駕臨視察》，《禪》，2001 年第 6 期。

淨慧：《找準好位置，樹立好形象，爲振興河北佛教事業做貢獻》，《禪》，2002 年第 1 期。

淨慧：《找準好位置，樹立好形象，爲振興河北佛教事業做貢獻》，《禪》，2002 年第 2 期。

淨慧：《高揚理性智慧走出信仰誤區》，《禪》，2002 年第 3 期。

淨慧：《如何參話頭》，《禪》，2002 年第 4 期。

淨慧：《六自口訣》，《禪》，2002 年第 5 期。

淨慧：《趙州禪的特色》，《禪》，2002 年第 6 期。

淨慧：《雲水雜韻》，《禪》，2002 年第 6 期。

淨慧：《道也者不可須臾離也——爲〈弓與禪〉一書所寫序言》，《禪》，
2003 年第 1 期。

淨慧：《小住邢臺玉泉禪寺成雜感六首志懷，並示寺中諸徒眾》，《禪》，
2003 年第 1 期。

淨慧：《尊重宗教關懷共建和諧社會》，《禪》，2003 年第 3 期。

淨慧：《柏林道場護國息災水陸大法會圓滿上堂法語》，《禪》，2003 年第
3 期。

淨慧：《善用其心，善待一切》，《禪》，2003 年第 4 期。

淨慧：《柏林禪寺萬佛樓開光法語》，《禪》，2003 年第 5 期。

淨慧：《黃梅四祖正覺禪寺進院法語》，《禪》，2003 年第 5 期。

淨慧：《湖北當陽玉泉寺進院法語》，《禪》，2003 年第 5 期。

淨慧：《重訪當陽玉泉寺雜感五首並序》，《禪》，2003 年第 5 期。

淨慧：《入住玉泉寺和馮學成居士》，《禪》，2003 年第 5 期。

淨慧：《在柏林禪寺千僧供大會上的講話》，《禪》，2003 年第 5 期。

淨慧：《在柏林禪寺萬佛樓落成暨佛像開光典禮上得講話》，《禪》，2003
年第 5 期。

淨慧：《黃梅四祖禪寺首屆禪七起七法語》，《禪》，2003 年第 6 期。

淨慧：《奉和馮學成居士賦四祖寺詩原韻》，《禪》，2003 年第 6 期。

淨慧：《柏林禪寺癸未年冬禪七法會起七法語》，《禪》，2003 年第 6 期。

淨慧：《柏林禪寺癸未年冬禪七法會解七法語》，《禪》，2003 年第 6 期。

淨慧：《黃梅四祖禪寺首屆禪七解七法語》，《禪》，2003 年第 6 期。

淨慧：《珍惜法緣　精進修行》，《禪》，2003 年第 6 期。

淨慧：《柏林禪寺第十二屆禪七法會開示節選》，《禪》，2004 年第 1 期。

淨慧：《柏林禪寺第十二屆禪七法會開示節選》，《禪》，2004 年第 2 期。

淨慧：《信解行證——修行的次第》，《禪》，2004 年第 3 期。

淨慧：《南宮普彤寺大雄寶殿佛像開光法語》，《禪》，2004 年第 3 期。

淨慧：《八念法門》，《禪》，2004 年第 4 期。

淨慧：《在趙州柏林禪寺明海禪人升座法會上的講話》，《禪》，2004 年第
　　　5 期。

淨慧：《〈禪宗六代祖師傳燈法本〉序言》，《禪》，2004 年第 5 期。

淨慧：《悼弘川上人》，《禪》，2004 年第 6 期。

淨慧：《爲邢臺普彤寺堂頭弘川大和尙起龕法語》，《禪》，2004 年第 6 期。

淨慧：《爲邢臺普彤寺堂頭弘川大和尙舉火法語》，《禪》，2004 年第 6 期。

淨慧：《發揚佛教慈悲濟世的精神　維護世界和平》，《禪》，2004 年第 6
　　　期。

淨慧：《感恩・分享・結緣》，《禪》，2004 年第 6 期。

淨慧：《任丘市古佛禪林觀音聖像開光法語》，《禪》，2005 年第 1 期。

淨慧：《〈六祖壇經〉講記（一）》，《禪》，2005 年第 2 期。

淨慧：《佛國見聞記》，《禪》，2005 年第 2 期。

淨慧：《赴韓接受「茗園茶文化獎」有感》，《禪》，2005 年第 2 期。

淨慧：《〈六祖壇經〉講記（二）》，《禪》，2005 年第 3 期。

淨慧：《弘揚感恩文化，落實人間關懷》，《禪》，2005 年第 4 期。

淨慧：《〈六祖壇經〉講記（三）》，《禪》，2005 年第 4 期。

淨慧：《僧團自身建設的「四化工程」》，《禪》，2005 年第 5 期。

淨慧：《悼念李守先居士——在李守先居士悼念儀式上的悼詞》，《禪》，
　　　2005 年第 5 期。

淨慧：《悼周紹良先生兼懷叔迦長者》，《禪》，2005 年第 5 期。

淨慧：《〈六祖壇經〉講記（四）》，《禪》，2005 年第 5 期。

淨慧：《趙州禪茶頌》，《禪》，2005 年第 6 期。

淨慧：《〈六祖壇經〉講記（五）》，《禪》，2005 年第 6 期。

淨慧：《在天下趙州茶文化交流會開幕式上的講話》，《禪》，2005 年第 6
　　　期。

淨慧：《〈六祖壇經〉講記（六）》，《禪》，2006 年第 1 期。

淨慧：《新加坡蓮山雙林寺禪七起七法語》，2006 年第 1 期。

淨慧：《新加坡蓮山雙林寺禪七法會開示》，《禪》，2006 年第 1 期。

淨慧：《新加坡蓮山雙林寺禪七解七法語》，《禪》，2006 年第 1 期。

淨慧：《黃梅四祖寺乙酉除夕茶話》，《正覺》，2006 年第 1 期。

淨慧：《從佛法的角度看和諧社會的創建》，《禪》，2006 年第 2 期。

淨慧：《新加坡蓮山雙林寺禪七法會開示》，《禪》，2006 年第 2 期。

淨慧：《〈六祖壇經〉講記（七）》，《禪》，2006 年第 2 期。

淨慧：《觀音聖誕法會普說》，《正覺》，2006 年第 2 期。

淨慧：《出席首屆世界佛教論壇》，《禪》，2006 年第 3 期。

淨慧：《佛教的特色》，《正覺》，2006 年第 3 期。

淨慧：《新加坡蓮山雙林寺禪七法會開示》，《禪》，2006 年第 3 期。

淨慧：《〈六祖壇經〉講記（八）》，《禪》，2006 年第 3 期。

淨慧：《在第十四屆生活禪夏令營開營式上的講話》，《禪》，2006 年第 4 期。

淨慧：《在河北省佛學院首屆研究生班畢業典禮上的講話》，《禪》，2006 年第 4 期。

淨慧：《〈六祖壇經〉講記（九）》，《禪》，2006 年第 4 期。

淨慧：《第三屆禪文化夏令營開營講話》，《正覺》，2006 年第 4 期。

淨慧：《恭祝本公期頤大慶》，《禪》，2006 年第 5 期。

淨慧：《在生活中落實包容的精神》，《禪》，2006 年第 5 期。

淨慧：《〈六祖壇經〉講記（十）》，《禪》，2006 年第 5 期。

淨慧：《〈心經〉要義》，《正覺》，2006 年第 5 期。

淨慧：《〈六祖壇經〉講記（十一）》，《禪》，2006 年第 6 期。

淨慧：《修習生活禪的基本次第》，《正覺》，2006 年第 6 期。

淨慧：《詠柏林廣場七寶池二首並贈張鐵軍居士》，《禪》，2007 年第 1 期。

淨慧：《禪在當下》，《禪》，2007 年第 1 期。

淨慧：《四祖寺元旦茶話》，《正覺》，2007 年第 1 期。

淨慧：《僧團自身建設的「四化」工程》，《法音》，2007 年第 2 期。

淨慧：《敬題佛源老和尚法彙文集二首》，《禪》，2007 年第 2 期。

淨慧：《家庭就是道場》，《禪》，2007 年第 2 期。

淨慧：《八關齋戒略說》，《正覺》，2007 年第 2 期。

淨慧：《能守一，萬事畢》，《禪》，2007 年第 3 期。

淨慧：《生活禪的眞諦》，《正覺》，2007 年第 3 期。

淨慧：《在〈禪〉刊百期座談會上的講話》，《禪》，2007 年第 4 期。

淨慧：《禪以悟爲本　修以心爲本》，《禪》，2007 年第 4 期。

淨慧：《第四屆禪文化夏令營開營式講話》，《正覺》，2007 年第 4 期。

淨慧：《在第十五屆生活禪夏令營開營式上的講話》，《禪》，2007 年第 5 期。

淨慧：《贈南懷瑾先生詩七首》，《禪》，2007 年第 5 期。

淨慧：《人生必須面對的三大問題》，《正覺》，2007 年第 5 期。

淨慧：《依正不二，福慧雙修》，2007 年第 6 期。

淨慧：《眞際禪林丁亥年秋季七日禪修開示》，《禪》，2007 年第 6 期。

淨慧：《眞際禪林丁亥年秋季七日禪修開示（二）》，《禪》，2008 年第 1 期。

淨慧：《黃梅四祖寺第五屆禪七法會開示（摘選）》，《正覺》，2008 年第 1
　　　期。

淨慧：《戊子年黃梅四祖寺上元節吉祥法會任進生居士請上堂法語》，《正
　　　覺》，2008 年第 1 期。

淨慧：《當陽玉泉寺觀音菩薩誕辰開示》，《正覺》，2008 年第 2 期。

淨慧：《上堂法語二則》，《正覺》，2008 年第 2 期。

淨慧：《眞際禪林丁亥年秋季七日禪修開示（三）》，《禪》，2008 年第 2 期。

淨慧：《眞際禪林丁亥年秋季七日禪修開示（四）》，《禪》，2008 年第 3 期。

淨慧：《上堂法語二則》，《正覺》，2008 年第 3 期。

淨慧：《學〈心經〉用〈心經〉（上篇）》，《正覺》，2008 年第 3 期。

淨慧：《學〈心經〉用〈心經〉（下篇）》，《正覺》，2008 年第 4 期。

淨慧：《夏令營導師淨慧大和尚在第五屆禪文化夏令營開營式上的講
　　　話》，《正覺》，2008 年第 4 期。

淨慧：《眞際禪林丁亥年秋季七日禪修開示（五）》，《禪》，2008 年第 4 期。

淨慧：《〈虛雲和尚全集〉編輯說明》，《禪》，2008 年第 5 期。

淨慧：《眞際禪林丁亥年秋季七日禪修開示（六）》，《禪》，2008 年第 5 期。

淨慧：《淨慧老和尚在四祖分院蘆花庵落成慶典上的講話》，《正覺》，2008
　　　年第 5 期。

淨慧：《六齋日與八關齋戒》，《正覺》，2008 年第 5 期。

淨慧：《呼籲人文精神　倡導宗教關懷》，《禪》，2008 年第 6 期。

淨慧：《做好寺院管理工作，爲構建和諧社會服》，《正覺》，2008 年第 6
　　　期。

淨慧：《在河北省佛教協會成立二十週年紀念大會上的講話》，《禪》，2009
　　　年第 1 期。

淨慧：《充分發揮佛協橋樑紐帶作用，切實搞好佛教自身建設》，《禪》，
　　　2009 年第 1 期。

淨慧：《戊子年四祖寺冬季禪七開示（一）》，《正覺》，2009 年第 1 期。

淨慧：《戊子年四祖寺冬季禪七開示（二）》，《正覺》，2009 年第 2 期。

淨慧：《淨慧老和尚新加坡雙林寺第二屆禪七開示》，《禪》，2009 年第 2 期。

淨慧：《挽吳立民先生及臺灣聖嚴法師》，《禪》，2009 年第 2 期。

淨慧：《東海雜韻、武夷山吟句》，《正覺》，2009 年第 2 期。

淨慧：《淨慧老和尚新加坡雙林寺第二屆禪七開示》，《禪》，2009 年第 3 期。

淨慧：《頌第二屆世界佛教論壇》，《禪》，2009 年第 3 期。

淨慧：《戊子年四祖寺冬季禪七開示（三）》，《正覺》，2009 年第 3 期。

淨慧：《戊子年四祖寺冬季禪七開示（四）》，《正覺》，2009 年第 4 期。

淨慧：《在黃梅四祖寺第六屆禪文化夏令營開營式上的講話》，《正覺》，2009 年第 4 期。

淨慧：《邢臺玉泉禪寺第四屆曹洞宗傳法大典法語》，《禪》，2009 年第 4 期。

淨慧：《新加坡雙林寺第二屆禪七開示》，《禪》，2009 年第 4 期。

淨慧：《黃梅老祖寺佛像開光法語》，《正覺》，2009 年第 5 期。

淨慧：《在黃梅老祖寺重建落成暨佛像開光慶典上的答謝詞》，《正覺》，2009 年第 5 期。

淨慧：《己丑年中秋節上堂法語》，《正覺》，2009 年第 5 期。

淨慧：《新加坡雙林寺第二屆禪七開示》，《禪》，2009 年第 5 期。

淨慧：《〈禪〉刊百期感言》，《禪》，2009 年第 5 期。

淨慧：《在〈虛雲和尚全集〉首發式暨虛雲和尚圓寂五十週年紀念活動上的講話》，《法音》，2009 年第 11 期。

淨慧：《新韻一組》，《正覺》，2009 年第 6 期。

淨慧：《解脫道與菩薩道的完美結合》，《正覺》，2009 年第 6 期。

淨慧：《〈虛雲和尚全集〉首發式暨虛雲和尚圓寂五十週年紀念活動上的講話》，《禪》，2009 年第 6 期。

淨慧：《新加坡雙林寺第二屆禪七開示》，《禪》，2009 年第 6 期。

淨慧：《石家莊虛雲禪林首屆禪七開示》，《禪》，2010 年第 1 期。

淨慧：《奉和熊召政先生卓刀泉寺山門落慶等四首》，《正覺》，2010 年第 1 期。

淨慧：《黃梅老祖寺首屆禪七法會開示》，《正覺》，2010 年第 2 期。

淨慧：《四祖寺庚寅年上元節吉祥法會上堂法語（四則）》，《正覺》，2010 年第 2 期。

淨慧：《嘉興市梅花洲石佛寺大雄寶殿佛像開光法語》，《正覺》，2010 年第 2 期。

淨慧：《石家莊虛雲禪林首屆禪七開示（二）》，《禪》，2010 年第 2 期。

淨慧：《關於生活禪（一）》，《禪》，2010 年第 2 期。

淨慧：《關於生活禪（二）》，《禪》，2010 年第 3 期。

淨慧：《石家莊虛雲禪林首屆禪七開示（三）》，《禪》，2010 年第 3 期。

淨慧：《黃梅老祖寺首屆禪七法會開示》，《正覺》，2010 年第 3 期。

淨慧：《庚寅年水陸法會上堂法語（六則）》，《正覺》，2010 年第 3 期。

淨慧：《第七屆禪文化夏令營開營講話》，《正覺》，2010 年第 4 期。

淨慧：《黃梅老祖寺首屆禪七法會開示》，《正覺》，2010 年第 4 期。

淨慧：《喜明海禪人新書問世》，《禪》，2010 年第 4 期。

淨慧：《石家莊虛雲禪林首屆禪七開示（四）》，《禪》，2010 年第 4 期。

淨慧：《關於禪與生活禪》，《禪》，2010 年第 5 期。

淨慧：《2010 年國慶長假四祖寺短期出家禪修班開示》，《正覺》，2010 年第 5 期。

淨慧：《庚寅年水陸法會上堂法語（三篇）》，《正覺》，2010 年第 5 期。

淨慧：《在黃梅四祖寺千僧齋祈福大法會上的講話》，《正覺》，2010 年第 5 期。

淨慧：《在黃梅四祖寺千僧齋祈福大法會上的講話》，《正覺》，2010 年第 6 期。

淨慧：《在黃梅禪宗高峰論壇揭幕暨黃梅禪文化研究會成立慶典上的講話》，《正覺》，2010 年第 6 期。

淨慧：《做好寺院管理工作，爲構建和諧社會服》，《正覺》，2010 年第 6 期。

淨慧：《趙州公案「無門關」二則》，《禪》，2010 年第 6 期。

淨慧：《邢臺玉泉寺禪七開示》，《禪》，2011 年第 1 期。

淨慧：《臨濟堂上有下明長老封龕法語》，《禪》，2011 年第 1 期。

淨慧：《臨濟堂上有下明長老起龕法語》，《禪》，2011 年第 1 期。

淨慧：《弘揚禪宗優秀文化，促進黃梅經濟社會發展──講於黃梅大講堂》，《正覺》，2011 年第 1 期。

淨慧：《上元節吉祥法會爲王永剛居士上堂法語》，《正覺》，2011 年第 1 期。

淨慧：《新加坡聲聞禪院禪七法會開示（一）》，《正覺》，2011 年第 2 期。

淨慧：《辛卯年春季四祖寺水陸法會上堂法語三篇》，《正覺》，2011 年第 2 期。

淨慧：《一輪皓月　無限清輝──關於禪與生活禪》，《中國宗教》，2011 年第 3 期。

淨慧：《關於生活禪》，《中國宗教》，2011 年第 4 期。

淨慧：《邢臺玉泉寺禪七開示（二）》，《禪》，2011 年第 2 期。

淨慧：《邢臺玉泉寺禪七開示（三）》，《禪》，2011 年第 3 期。

淨慧：《感恩天地人　和諧你我他》，《禪》，2011 年第 3 期。

淨慧：《關於「生活禪」理念提出二十週年的一點感想──在「首屆趙州禪‧臨濟禪‧生活禪學術論壇」上的講話》，《法音》，2011 年第 6 期。

淨慧：《新加坡聲聞禪院禪七法會開示（二）》，《正覺》，2011 年第 3 期。

淨慧：《關於生活禪理念提出二十週年的一點感想》，《正覺》，2011 年第 3 期。

淨慧：《奉和熊召政先生七律二首》，《正覺》，2011 年第 3 期。

淨慧：《淨慧老和尙辛卯年四祖寺上堂法語三篇》，《正覺》，2011 年第 3 期。

淨慧：《淨慧老和尙大洪山金頂落成開光法語》，《正覺》，2011 年第 3 期。

淨慧：《新加坡聲聞禪院禪七法會開示（三）》，《正覺》，2011 年第 4 期。

淨慧：《淨慧老和尙法語二篇》，《正覺》，2011 年第 4 期。

淨慧：《生活禪的理念與社會價值》，《河北學刊》，2011 年第 4 期。

淨慧：《石家莊市虛雲禪林全寺佛像開光法語》，《禪》，2011 年第 4 期。

淨慧：《關於「生活禪」理念提出二十週年的一點感想》，《禪》，2011 年第 4 期。

淨慧：《〈不理〉序》，《禪》，2011 年第 4 期。

淨慧：《在第十八屆生活禪夏令營開營式上的講話》，《禪》，2011 年第 5 期。

淨慧：《感恩天地人，和諧你我他》，《正覺》，2011 年第 5 期。

淨慧：《黃梅老祖寺水上觀音、天龍庵開光香語》，《正覺》，2011 年第 5 期。

淨慧：《老祖寺虛雲老和尚髮舍利塔奉安香語》，《正覺》，2011 年第 5 期。

淨慧：《融入生活　回歸當下——關於禪宗文化推陳出新的一點思考》，
　　　《法音》，2011 年第 11 期。

淨慧：《融入生活　回歸當下》，《正覺》，2011 年第 6 期。

淨慧：《淨慧老和尚法語八篇》，《正覺》，2011 年第 6 期。

淨慧：《融入生活　回歸當下》，《正覺》，2011 年第 6 期。

淨慧：《在煩惱中修習佛法——在加拿大湛山精舍的開示》，《禪》，2011
　　　年第 6 期。

淨慧：《辛卯年老祖寺冬季禪七起七法語》，《禪》，2012 年第 1 期。

淨慧：《寄語 2012——在「禪心迎新年」2012 祈福感恩茶會上的講話》，
　　　《禪》，2012 年第 1 期。

淨慧：《辛卯年老祖寺冬季禪七開示（一）》，《禪》，2012 年第 1 期。

淨慧：《在柏林禪寺禪七中的開示》，《正覺》，2012 年第 1 期。

淨慧：《和劉東亮居士參拜老祖寺見贈原韻》，《正覺》，2012 年第 1 期。

淨慧：《奉和熊召政先生元日見贈原韻三首》，《正覺》，2012 年第 1 期。

淨慧：《黃梅老祖寺新春上堂法語》，《正覺》，2012 年第 1 期。

淨慧：《石家莊虛雲禪林辛卯年冬季禪七解七法語》，《正覺》，2012 年第
　　　1 期。

淨慧：《黃梅四祖寺辛卯年冬季禪七開示（一）》，《正覺》，2012 年第 2 期。

淨慧：《寬容的企業管理模式》，《正覺》，2012 年第 2 期。

淨慧：《辛卯年老祖寺冬季禪七開示（二）》，《禪》，2012 年第 2 期。

淨慧：《趙州柏林禪寺龍年吉祥上堂法語》，《禪》，2012 年第 2 期。

淨慧：《本煥長老悼詞》，《法音》，2012 年第 4 期。

淨慧：《發揮佛教促進文化交流、解決道德困境的積極作用》，《中國民族
　　　報》，2012-05-29，第 6 版。

黃夏年、淨慧：《傳臨濟正宗第四十四世本煥長老生平事蹟》，《禪》，2012
　　　年第 3 期。

淨慧：《本煥長老悼詞》，《禪》，2012 年第 3 期。

淨慧：《幻生幻滅等浮雲——悼念本煥長老》，《禪》，2012 年第 3 期。

淨慧：《本煥長老入龕法語》，《禪》，2012 年第 3 期。

淨慧：《本煥長老輓聯》，《禪》，2012 年第 3 期。

淨慧：《本煥長老示寂追思頌詞》，《禪》，2012 年第 3 期。

淨慧：《本老、戒老、通老三公示寂紀哀》，《禪》，2012 年第 3 期。

淨慧：《挽慧通禪師》，《禪》，2012 年第 3 期。

淨慧：《辛卯年老祖寺冬季禪七開示（三）》，《禪》，2012 年第 3 期。

淨慧：《在生活中修行　在修行中生活》，《法音》，2012 年第 6 期。

淨慧：《由遼金元佛教引發的一點感想》，《法音》，2012 年第 6 期。

淨慧：《本煥長老入龕法語》，《正覺》，2012 年第 3 期。

淨慧：《幻生幻滅等浮雲》，《正覺》，2012 年第 3 期。

淨慧：《本煥長老示寂追思頌詞》，《正覺》，2012 年第 3 期。

淨慧：《在黃梅四祖寺本煥長老追思迴向法會上講話》，《正覺》，2012 年第 3 期。

淨慧：《在生活中修行　在修行中生活》，《正覺》，2012 年第 3 期。

淨慧：《黃梅四祖寺辛卯年冬季禪七開示（二）》，《正覺》，2012 年第 3 期。

淨慧：《挽慧通禪師》，《正覺》，2012 年第 3 期。

淨慧：《讓佛教活動場所走出「門票經濟」的怪圈》，《中國民族報》，2012-07-24，第 5 版。

淨慧：《黃梅四祖寺辛卯年冬季禪七開示（三）》，《正覺》，2012 年第 4 期。

淨慧：《修建大金塔　弘揚禪文化》，《正覺》，2012 年第 4 期。

淨慧：《在四祖寺中華禪宗佛祖大金塔奠基儀式上的講話》，《正覺》，2012 年第 4 期。

淨慧：《為武穴市陳頌、宋佳琪、陳靈犀高考上堂法語》，《正覺》，2012 年第 4 期。

淨慧：《黃梅四祖寺中華禪宗佛祖大金塔奠基法語》，《正覺》，2012 年第 4 期。

淨慧：《和明海禪人〈關中念師〉七絕》，《禪》，2012 年第 4 期。

淨慧：《詠金佛手茶》，《禪》，2012 年第 4 期。

淨慧：《第二屆河北禪宗文化論壇論文集前言》，《禪》，2012 年第 4 期。

淨慧：《辛卯年老祖寺冬季禪七開示（四）》，《禪》，2012 年第 4 期。

淨慧：《在第十九屆生活禪夏令營開營式上的講話》，《禪》，2012 年第 4 期。

淨慧：《由遼金元佛教引發的一點感想》，《禪》，2012 年第 4 期。

淨慧：《讓佛教文化的主體精神融入當代人的心靈》，《禪》，2012 年第 4 期。

淨慧：《辛卯年老祖寺冬季禪七開示（五）》，《禪》，2012 年第 5 期。

淨慧：《黃梅四祖寺辛卯年冬季禪七開示（四）》，《正覺》，2012 年第 5 期。

淨慧：《心安萬事安——在四祖寺第九屆禪文化夏令營開幕式上的講話》，《正覺》，2012 年第 5 期。

淨慧：《爲河北劉鑫焱、福建李鈺彬二居士上堂法語》，《正覺》，2012 年第 5 期。

淨慧：《在中國・湖北第三屆黃梅禪宗文化高峰論壇開幕式上的致詞》，《正覺》，2012 年第 6 期。

淨慧：《發揮禪文化的精神力量》，《正覺》，2012 年第 6 期。

淨慧：《黃梅四祖寺辛卯年冬季禪七開示（五）》，《正覺》，2012 年第 6 期。

淨慧：《雞足山碧雲禪寺全堂佛像開光法語》，《正覺》，2012 年第 6 期。

淨慧：《旭日集團惠州總部水陸法會圓滿送聖上堂法語》，《正覺》，2012 年第 6 期。

淨慧：《河北省青縣盤古寺全堂佛像開光法語》，《正覺》，2012 年第 6 期。

淨慧：《蘆花庵第三屆禪七起七法語》，《正覺》，2012 年第 6 期。

淨慧：《黃梅四祖寺第十屆禪七法會起七法語》，《正覺》，2012 年第 6 期。

淨慧：《在歡迎明海大和尚五臺閉關圓滿回山履職法會上的講話》，《禪》，2012 年第 6 期。

淨慧：《辛卯年老祖寺冬季禪七開示（六）》，《禪》，2012 年第 6 期。

淨慧：《從〈正覺〉到〈黃梅禪〉》，《黃梅禪》，2013 年第 1 期。

淨慧：《新春的供養》，《黃梅禪》，2013 年第 1 期。

淨慧：《明確定位，發揚宗風，加強自身建設》，《黃梅禪》，2013 年第 1 期。

淨慧：《重整五祖之規模　弘揚五祖之宗旨》，《黃梅禪》，2013 年第 1 期。

淨慧：《傳溈仰宗第九世聖一宣玄老和尚塔銘》，《黃梅禪》，2013 年第 1 期。

淨慧：《佛教的生命觀》，《禪》，2013 年第 1 期。

淨慧：《辛卯年老祖寺冬季禪七開示（七）》，《禪》，2013 年第 1 期。

淨慧：《辛卯年老祖寺冬季禪七開示（八）》，《禪》，2013 年第 2 期。

淨慧：《眾生無盡　願力無盡》，《禪》，2013 年第 2 期。

淨慧：《淨慧自贊》，《禪》，2013 年第 3 期。

淨慧：《生活禪開題》，《黃梅禪》，2013 年第 3 期。

淨慧：《辛卯年老祖寺冬季禪七開示（九）》，《禪》，2013 年第 5 期。

淨慧：《辛卯年老祖寺冬季禪七開示（十）》，《禪》，2013 年第 6 期。

淨慧：《辛卯年老祖寺冬季禪七開示（十一）》，《禪》，2014 年第 1 期。

淨慧：《四祖寺壬辰年冬季禪七開示（一）》，《黃梅禪》，2014 第 1 期。

淨慧：《四祖寺壬辰年冬季禪七開示（二）》，《黃梅禪》，2014 年第 2 期。

淨慧：《從良心出發，觀照當下，和諧自他》，《禪》，2014 年第 2 期。

淨慧：《邢臺玉泉禪寺第五屆傳法大典前夜與法子座談會上的開示》，《禪》，2015 年第 1 期。

淨慧：《戒定慧在一念間》，《禪》，2015 年第 2 期。

淨慧：《在紀念生活禪創立二十週年座談會上的講話》，《禪》，2015 年第 3 期。

淨慧：《四祖寺壬辰年冬季禪七開示（三）》，《黃梅禪》，2014 年第 3 期。

淨慧：《四祖寺壬辰年冬季禪七開示（四）》，《黃梅禪》，2014 年第 4 期。

淨慧：《「禪之園」結禪緣》，《黃梅禪》，2015 年第 1 期。

淨慧：《真際禪林丁亥年七日禪修開示》，《黃梅禪》，2015 年第 2 期。

淨慧：《在修行中生活　在生活中修行》，《黃梅禪》，2015 年第 2 期。

淨慧：《真際禪林丁亥年七日禪修開示》，《黃梅禪》，2015 年第 3 期。

淨慧：《趙州柏林禪寺第一屆禪七法會起七偈》，《黃梅禪》，2015 年第 3 期。

淨慧：《趙州柏林禪寺第一屆禪七法會解七偈》，《黃梅禪》，2015 年第 3 期。

淨慧：《法國潮州會館觀音、地藏二大士聖像開光法語》，《黃梅禪》，2015 年第 3 期。

淨慧：《法國廣肇同鄉會雄獅點睛偈》，《黃梅禪》，2015 年第 3 期。

淨慧：《真際禪林丁亥年七日禪修開示》，《黃梅禪》，2015 年第 4 期。

淨慧：《禪就是幸福的微笑——與香港鳳凰衛視記者的對話》，《黃梅禪》，2015 年第 4 期。

淨慧：《趙州柏林禪寺第五屆禪七法會起七法語》，《黃梅禪》，2015 年第 4 期。

淨慧：《趙州柏林禪寺第五屆禪七法會解七法語》，《黃梅禪》，2015 年第 4 期。

淨慧：《眞際禪林丁亥年七日禪修開示》，《黃梅禪》，2015 年第 5 期。

淨慧：《匈牙利布達佩斯虛雲禪院佛像開光法語》，《黃梅禪》，2015 年第 5 期。

淨慧：《〈楞嚴經〉講座（一）》，《黃梅禪》，2015 年第 6 期。

淨慧：《以佛法的精神創造生命的和諧》，《黃梅禪》，2015 年第 6 期。

淨慧：《趙州柏林禪寺觀音殿落成暨聖像開光法語》，《黃梅禪》，2015 年第 6 期。

淨慧：《趙州柏林禪寺進院法語》，《黃梅禪》，2015 年第 6 期。

淨慧：《般若萬燈啓光明，悲智無邊度眾生》，《禪》，2015 年第 6 期。

淨慧：《〈信心銘〉提唱（一）》，《禪》，2016 年第 1 期。

淨慧：《〈楞嚴經〉講座（二）》，《黃梅禪》，2016 年第 1 期。

淨慧：《趙州柏林禪寺首屆水陸法會楊勳居士請上堂法語》，《黃梅禪》，2016 年第 1 期。

淨慧：《慶祝中國佛教二千年紀念法會黎氏姊弟請上堂法語》，《黃梅禪》，2016 年第 1 期。

淨慧：《趙州柏林禪寺第七屆禪七法會起七法語》，《黃梅禪》，2016 年第 1 期。

淨慧：《趙州柏林禪寺第七屆禪七法會解七法語》，《黃梅禪》，2016 年第 1 期。

淨慧：《〈楞嚴經〉講座（三）》，《黃梅禪》，2016 年第 2 期。

淨慧：《己卯年正月初三日張九淵、韓玲居士伉儷請上堂法語》，《黃梅禪》，2016 年第 2 期。

淨慧：《望都善國寺佛像開光法語》，《黃梅禪》，2016 年第 2 期。

淨慧：《〈信心銘〉提唱（二）》，《禪》，2016 年第 2 期。

淨慧：《〈佛源老和尚年譜〉及〈生平〉的一點補充》，《禪》，2016 年第 3 期。

淨慧：《生活禪，禪生活》，《禪》，2016 年第 3 期。

淨慧：《〈楞嚴經〉講座（四）》，《黃梅禪》，2016 年第 3 期。

淨慧：《南宮普彤寺天王殿落成開光法語》，《黃梅禪》，2016 年第 3 期。

淨慧：《石家莊虛雲禪林慧日樓落成佛像開光法語》，《黃梅禪》，2016 年第 3 期。

淨慧：《香港旭日集團來山啓建水陸道場請上堂法語》，《黃梅禪》，2016 年第 3 期。

淨慧：《〈楞嚴經〉講座（五）》，《黃梅禪》，2016 年第 4 期。

淨慧：《香港旭日集團來山啓建水陸道場請上堂法語》，《黃梅禪》，2016 年第 4 期。

淨慧：《海南劉一兵居士上堂法語》，《黃梅禪》，2016 年第 4 期。

淨慧：《〈信心銘〉提唱（三）》，《禪》，2016 年第 4 期。

淨慧：《〈信心銘〉提唱（四）》，《禪》，2016 年第 5 期。

淨慧：《〈楞嚴經〉講座（六）》，《黃梅禪》，2016 年第 5 期。

淨慧：《港旭日集團來山啓建水陸道場圓滿上堂法語》，《黃梅禪》，2016 年第 5 期。

淨慧：《在日本廣島市祈禱世界和平法會表白文》，《黃梅禪》，2016 年第 5 期。

淨慧：《趙州柏林禪寺首次傳法大典上堂法語》，《黃梅禪》，2016 年第 5 期。

淨慧：《趙州柏林禪寺第八屆禪七法會起七法語》，《黃梅禪》，2016 年第 5 期。

淨慧：《〈楞嚴經〉講座（七）》，《黃梅禪》，2016 年第 6 期。

淨慧：《夏澤紅、曾京怡居士請上堂法語》，《黃梅禪》，2016 年第 6 期。

淨慧：《廊坊市印光念佛堂佛像開光法語》，《黃梅禪》，2016 年第 6 期。

淨慧：《美國黃振生居士請上堂法語》，《黃梅禪》，2016 年第 6 期。

淨慧：《霸州市勝芳鎮淨業精舍佛像開光法語》，《黃梅禪》，2016 年第 6 期。

淨慧：《趙州柏林禪寺第八屆禪七法會解七法語》，《黃梅禪》，2016 年第 6 期。

淨慧：《〈楞嚴經〉講座（八）》，《黃梅禪》，2017 年第 1 期。

淨慧：《夏澤紅、曾京怡居士請上堂法語》，《黃梅禪》，2017 年第 1 期。

淨慧：《霸州市勝芳鎮淨業精舍佛像開光法語》，《黃梅禪》，2017 年第 2 期。

淨慧：《〈壇經〉一滴（一）》,《黃梅禪》,2017 年第 2 期。

淨慧：《〈壇經〉一滴（二）》,《黃梅禪》,2017 年第 3 期。

淨慧：《〈壇經〉一滴（三）》,《黃梅禪》,2017 年第 4 期。

淨慧：《王文鵬、宗良志、郭兆宇三居士請上堂法語》,《黃梅禪》,2017
　　　年第 4 期。

淨慧：《趙州柏林禪寺傳授三壇大戒開壇之日香港楊勳居士請上堂法
　　　語》,《黃梅禪》,2017 年第 4 期。

淨慧：《法國巴黎法華禪寺佛像開光法語》,《黃梅禪》,2017 年第 4 期。

淨慧：《人間佛教思想資料選編》,《禪》,2017 年第 4 期。

淨慧：《〈壇經〉一滴（四）》,《黃梅禪》,2017 年第 5 期。

淨慧：《八關齋戒略說》,《黃梅禪》,2017 年第 5 期。

淨慧：《江西臨川金山寺千佛開光法語》,《黃梅禪》,2017 年第 5 期。

淨慧：《〈壇經〉一滴（五）》,《黃梅禪》,2017 年第 6 期。

淨慧：《這一輪明月永不消失》,《禪》,2018 年第 1 期。

妙宗：《訪日歸來話友誼——嘉木樣副會長談訪日觀感》,《法音》,1981
　　　年第 2 期。

妙宗：《新發現的虛雲老和尚六篇文稿》,《禪》,1989 年第 3 期。

妙宗：《虛雲和尚語錄》,《禪》,1989 年第 3 期。

拾文：《香港寶蓮禪寺舉行天壇大佛動土典禮》,《法音》,1982 年第 1 期。

拾文：《北京四大名刹舉行法會紀念佛陀成道日》,《法音》,1982 年第 1
　　　期。

拾文：《〈敦煌寫本壇經〉是「最初」的〈壇經〉嗎？》,《法音》,1982 年
　　　第 2 期。

拾文：《顯彰遺德　知恩報恩——記草堂寺鳩摩羅什像開光法會》,《法
　　　音》,1982 年第 3 期。

拾文：《黃檗禪師墓塔在江西宜豐發現》,《法音》,1982 年第 6 期。

拾文：《香港中文大學佛學生活體驗團在內地體驗佛教生活》,《法音》,
　　　1983 年第 6 期。

拾文：《〈中華大藏經〉今年將出版前五冊》,《法音》,1984 年第 2 期。

拾文：《人間佛教思想資料選編》,《法音》,1984 年第 5 期。

拾文：《一代愛國詩僧　千秋文字般若——〈八指頭陀詩文集〉出版》,

《法音》，1985 年第 2 期。

拾文：《北京廣濟寺舉行佛事紀念巨贊法師圓寂一週年巨贊法師靈骨塔正修建中》，《法音》，1985 年第 4 期。

拾文：《趙樸初捐款二萬元援助非洲災民佛教界籌款救災》，《法音》，1985 年第 3 期。

拾文：《中國佛協理事王靜遠居士逝世》，《法音》，1985 年第 5 期。

拾文：《泰國會主席烏吉和夫人參拜上海玉佛寺》，《法音》，1985 年第 5 期。

拾文、了願：《美東佛教總會朝山進香團訪問我國》，《法音》，1985 年第 5 期。

拾文：《孫穗芳女士到廣濟寺禮佛》，《法音》，1985 年第 6 期。

拾文：《北京佛教音樂團成立》，《法音》，1986 年第 3 期。

拾文：《臨濟禪師塔修復落成》，《法音》，1986 年第 4 期。

拾文：《斯里蘭卡著名佛教學者羅喉羅法師一行應邀來華訪問》，《法音》，1986 年第 4 期。

拾文：《香港寶蓮禪寺》，《法音》，1986 年第 6 期。

拾文：《中國佛學院四名留日學僧回國》，《法音》，1986 年第 6 期。

拾文：《明暘法師榮任北京廣濟寺方丈》，《法音》，1988 年第 2 期。

拾文：《漢族地區重點寺廟管理工作座談會在京召開〈全國漢傳佛教寺廟管理試行辦法〉》將付試行》，《法音》，1988 年第 2 期。

拾文：《廣州光孝寺的菩提樹》，《法音》，1988 年第 12 期。

拾文：《中國藏語系高級佛學院舉行第十世班禪大師示寂七七祭悼圓滿日法會》，《法音》，1989 年第 5 期。

拾文：《北京的佛牙和佛牙舍利塔》，《法音》，1989 年第 9 期。

拾文：《蘇聯佛教近況》，《法音》，1990 年第 7 期。

拾文：《印光法師一批書信手稿在京發現》，《法音》，1990 年第 11 期。

拾文：《香港寶蓮禪寺組團回內地朝聖》，《法音》，1991 年第 8 期。

拾文：《佛教在波蘭》，《法音》，1991 年第 8 期。

拾文：《臺灣禪學參訪團應邀來訪進行禪學交流活動》，《法音》，1991 年第 9 期。

拾文：《深圳弘法寺》，《法音》，1992 年第 2 期。

拾文：《趙會長會見我赴斯留學載譽歸來的五比丘》，《法音》，1992 年第 4 期。

拾聞：《塔爾寺的燈節》，《法音》，1981 年第 2 期。

拾聞：《建慈法師圓寂》，《法音》，1982 年第 2 期。

拾聞：《經傳香海　光燭南天——記香港寶蓮寺迎請大藏經代表團來京迎藏的勝緣》，《法音》，1982 年第 4 期。

拾聞：《宮明副會長率宗教代表團訪問日本》，《法音》，1982 年第 6 期。

拾聞：《中國佛教協會隆重舉行法會追悼日本大西良慶長老》，《法音》，1983 年第 3 期。

拾聞：《傳印、姚長壽結束在日進修回到北京》，《法音》，1984 年第 1 期。

拾聞：《定基、隆藏在日本榮獲青年辯論大會特別獎》，《法音》，1984 年第 5 期。

拾聞：《日本眞言宗訪華團舉行盛大宴會慶祝惠果空海紀念堂落成》，《法音》，1984 年第 6 期。

拾聞：《香港佛聯領導人來京參加國慶觀禮——讚揚中英聯合聲明反映了香港同胞的要求和利益》，《法音》，1984 年第 6 期。

拾聞：《佛教界積極贊助修復長城》，《法音》，1984 年第 6 期。

拾聞：《〈解深密經（圓測）疏〉四十卷本出版》，《法音》，1986 年第 1 期。

拾聞：《北京大學授予井上靖名譽博士》，《法音》，1986 年第 4 期。

拙緝：《〈清藏〉雜談》，《法音》，1982 年第 4 期。

拙緝：《經窗漫筆》，《法音》，1985 年第 3 期。

拙緝：《親切的會晤——趙樸初會長會見沈家楨博士側記》，《法音》，1985 年第 5 期。

拙緝：《經窗漫筆》，《法音》，1985 年第 6 期。

拙緝：《經窗漫筆》，《法音》，1987 年第 1 期。

拙緝：《雲水齋詩稿》，《法音》，1988 年第 6 期。

拙緝：《人間佛教與以戒爲師——學習太虛大師關於人間佛教思想的體會》，《法音》，1988 年第 8 期。

拙緝：《心色不二》，《法音》，1989 年第 1 期。

拙緝：《「空」與「運動」》，《法音》，1989 年第 1 期。

拙緝：《涅槃》，《法音》，1989 年第 3 期。

拙緝：《虛雲和尚行業記》，《禪》，1989 年第 3 期。

拙緝：《虛雲和尚行業記》，《法音》，1989 年第 12 期。

拙緝：《叢林應關懷老病僧人》，《法音》，1990 年第 2 期。

拙緝：《七佛通戒》，《禪》，1991 年第 3 期。

拙緝：《把信仰變成生活》，《禪》，1991 年第 3 期。

拙緝：《學佛必讀經典》，《法音》，2006 年第 9 期。

（二）公開出版的著作 〔註3〕

淨慧編著：《花都法雨》，北京：生活・讀書・新知三聯書店，1994 年。

釋淨慧編著：《〈壇經〉一滴》，北京：宗教文化出版社，1997 年。

淨慧法師：《中國佛教與生活禪》，北京：宗教文化出版社，2005 年。

淨慧：《雙峰禪話》，上海：上海辭書出版社，2005 年。

淨慧：《入禪之門》，上海：上海辭書出版社，2006 年。

淨慧：《經窗禪韻》，天津：百花文藝出版社，2006 年。

淨慧：《生活禪鑰》，北京：生活・讀書・新知三聯書店，2008 年。

淨慧：《入禪之門》（中英文對照），北京：宗教文化出版社，2008 年。

淨慧：《何處青山不道場》，北京：國際炎黃文化出版社，2008 年。

淨慧：《〈心經〉禪解》，北京：國際炎黃文化出版社，2009 年。

淨慧法師：《〈心經〉禪解》，北京：文化藝術出版社，2009 年。

淨慧法師：《做人的佛法》，北京：文化藝術出版社，2009 年。

淨慧：《禪在當下》，北京：方志出版社，2010 年。

淨慧法師：《禪堂夜話》，上海：上海文化出版社，2011 年。

淨慧：《生活禪語》，上海：同濟大學出版社，2011 年。

淨慧法師：《生活禪鑰》（日文），東京：日本山喜林佛書房，2012 年。

淨慧法師：《入禪之門》（越南文），越南，2012 年。

淨慧法師：《禪宗入門》，上海：華東師範大學出版社，2013 年。

淨慧：《經窗禪韻》（增訂版），鄭州：大象出版社，2013 年。

淨慧：《生活禪鑰》（增訂版），北京：生活・讀書・新知三聯書店，2014
年。

淨慧法師：《做人的佛法》，北京：國際文化出版公司，2014 年。

淨慧：《空花佛事》，北京：中國文史出版社，2014 年。

淨慧：《經窗禪韻》（增訂版），杭州：西泠印社，2015 年。

〔註3〕著作以《淨慧長老著作目錄》（載於《禪》刊，2013 年第 3 期）爲基礎，並進
行補充和完善。

淨慧法師：《禪宗入門》，上海：華東師範大學出版社，2017 年。

淨慧著，明海編：《人間佛教思想文庫・淨慧卷》，北京：宗教文化出版
　　　社，2017 年。

淨慧：《守望良心》，北京：中國商務出版社，2018 年。

淨慧：《守一不移》（上下冊），北京：中國商務出版社，2018 年。

淨慧著，王佳編：《生活禪與人間佛教》，北京：宗教文化出版社，2019
　　　年。

（三）內部流通的著作

淨慧：《柏林禪話》，趙縣柏林禪寺，1991 年。

淨慧：《柏林禪話》，趙縣柏林禪寺，1995 年。

淨慧：《柏林禪話》，趙縣柏林禪寺，1998 年。

淨慧：《柏林禪話》，趙縣柏林禪寺，2000 年。

淨慧法師：《入禪之門》，河北省佛教協會虛雲印經功德藏，2001 年。

淨慧法師著，林蓉輝譯：《趙州禪話》（中英文對照），河北省佛教協會，
　　　2005 年。

淨慧、明海：《〈維摩詰所說經〉淺釋》，河北省佛教協會虛雲印經功德藏，
　　　2005 年。

淨慧法師：《入禪之門》，河北省佛教協會虛雲印經功德藏，2005 年。

淨慧：《入禪之門》，河北省佛教協會虛雲印經功德藏，2006 年。

淨慧：《禪堂夜話》，河北省佛教協會虛雲印經功德藏，2006 年。

淨慧：《何處青山不道場》，河北省佛教協會虛雲印經功德藏，2006 年。

淨慧：《重走佛祖路》，河北省佛教協會虛雲印經功德藏，2006 年。

淨慧：《生活中的智慧——〈心經〉導讀》，河北省佛教協會虛雲印經功
　　　德藏，2006 年。

淨慧：《知恩報恩——〈大乘本生心地觀經・心地品〉講記》，河北省佛
　　　教協會虛雲印經功德藏，2006 年。

玉泉老人、陳雲君：《雙峰山唱和集》，黃梅四祖寺，2006 年。

淨慧：《重走佛祖路》，河北省佛教協會虛雲印經功德藏，2007 年。

淨慧：《水月道場》，河北省佛教協會虛雲印經功德藏，2007 年。

淨慧：《淨慧老和尚真際禪林講座（第一集）・禪的理論和實踐》，河北省
　　　佛教協會虛雲印經功德藏，2007 年。

淨慧：《淨慧老和尚眞際禪林講座（第二集）‧生活中的智慧──〈心經〉導讀》，河北省佛教協會虛雲印經功德藏，2007 年。

淨慧：《淨慧老和尚眞際禪林講座（第三集）‧修習禪定的基本要求》，河北省佛教協會虛雲印經功德藏，2007 年。

淨慧：《淨慧老和尚眞際禪林講座（第四集）‧佛教的和諧精神──慈悲喜捨》，河北省佛教協會虛雲印經功德藏，2007 年。

淨慧：《淨慧老和尚眞際禪林講座（第五集）‧家庭是道場》，河北省佛教協會虛雲印經功德藏，2007 年。

淨慧：《淨慧老和尚眞際禪林講座（第六集）‧能守一　萬事畢》，河北省佛教協會虛雲印經功德藏，2007 年。

淨慧：《家庭是道場》，河北省佛教協會眞際禪林，2007 年。

淨慧：《禪的理論和實踐》，河北省佛教協會眞際禪林，2007 年。

淨慧：《生活中的智慧》，河北省佛教協會眞際禪林，2007 年。

淨慧：《禪堂夜話（二）》，河北省佛教協會虛雲印經功德藏，2008 年。

淨慧：《處處是道場》，河北省佛教協會虛雲印經功德藏，2008 年。

淨慧：《〈心經〉禪解》，趙州柏林禪寺，2009 年。

淨慧：《〈心經〉禪解》，河北邢臺玉泉禪寺，2009 年。

淨慧：《空花佛事》，趙縣：柏林禪寺，2010 年。

淨慧：《守一不移》，趙州柏林禪寺，2011 年

淨慧法師：《做人的佛法》，黃梅四祖寺，2012 年。

淨慧法師：《生活禪鑰》，黃梅四祖寺，2012 年。

淨慧法師：《守望良心》，黃梅四祖寺，2012 年。

淨慧法師：《夏令營的腳步──柏林寺生活禪夏令營》，趙州柏林禪寺，2014 年。

淨慧法師：《夏令營的腳步──四祖寺禪文化夏令營》，趙州柏林禪寺，2014 年。

淨慧法師：《淨慧禪話‧柏林禪話》，趙州柏林禪寺，2015 年。

淨慧法師：《淨慧禪話‧雙峰禪話》，趙州柏林禪寺，2015 年。

淨慧法師：《淨慧禪話‧眞際禪話》，趙州柏林禪寺，2015 年。

淨慧法師：《淨慧禪話‧紫雲禪話》，趙州柏林禪寺，2015 年。

淨慧法師：《淨慧禪話‧玉泉禪話》，趙州柏林禪寺，2015 年。

淨慧法師：《淨慧禪話‧雲水禪話》，趙州柏林禪寺，2015 年。

淨慧：《淨慧聯韻》，趙州柏林禪寺，2015 年。

淨慧：《淨慧長老選集·柏林禪話》，生活禪文化公益基金會，2018 年。

淨慧：《淨慧長老選集·雙峰禪話》，生活禪文化公益基金會，2018 年。

淨慧：《淨慧長老選集·入禪之門》，生活禪文化公益基金會，2018 年。

淨慧：《淨慧長老選集·何處青山不道場》，生活禪文化公益基金會，2018
　　　年。

淨慧：《淨慧長老選集·水月道場》，生活禪文化公益基金會，2018 年。

淨慧：《淨慧長老選集·處處是道場》，生活禪文化公益基金會，2018 年。

淨慧：《淨慧長老選集·禪在當下》，生活禪文化公益基金會，2018 年。

淨慧：《淨慧長老選集·守一不移》（上下），生活禪文化公益基金會，2018
　　　年。

淨慧：《淨慧長老選集·守望良心》，生活禪文化公益基金會，2018 年。

（四）主編和編輯的書籍（選錄）

淨慧編：《虛雲和尚法彙全集續編》，油印本，1962 年。

淨慧編輯：《虛雲和尚法彙續編》，河北省佛教協會，1990 年。

淨慧主編：《法音文庫》，中國佛教協會，1990～1997 年。

淨慧編：《在家教徒必讀經典》，虛雲印經功德藏，1993 年。

淨慧編：《虛雲和尚開示錄》，北京：書目文獻出版社，1993 年。

淨慧編：《禪宗名著選編》，北京：書目文獻出版社，1994 年。

淨慧編：《禪宗七經》，趙州柏林禪寺，1997 年。

淨慧編：《虛雲和尚開示錄》，河北省佛教協會，1998 年。

淨慧編：《在家教徒必讀經典》，虛雲印經功德藏，2000 年。

淨慧主編：《河北省佛學院系列教材》，河北省佛學院，2000～2001 年。

淨慧主編：《中國燈錄全書》，北京：中國書店，2008 年。

淨慧主編：《歷代禪林清規集成》，北京：中國書店，2009 年。

淨慧主編：《虛雲和尚開示錄全編》，北京：金城出版社，2011 年。

淨慧主編：《虛雲和尚全集》，鄭州：中州古籍出版社，2009 年。

淨慧主修，明海主編：《柏林禪寺志》，鄭州：大象出版社，2015 年。

淨慧主編：《黃梅禪文化與荊楚佛學叢書》，武漢：湖北人民出版社，2015
　　　～2016 年。

淨慧主編：《虛雲和尚全集》，北京：國家圖書館出版社，2016 年。

附錄3：1958年淨慧法師與虛雲老和尚有關資料

（一）《所謂「雲門浩劫」的真相》

所謂「雲門浩劫」的真相〔註4〕

還沒有解放的時候，虛雲就把原來放在南華寺的六祖、憨山的「真身」，星夜偷運到雲門。而又指使惟因、靈源、寬純等人，將南華寺、無盡庵的金銀錢財和其他一些輕便用具，都偷運到雲門寺來。虛雲又在雲門寺後山裏（離寺約十五里路），修建了大批茅篷。讓青年僧人都跑到那裡去，免得「共產黨來了把你們殺了，或者把你們弄去當了兵；留下我老鬼在下面，他們不敢把我怎麼樣；萬一有事，也只死我一個人，保全了大家（虛雲語）。」搭茅篷的這個地方，在虛雲當時認為是非常「保密」的，可算是「人不知，鬼不曉」，大家去來山上時，都不是老走一條路的，今天走這兒，明天走那兒，而且在山口看見老百姓都要迴避。到過搭茅篷那個山的人有二十多個，也有十多人在那裡住過若干天。虛雲在雲門寺做很多小木箱，據說是想把「藏經」裝在箱子裏，運到山上去。「將來共產黨走了，這一班僅存的僧人，還可以依經宏教，重興佛法（虛雲語）。」

虛雲在解放前夕，人心非常混亂的時候，利用「宗教」大量地進行反共宣傳，共產黨來了要殺和尚，要毀廟子，要和尚討老婆等荒謬謠言，使僧眾在沒有見到共產黨就怕共產黨，恨共產黨。

解放後不久，農村裏進行減租退押和徵糧運動。虛雲對兩個運動都是堅決反抗的。他左一封信、右一封信寄給李濟深、陳銘樞等人，向他們告狀，要他們出來打抱「不平」。當然李、陳二人是信虛雲的話的，馬上寫信到廣東省葉劍英省長那裡，要他命令乳源縣政府對雲門寺少徵些糧。而雲門這面，虛雲又派了妙雲、智悟等幾員「大將」到縣裏去找縣長「辯論」。據說結果是把縣長辯「輸」了。此處，虛雲還打發李大用（即李無思）親自到北京來找李濟深告狀。

虛雲為了欺騙錢財便以開發「農場」做幌子，向香港等地募化了大批錢財。其實開農場是名，化緣是實。又在韶關大鑒寺糾合本煥、鄭奠國、盧啟增等漢奸、反革命分子，開辦「毛巾工廠」，也在香港、廣州等地，要了很多

〔註4〕淨慧、慈藏：《所謂「雲門浩劫」的真相》，稿紙手寫，1958年10月24日。

股東，騙了很大一批經濟。

　　虛雲在雲門寺把他解放前的一些「知心」的「大弟子」都搞到一塊了，如蔣證圓，他在國民黨時當過團長，鎮反時被捕，現在釋放沒有不知道；妙雲，解放前夕出家，他在國民黨時搞過財經工作，鎮反時已被鎮壓，妙雲在解放後受虛雲的命，去過一次香港，名義說是去化緣修「趙城藏經」，實際上是搞些什麼勾當，我們不大清楚；周懷遠（寬懷），江西的一個大地主，逃到雲門，虛雲便把他窩藏起來。寬純（瑞江），她是解放前無盡庵的當家，解放後，當地農民要鬥爭她，她就逃到雲門寺來，天天跟虛雲在一起，1952 年虛雲又把她放到香港去，進行反共宣傳。也有一些反革命分子，聽到虛雲這裡還是「風平浪靜」的，所以也都「不遠千里」的跑到雲門寺來。如：無邊，是湖南人，過去大概當過什麼保長的，殺害過我游擊隊員和革命幹部，兩手染滿了鮮血；大孝，也是個罪大惡極的反革命分子，距其被捕前二十餘天才出家，出家後便逃到雲門寺來受戒，幸我人民政府撒下了天羅地網，沒有讓大孝逍遙法外。還有從香港來到潛藏特務威章，他原名叫鄭兆棟，又名淨慧，年紀很輕，是由香港浮水偷渡到大陸的，他帶有大批經濟，在雲門寺經常請一些不三不四的年輕和尚吃東西。他自己還帶有西服一套，女人相片兩張。這個特務據說也是虛雲的徒孫。佛源（真空）也是個逃亡地主，他本想逃到香港去的，因海關封鎖而留在雲門。他一到雲門便被虛雲看中了，馬上叫他在客堂裏當知客，鎮反時亦被捕，他在改造期間，並未徹底坦白，反而加深了他的階級仇恨，釋放後，一貫反對政府和人民，現在已是可恥的右派分子了。其他如德光、宗樵二人，也是想到香港投奔特務機關——道風山的，亦因海關封鎖，故塗改遷移證書來到雲門寺，鎮反時亦被捕。德光是來果的徒孫，右派分子懷一的侍者。宗樵在解放前國民黨的部隊裏，當過汽車連長（他自己說的）。還有反革命分子多人，這裡不一一列舉了。至於外地逃到雲門來的地主，則有好幾個，湖南洪江有兩個「居士」（不知名）躲在雲門，後來病死。

　　虛雲在鎮反一開始便裝病，天天睡在床上。政府公安人員一來，他便拍桌打椅地罵（罵的一些話，見反動言行部分）。就在鎮反期間，他還不斷地給李濟深、陳銘樞等人寄信「告狀」。鎮反結束時，有些僧眾要離開雲門，虛雲便對他們說，要他們走到那裡都不忘「伸冤」。湖北武昌蓮溪寺有個叫少蓮的和尚，也住在雲門，他要離開時，虛雲便託他帶了一封信給三佛寺的大鑫，叫大鑫幫他「伸冤」，並叫大鑫把雲門的詳細過往告訴陳銘樞。虛雲為了收買

少蓮，還送了他一塊琥珀、一張戒牒（很多人要這年的戒牒，虛雲不給，如果誰拿到了虛雲給的戒牒，被認爲是「莫大」的「榮譽」）。另外，靈意（又叫宏如，係虛雲徒孫，現住雲居）也在這時離開雲門，逕來北京，持有虛雲給李濟深的信。他在武漢也下了車，見了大鑫，大約也有給陳銘樞的信。靈意到北京後，住安養精舍，經常與虛雲通信，報告他在北京活動的情況，虛雲也經（常）給他寫信，指示他怎樣進行工作，如何與李濟深、葉恭綽取得聯繫，如何辯護雲門鎮反事件是冤枉，等等。並叫他要找李濟深設法將犯人釋放出來。虛雲還寄了活動經費給靈意。靈意在北京活動得很猖狂。虛雲經常在我們面前誇獎靈意的「本領」和「孝心」。虛雲說：「這次出去這些人，只有靈意是個好徒弟，替師父出了這口氣。如果大家都像這個娃子這樣，我也不要操這許多心。」虛雲經常跟北京來往信件，怕乳源公安局檢查，寄給李濟深的幾次都是靈意轉交的，而且信封不是由一人寫的，以蒙蔽檢查人員的眼睛。

鎮反剛結束時，虛雲便叫了幾個能寫字的人，整天和他抄寫現在這本反動小冊子《虛雲和尚法彙》的原稿。由覺民、得眾、揚智三人負責抄寫責任，佛源負責校對。每種都是抄兩份，一份寄往香港出版，一份留在雲門。

1951 年的秋天，虛雲爲了蒙蔽政府和農會的眼睛，搞分伙陰謀，讓政府知道雲門寺「眞」的窮了，從而不來清算了。虛雲在對大眾說明分伙理由時說：「這完全是『逼上梁山』的，我虛雲哪裏願意這樣做呢？但現不這樣做不行。我們天天大鍋吃飯，政府還以爲我們有錢，那時連這幾粒穀子也吃不上了。」分了伙之後，苦的還是那些與虛云「交情不深」的人，他們眞正走上了自給自足、砍柴爲生的道路。而像印開、佛源、寬度、法雲等，則都是「常住」的人，依然和沒有分伙一樣，做些輕微活，每天吃得很好（這時我們還沒有被虛雲所「賞識」）。

虛雲在鎮反前後的一些情況，大致如上。這就是所謂「春戒期中，雲門浩劫（見《虛雲和尚年譜》一四零頁。）」另外就是虛雲對政府和公安局的一些污蔑。他說公安局的人把他的骨頭打斷了（胸部），把他丟在潮濕地下睡了一夜，說公安局把自己寫的《法語》和《〈楞嚴經〉玄要》《〈法華經〉界疏》《〈遺教經〉注釋》《〈圓覺經〉玄義》《〈心經〉解》等幾部「著作」給拿去了，又說公安局把他的現洋拿走了，把他的影集拿去了，又說公安局把大佛的肚子給挖空了，說「公安局想發洋財，到處找金子，找洋炮，結果連

個洋炮殼都沒有找到。」所謂「青龍在壬辰之歲，雲門劫後，山陬法物，蕩然無存。（見《虛雲和尚法彙》序）」其實這些都是虛雲捏造的，大佛的肚子本來就是空的，公安局根本沒動過。六祖的眞身，經過檢查證明沒有被剜過。其他如拿了他的現洋等事是一派胡言亂語。

淨慧　慈藏

一九五八年十月二十四日

（二）《虛雲爲什麼愛修廟？！》

虛雲為什麼愛修廟？！〔註5〕

　　虛雲自稱「五整祖庭」，也就是說他虛雲已經「重興」了五個大寺院。他所謂是他「重興」的這一套鬼話，當然用不著駁斥，因爲誰都知道，修廟的錢都是廣大勞動人民的血汗，他虛雲只不過是一個剝削民脂民膏的吸血鬼，把勞動人民的功勞竊爲己有。明明是勞動人民的血汗凝結起來的寺院，而他硬說是「虛雲重建」，眞正付出了血汗的千千萬萬的勞動人民卻碑上無名！怪不得葉劍英元帥在五臺山的題詩中有「億萬工匠碑無名」之句。天下烏鴉一般黑，天下剝削分子一樣殘！

　　虛雲爲什麼要修廟呢？其目的企圖是什麼呢？可能有很多人過去對這點的看法很單純，甚至現在還有少部分人是這樣，那就是認爲虛雲修廟子只不過爲了「成就大眾，修行辦道」。其實這是個迷人的表象。單純地看這一點，是會使你迷頭轉向的。我們說：虛雲修廟，完全不是爲了宗教上的委求，完全是爲了加強反動政權的統治力量，奴役廣大勞動人民。這樣說並不是扣帽子，有事實爲證。

　　先看虛雲是怎樣說的，再看他是怎樣做的。

　　虛雲在雲門寺「產權被侵佔案啓事」一文中有這樣幾句話：「總而言之，雲之頻年不惜勞瘁爭此雲門寺產權，非今謂雲門寺僧糧計……乃爲潛移劫運計，乃爲輔弼治化計也……」虛雲修廟的全部企圖，上面「潛移劫運」「輔弼治化」的八個字不是已經說清楚了嗎？

　　虛雲修的第一個廟就是雲南雞足山鉢盂庵。那還是清朝的末年，當時的封建統治者——光緒帝，便給虛雲所修的鉢盂庵「賜」了個名字，叫作「護國祝聖禪寺」。這不是再一次點破了虛雲修廟的秘密嗎？虛雲修廟，不是爲別

〔註5〕淨慧、慈藏：《虛雲爲什麼愛修廟？！》，稿紙手寫，1958 年 10 月 24 日。

的，而是為了「護國」。「護」什麼「國」呢？在那時當然只能是封建剝削、異族統治的滿清王朝之「國」。而虛雲在住持期間，又與當時的地方「官紳」勾結在一起，利用土地，對廣大農民進行殘酷的剝削和壓迫。

再看虛雲到昆明去「修」雲棲寺又是怎樣一回事吧。虛雲是受了大軍閥唐繼堯之請才到昆明來的。唐繼堯又給雲棲寺加上「靖國」二字。因為唐繼堯的軍銜也是「靖國聯軍總司令官。（見《虛雲和尚法彙》一八二頁）」虛雲是從宗教迷信來統治廣大勞動人民的心（思想），當然也同樣剝削壓迫者廣大的農民階級；唐繼堯則以反動的政治來統治廣大勞動人民的身（行動）；二人雖有「身」「心」上的「分工」，然而是為了同一個目的，那就（是）「靖國」，「靖」封建地主、軍閥統治之「國」。

虛雲在雲棲時，對廣大農民的土地剝削則更加厲害了，與農民打官司、爭土地的事，層出不窮。這些事在雲棲寺附近的老百姓，年齡稍大者，盡人皆知。

虛雲到鼓山去也是一樣的。是當時的福建省主席楊幼京請他去的。不必評述了。

虛雲在南華寺壓迫、剝削廣大農民，霸佔農民的土地山場，驅逐居民的罪惡事實，更是累見不鮮了。虛雲在「重興曹溪南華寺記」中述到「清點界址以保古蹟」時說，「自祖師募化、檀越陳亞仙捨地，以四天王領為界，千載以來，已成定案。第因年代久遠，人事變遷，雖志書所載甚詳，而實際反空無所有。僧餘破壁之參，佛久積塵之坐，尺天寸地，指點無從。至民國二十五年九月，請省府派員履勘劃界，保存古蹟，繪圖立案，出示曉諭，照圖營業。使界址復明。（《重興曹溪南華寺記》一文見《虛雲和尚年譜》一○七～一一九頁，下同）」所謂「清帳界址」就是霸佔農民的山場土地。

《重興曹溪南華寺記》也談到所謂「驅逐流棍革除積弊」的問題。虛雲在「記」中說：「雲自甲戌八月入山，見聖地道場，變作修羅惡境。祖庭成畜牧之所，大殿為屠宰之場……菩提路列肉林酒肆，袈裟角現舞扇歌衫。罪機彌淪，無惡不作。雲始以善言相勸，置若罔聞；稍示權威，則持刀尋逐。瀕於死亡者亦屢矣。終仗護法大力，切實嚴禁，都警驅除，與之爭持，歷三四年乃掃除淨盡……」我們知道，地主、資本家是不會住在破廟裏的（當時南華尚未修復）。虛雲這裡所指的「流棍」，就是當時住在南華寺附近的一些平民，以小攤小販謀求生活之路，虛雲說他們是「無惡不作」，真是蠻不講理。

廣大平民做點小生意都是「無惡不作」，那麼虛雲利用警察軍隊來鎮壓和驅逐他們倒成了「眾善奉行」了咯？

　　虛雲在這裡所說的「護法」又是哪些人呢？原來就是李漢魂等國民黨反動派頭子。當時李漢魂是廣東省主席，爲了幫助虛雲鎮壓南華附近的平民和農民，還在南華寺的山門口設立「派出所」，「所」裏駐紮著大批的武裝部隊，替虛雲把守山門和鎮壓老百姓。這個一向掛羊頭賣狗肉，自稱爲「慈悲老人」的虛雲，原來是這樣殘酷的一個殺人的魔鬼。

　　虛雲在南華寺強佔了許多農民的土地。他自己在「重興曹溪南華寺記」中這樣說：「查南華寺產，志書（《曹溪通志》）所載甚多，歷經豪右吞併，奸僧恣賣，雲入山時僅有租穀二十擔，千及不逮一也，乃著手整頓，擬先清（理）產業，調驗契據，如無紅契而屬寺產者，不容侵佔；有紅契而（原）屬寺產者，準以七成贖之……」

　　多凶！農民是土地的眞正主人，而虛雲說農民「侵佔」了寺廟的土地，他不鳴一文地把土地搶奪了去。農民有對土地行使所有權的憑證，但虛雲不承認這些，說這些土地原來是屬於寺廟裏的，他也要以廉價「贖」回去。我們現在回味一下當時的情況，不知道有多少善良的勞動人民失去了自己賴以生存的一小塊土地，又不知道有多少善良的勞動人民因爲失去了自己賴以生存的土地而流離失所，妻離子散！

　　虛雲到雲門寺也是一樣。《雲門山志》（1951年香港出版）稱：「民國三十二年冬，雲公來住本山，重興雲門，認爲非整理寺產，建立常住經濟基礎，難期維持永久。因確定整理寺產綱領及步驟……」這些所謂「綱領」有三條：「一、確立本寺界址」；「二、擬收回乳源縣立中學提去之田產」，「三、收回各方霸佔本寺之產業」。《山志》編者寫道：「關於確立本寺土地界址一項，經於民國三十三年七月二十日呈准乳源縣政府執行。嗣後以戰事瀕仍，政府人事變動，遂未實行。」第二項是想收回前乳源縣立中學提去之田產，但也「未得到具體解決。」關於虛雲想「收回各方霸佔本寺產業一案，以第一、二兩項均因時局關係，迄未辦到，致未著手進行也。」（以上引文均見《雲門山志》一五二頁）虛雲到雲門寺本想大面積地強佔山場土地的，「均因市局關係」，虛雲的野心沒有「如願以償」。但虛雲是不是已經死心了，看到社會如此發展，願意把土地老老實實地交還農民呢？不，他沒有死心。他把雲門寺周圍一二十里的山場土地，都劃爲雲門寺所有，用文字記載在1951年出版的《雲門山志》上，夢想將來蔣介石的反動政權在大陸復辟時——用虛

雲的話說是「雲開見日」的時候，可以「憑證營業」。請看虛雲的用心是多麼惡毒和陰險！

總而言之，虛雲到一處地方，那一處地方的老百姓就得受虛雲的壓迫、剝削和奴役！而虛雲的所作所為，又不是孤立的，是和國民黨反動政權、封建地主階級、官僚資產階級聯繫中一塊的。虛雲要強奪農民的土地，便有人出動大批的警察和軍隊來幫助鎮壓農民；虛雲怕南華寺的「治安」無法維持，自己的狗命受到威脅，便有人派出警察替他把守山門。所有最反動的人物，差不多都是虛雲的「大護法」。這些到底作何解釋呢？那就是虛雲是國民黨反動派最有用的一個統治人們思想的工具。別的解釋都是不恰當的。

淨慧　慈藏

一九五八年十月二十四日

附錄 4：趙州柏林禪寺法脈源流圖

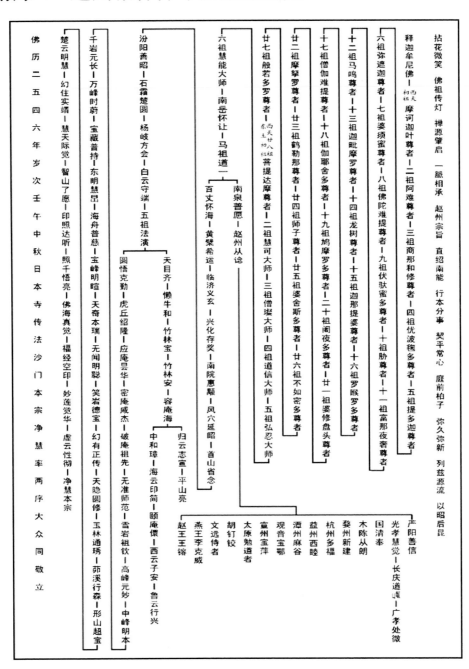

趙州柏林禪寺法脈源流圖（柏林禪寺提供）

附錄 5：淨慧法師傳法弟子簡表〔註6〕

時　間	宗　派	傳法地點	傳法人數	弟子法名	備　註
1999 年 12 月 4 日	臨濟宗	河北趙州柏林寺	5	常演覺乘 常如明海 常願明啓 常紹明奘 常仁明恕	
2001 年 5 月 5 日	臨濟宗	河北趙州柏林寺	6	常觀無用 常嚴界讓 常毅寂仁 常輝明續 常思明憨 常普學賢	
2003 年 1 月 27 日	臨濟宗	河北趙州柏林寺	6	常善淨仁 常法惟聖 常用如正 常體海素 常化明舟 常相道極	
2004 年 2 月 17 日	臨濟宗	河北趙州柏林寺	10	常益真修 常量真廣 常君明潤 常敬明思 常聞明基 常蘊明馨 常應智悟 常解達詮 常融門富 常尊明仰	
2004 年 11 月 21 日	臨濟宗	河北趙州柏林寺	11	常通照力 常堅賢志 常證性空 常修悟證	

〔註6〕此表據《淨慧長老法嗣錄》一文製作。詳見明海、明憨、明基輯錄：《淨慧長老法嗣錄》，《禪》，2016 年第 3 期。

				常悔大癡 常安寬祥 常嶽存海 常契聖哲 常依明來 常一賢純 常敏法振	
2005 年 6 月 21 日	曹洞宗	河北邢臺玉泉寺	12	騰玄覺乘 騰悟宏法 騰戒明海 騰覺悟濟 騰振明憨 騰藏義輝 騰源慧能 騰安道智 騰定利生 騰宗衍空 騰修法印 騰道菩光	
2006 年 3 月 14 日	曹洞宗	河北邢臺玉泉寺	17	騰思素聞 騰悲道慈 騰照華忍 騰峰印覺 騰實明虛 騰浩法青 騰果明因 騰波覺海 騰智果慧 騰理印正 騰如學賢 騰樸大緣 騰海妙山 騰性純空 騰俊明傑 騰願妙勝 騰廣明仰	素聞法師爲馬 來西亞華人

2007 年 7 月 16 日	臨濟宗	河北邢臺玉泉寺	6	常柔素聞 常瑄靜法 常全持中 常得中慧 常臻妙行 常津妙一	
2007 年 9 月 13 日	臨濟宗	湖北紅安天台寺	1	常悅悟樂	
2007 年 11 月 15 日	曹洞宗	江西宜黃曹山寶積寺	7	騰寶心亮 騰積衍悌 騰應萬如 騰智常宏 騰泉常開 騰峰宏誠 騰順宏用	尼眾法子
2007 年 11 月 19 日	臨濟宗	湖北當陽度門寺	4	常愷寬悟 常熙印傑 常宣法雲 常景寬文	
2009 年 6 月 2 日	曹洞宗	河北邢臺玉泉寺	18	騰義能修 騰然宗慧 騰懷悟性 騰應佛祥 騰戒正修 騰觀中慧 騰性果玄 騰超妙光 騰睿宗舜 騰契寂靜 騰庵如性 騰震戒毓 騰慶明勇 騰嘉明影 騰昭寬成 騰暢崇珮 騰帆定明 騰寬通妙	

2009 年 7 月 31 日	臨濟宗	湖北黃梅老祖寺	24	常遂洪法 常省明虛 常培明因 常照明見 常峻鏡定 常怡法空 常頓定意 常遐惟新 常運德平 常進了凡 常迦強輝 常豁昌隆 常化法藏 常巍恒願 常逾性如 常適明勇 常幻明影 常益明清 常遜崇延 常迪持順 常炳一清 常休明月 常頤崇諦 常賅聖禪	
2009 年 10 月 23 日	臨濟宗	河北趙州柏林寺	1	常眞	德國人雅各爾
2010 年 9 月 17 日	臨濟宗	河北邢臺玉泉寺	26	常惟明徹 常牖寬旭 常鏡演覺 常頓寬池 常觀繼純 常敏宗慧 常攝妙世 常儀妙音 常稟傳經 常授耀茂 常儉慧誠 常賅寬嚴	

				常乘界隆 常昭果緯 常訓文慧 常無崇洪 常斌崇質 常眙傳益 常威燈磬 常通明一 常平演善 常拙悟證 常秘聖光 常煥崇悲 常薫法賢 常鑒湛如	
2013 年 6 月 7 日	臨濟宗	湖北黃梅四祖寺	23	常濟覺燈 常本天月 常廣萬德 常海明非 常祥明浩 常玄能證 常戒慧如 常化道勇 常覺崇戒 常然如祥 常正崇環 常勘崇大 常恒崇群 常空明無 常潤明玉 常悟崇柔 常興崇澤 常隆覺心 常振崇軻 常慈崇頓 常理崇朗 常舟崇印 常願明寤	依淨慧法師遺願，由明海法師代師傳法

2013 年 6 月 7	曹洞宗	湖北黃梅四祖寺	1	騰庚崇度	依淨慧法師遺願，由明海法師代師傳法
2014 年 4 月 20 日	溈仰宗	河北趙州柏林寺	7	衍虛明海 衍淳明憨 衍覺明基 衍因明傑 衍月明清 衍妙明常 衍元素聞	依淨慧法師遺願，由傳印法師代傳法卷
2014 年 4 月 20 日	雲門宗	河北趙州柏林寺	7	明海常如 明憨崇山 明基常聞 明傑崇果 明清崇鐸 明常崇諦 明聞妙思	依淨慧法師遺願，由傳印法師代傳法卷
2014 年 4 月 20 日	法眼宗	河北趙州柏林寺	8	寂智明海 寂修明憨 寂照明基 寂定明傑 寂眞崇禪 寂本明清 寂聖崇諦 寂悟素聞	依淨慧法師遺願，由傳印法師代傳法卷

附錄 6：生活禪主要道場簡表

序號	寺　廟	地　點	現任住持或當家	與淨慧法師關係	備　註
1	柏林寺	河北趙縣	明海法師	剃度弟子、傳法弟子	北方中心
2	開元寺	河北邢臺	明憨法師	剃度弟子、傳法弟子	北方中心
3	四祖寺	湖北黃梅	明基法師	剃度弟子、傳法弟子	南方中心
4	眞際禪林	河北石家莊	明勇法師	剃度弟子、傳法弟子	河北省佛教協會所在地
5	虛雲禪林	河北石家莊	常宏法師	剃度弟子、傳法弟子	尼眾道場
6	玉泉寺	河北邢臺	崇朗法師	剃度弟子、傳法弟子	
7	老祖寺	湖北黃梅	崇延法師	剃度弟子、傳法弟子	
8	蘆花庵	湖北黃梅	宏用法師	剃度弟子、傳法弟子	尼眾道場
9	藥山寺	湖南津市	明影法師	剃度弟子、傳法弟子	
10	安國寺	湖北黃州	崇諦法師	剃度弟子、傳法弟子	
11	諾那塔院	江西廬山	妙行法師	傳法弟子	
12	祝聖寺	雲南雞足山	惟聖法師	傳法弟子	

參考文獻

1. 《禪》編輯部編，紅塵滾滾話人生——生活禪夏令營演講精華〔M〕，北京：民族出版社，2000。

2. 《史學月刊》編輯部，大數據時代的史料與史學〔C〕，北京：人民出版社，2017。

3. 埃斯特・比奇著，鄧恬寧譯，評二十世紀中國佛教〔J〕，法音，2004（9）。

4. 柏林禪寺，河北省佛教協會，生活禪夏令營專輯（第一、二屆至第二十二屆）〔Z〕，石家莊：盧雲印經功德藏，趙縣：柏林禪寺，1996～2016。

5. 北京市教工委 2010 年戰略課題組，汪明浩，潘擎，冀津，李偉，浦衛忠，宗教在當代社會傳播中的內在機理探析——柏林禪寺生活禪夏令營與時尚傳播個案考察〔J〕，北京青年政治學院學報，2010（4）。

6. 蔡耀明，佛教的研究方法與學術信息〔M〕，臺北：法鼓文化事業股份有限公司，2006。

7. 曹建中主編，中國宗教研究年鑒（2003～2004）〔M〕，北京：宗教文化出版社，2006。

8. 曹中建主編，中國宗教研究年鑒（1996）〔M〕，北京：中國社會科學出版社，1998。

9. 柴愛新，「人間佛教」與「生活禪」何建明教授追憶淨慧長老〔J〕，中國宗教，2016（4）。

10. 昌明著述，隆非編注，昌明大師詩文選〔M〕，武漢：湖北人民出版社出版，2002。

11. 陳兵，鄧子美，二十世紀中國佛教〔M〕，北京：民族出版社，2000。

12. 陳兵，生活禪淺識〔J〕，法音，1996（8）。

13. 陳兵，中國佛教的回顧與展望〔J〕，法音，2000（2）。

14. 陳平，宣方，佛教的神通觀——以虛雲法師為例〔J〕，佛教文化，2010（1）。

15. 陳榮捷，現代中國佛教的趨勢〔M〕，臺北：文殊出版社，1987。

16. 陳衛華，鄧子美，巨贊對建國初期佛教建設的歷史貢獻〔J〕，西南民族大學學報，2010（6）。

17. 陳衛華，鄧子美，巨贊法師的人間佛教理念與實踐〔J〕，宗教學研究，2009（4）。

18. 陳衛華，鄧子美，巨贊與中共關係的歷史考察〔J〕，宗教學研究，2013（5）。

19. 陳星橋，二十一世紀中國佛教教育的理念與展望〔J〕，法音，2000（8）。

20. 陳永革，佛教弘化的現代轉型——民國浙江佛教研究（1912～1949）〔M〕，北京：宗教文化出版社，2003。

21. 陳雲君，淨慧長老與生活禪論稿〔M〕，北京：宗教文化出版社，2016。

22. 陳雲君，生活禪啟示錄〔M〕，北京：宗教文化出版社，2018。

23. 傳印，人間佛教的「生活禪模式」〔N〕，中國民族報，2016-04-26（8）。

24. 傳印，在淨慧長老示寂追思大會上的講話〔J〕，法音，2013（5）。

25. 鄧子美，陳衛華，毛勤勇，當代人間佛教思潮〔M〕，蘭州：甘肅人民出版社，2009。

26. 鄧子美，周菲菲，人間佛教研究五十年述評〔J〕，西南民族大學學報，2015（6）。

27. 鄧子美，超越與順應——現代宗教社會學關照下的佛教〔M〕，北京：中國社會科學出版社，2004。

28. 鄧子美，傳統佛教與中國近代化——百年文化衝撞與交流〔M〕，上海：華東師範大學出版社，1994。

29. 鄧子美，二十世紀中國佛教智慧的結晶——人間佛教理論的建構與運作〔J〕，法音，1998（6）。

30. 鄧子美，茗山法師的「人間佛教」思想〔J〕，佛教文化，2006（5）。

31. 鄧子美，現代社會趨勢與人間佛教的走向〔J〕，佛教文化，2008（1）。

32. 鄧子美，新世紀中國佛教十大趨向〔J〕，佛學研究，2000。

33. 鄧子美，趙樸初人間佛教思想追論〔J〕，佛學研究，2003。

34. 竇亞平，抗戰時期巨贊法師研究〔D〕，中國人民大學碩士學位論文，2007。

35. 樊旭琴，生活禪理念及其當代實踐〔D〕，中央民族大學碩士學位論文，2006。

36. 方立天，末木文美士主編，東亞佛教研究〔M〕，北京：宗教文化出版社，

2014。

37. 方立天，方立天講談錄〔M〕，北京：九州出版社，2014。

38. 方立天，方立天文集〔M〕，北京：中國人民大學出版社，2012。

39. 方立天，淨慧長老的傑出貢獻與歷史地位〔N〕，中國民族報，2013-09-24（7）。

40. 方立天，門外看生活禪〔J〕，法音，2011（6）。

41. 方立天，中國大陸佛教研究的回顧與展望〔J〕，世界宗教研究，2001（4）。

42. 方立天，總結趙樸老的宗教思想　發揮宗教的積極作用〔J〕，法音，2010（6）。

43. 佛源妙心禪師撰，釋明向，馮煥珍編，佛源妙心禪師廣錄〔M〕，上海：上海古籍出版社，2014。

44. 岡部和雄，田中良昭編，辛如意譯，中國佛教研究入門〔M〕，臺北：法鼓文化事業股份有限公司，2013。

45. 高永順，論生活禪的創新〔J〕，西華師範大學學報，2016（3）。

46. 高永順，生活禪的理論與實踐〔M〕，武漢：湖北人民出版社，2016。

47. 高振農，佛教文化與近代中國〔M〕，上海：上海社會科學院出版社，1992。

48. 葛兆光，關於近十年中國近代佛教研究著作〔J〕，思與言，1999（2）。

49. 歸元禪寺志編委會，歸元禪寺志〔M〕，武漢：湖北人民出版社，2003。

50. 郭朋，廖自力，張新鷹，中國近代佛教思想史稿〔M〕，成都：巴蜀書社，1989。

51. 郭偉成，行願無盡——明暘法師傳〔M〕，北京：東方出版中心，2012。

52. 何保林，略論趙樸初人間佛教思想的獨特貢獻〔J〕，湖北社會科學，2007（3）。

53. 何芳芳，《現代佛學》在共和國的命運及其影響研究〔D〕，中南民族大學碩士學位論文，2013。

54. 何虎生，中國共產黨的宗教政策研究〔M〕，北京：宗教文化出版社，2004。

55. 何建明，佛法觀念的近代調適〔M〕，廣州：廣東人民出版社，1998。

56. 何建明，近代中國宗教文化史研究〔M〕，北京：北京師範大學出版社，2015。

57. 何建明，淨慧長老與中國現代佛教〔N〕，中國民族報，2013-9-24（7）。

58. 何建明，政教關係視野下的當代大陸佛教史觀——評侯坤宏等著《浩劫與重生：1949年以來的大陸佛教〔J〕，佛學研究，2013。

59. 何建明，地方志文獻彙纂與中國宗教史研究的新趨向〔J〕，中國人民大學學報，2014（3）。

60. 何建明，現代佛教的「少林寺模式」〔J〕，中國企業家，2009（2）。

61. 何建明，略論近代中國禪佛教〔J〕，佛學研究，1995（1）。

62. 何石彬，生活禪的思想淵源探析〔J〕，河北學刊，2011（4）。

63. 河北省佛教協會《禪》編輯部，禪〔J〕，1989～2018。

64. 洪修平，趙樸初的人間佛教思想及其現實意義〔J〕，世界宗教文化，2015（2）。

65. 侯坤宏編著，浩劫與重生：1949 年以來的大陸佛教〔M〕，臺南：妙心出版社，2012。

66. 華方田，趙樸初的人間佛教及其特點〔J〕，佛學研究，2004。

67. 黃道霞等主編，中華人民共和國 40 年大事記（1949～1989）〔M〕，北京：光明日報出版社，1989。

68. 黃夏年，當代佛教論集〔M〕，北京：宗教文化出版社，2013。

69. 黃夏年，當代中國佛教教育三題〔J〕，浙江學刊，2001（2）。

70. 黃夏年，中國當代佛教學術刊物及其走勢〔J〕，世界宗教研究，2004（增刊）。

71. 黃夏年主編，民國佛教期刊文獻集成·補編〔M〕，北京：北京書店，2008。

72. 黃夏年主編，生活禪研究〔M〕，鄭州：大象出版社，2012。

73. 黃夏年主編，生活禪研究〔M〕，鄭州：大象出版社，2013。

74. 黃夏年主編，生活禪研究〔M〕，鄭州：中州古籍出版社，2011。

75. 黃夏年主編，生活禪研究 2〔M〕，鄭州：大象出版社，2015。

76. 黃夏年主編，生活禪研究 2〔M〕，鄭州：中州古籍出版社，2012。

77. 黃心川，鞠志強，臨濟宗的復興與前瞻〔J〕，教育文化論壇，2011（4）。

78. 霍姆斯·維慈著，王雷泉，包勝勇，林倩等譯，中國佛教的復興〔M〕，上海：上海古籍出版社，2006。

79. 汲喆，田水晶，王啓元編，二十世紀中國佛教的兩次復興〔M〕，上海：復旦大學出版社，2016。

80. 汲喆，法國的華人佛教道場之初步調查〔J〕，世界宗教文化，2014（3）。

81. 紀華傳，何方耀，當代漢傳佛教寺院經濟現狀及其管理探析〔J〕，世界宗教文化，2014（1）。

82. 江燦騰，中國近代佛教思想的爭辯與發展〔M〕，臺北：南天書局，1998。

83. 蔣國琴，試論生活禪之於大學生道德修養的價值〔J〕，教育現代化，2018，546。

84. 覺醒，潘德榮，人間佛教的都市發展模式：以上海玉佛寺爲例〔M〕，北京：中國社會科學出版社，2002。

85. 覺醒，人間佛教的新形式〔D〕，復旦大學博士學位論文，2011。

86. 金觀濤，劉清風，觀念史研究——中國現代重要政治術語的形成〔M〕，北京：法律出版社，2009。

87. 金小方，守望良心——淨慧法師生活禪的道德價值〔J〕，寶雞文理學院學報，2016，（2）。

88. 金欣，昌明法師對「人間佛教」思想的踐行與貢獻〔D〕，中南民族大學碩士學位論文，2013。

89. 金澤，邱永輝主編，中國宗教報告（2008年）〔M〕，北京：社會科學文獻出版社，2008。

90. 金澤，邱永輝主編，中國宗教報告（2009年）〔M〕，北京：社會科學文獻出版社，2009。

91. 金澤，邱永輝主編，中國宗教報告（2010年）〔M〕，北京：社會科學文獻出版社，2010。

92. 金澤，邱永輝主編，中國宗教報告（2011年）〔M〕，北京：社會科學文獻出版社，2011。

93. 金澤，邱永輝主編，中國宗教報告（2012年）〔M〕，北京：社會科學文獻出版社，2012。

94. 金澤，邱永輝主編，中國宗教報告（2013年）〔M〕，北京：社會科學文獻出版社，2013。

95. 淨慧，經窗禪韻（增訂版）〔M〕，鄭州：大象出版社，2013。

96. 淨慧，經窗禪韻〔M〕，天津：百花文藝出版社，2006。

97. 淨慧，淨慧聯韻〔M〕，趙縣：柏林禪寺，2015。

98. 淨慧，淨慧長老選集〔M〕，石家莊：生活禪文化公益基金會，2018。

99. 淨慧，空花佛事〔M〕，北京：中國文史出版社，2014。

100. 淨慧，入禪之門〔M〕，上海：上海辭書出版社，2006。

101. 淨慧，生活禪鑰〔M〕，北京：生活·讀書·新知三聯書店，2008。

102. 淨慧，生活禪鑰（增訂版）〔M〕，北京：生活·讀書·新知三聯書店，2014。

103. 淨慧，守望良心〔M〕，北京：中國商務出版社，2018。

104. 淨慧，守一不移〔M〕，北京：中國商務出版社，2018。

105. 淨慧，雙峰禪話〔M〕，上海：上海辭書出版社，2005。

106. 淨慧編，禪宗名著選編〔M〕，北京：書目文獻出版社，1994。

107. 淨慧編，禪宗七經〔M〕，趙縣：柏林禪寺，1997。

108. 淨慧編，盧雲和尚開示錄〔M〕，北京：書目文獻出版社，1993。

109. 淨慧編，在家教徒必讀經典〔M〕，石家莊：盧雲印經功德藏，1993。

110. 淨慧編輯，盧雲和尚法彙續編〔M〕，石家莊：河北省佛教協會，1990。

111. 淨慧編著，花都法雨〔M〕，北京：生活・讀書・新知三聯書店，1994。

112. 淨慧法師，禪宗入門〔M〕，上海：華東師範大學出版社，2017。

113. 淨慧法師，淨慧禪話・柏林禪話〔Z〕，趙縣：柏林禪寺，2015。

114. 淨慧法師，夏令營的腳步──柏林寺生活禪夏令營〔Z〕，趙縣：柏林禪寺，2014。

115. 淨慧法師，夏令營的腳步──四祖寺禪文化夏令營〔Z〕，趙縣：柏林禪寺，2014。

116. 淨慧法師，中國佛教與生活禪〔M〕，北京：宗教文化出版社，2005。

117. 淨慧法師，做人的佛法〔M〕，北京：國際文化出版公司，2014。

118. 淨慧主編，盧雲和尚全集〔M〕，北京：國家圖書館出版社，2016。

119. 淨慧主編，盧雲和尚全集〔M〕，北京：國家圖書館出版社，2016。

120. 淨慧主編，盧雲和尚全集〔M〕，鄭州：中州古籍出版社，2009。

121. 巨贊著，黃夏年編，巨贊集〔M〕，北京：中國社會出版社，1995。

122. 康豹，高萬桑主編，改變中國宗教的五十年〔M〕，臺北：「中央研究院」近代史研究所，2015。

123. 賴永海主編，中國佛教通史〔M〕，南京：江蘇人民出版社，2010。

124. 雷火劍，論趙樸初人間佛教思想及其革新意義〔J〕，重慶社會主義學院學報，2009（5）。

125. 李富強，一代宗師清定上師〔M〕，成都：巴蜀書社，2017。

126. 李華華，人間佛教視閾中的「生產化」與「學術化」──巨贊佛教改革思想論〔J〕，安徽大學學報，2009（4）。

127. 李華華，巨贊佛教改革思想研究〔D〕，南京大學博士學位論文，2006。

128. 李黎，農禪並重回歸自然藥山寺的農禪生活走筆〔J〕，中國宗教，2016（7）。

129. 李莉，當代人間佛教的實踐路向〔D〕，上海社會科學院，2012。

130. 李明軒，禪宗視閾下人間佛教的源與脈〔D〕，河南大學，2015。

131. 李明軒，生活禪：人間佛教的禪宗化與禪宗的現代化〔J〕，宗教社會學，2017（1）。

132. 李四龍編，指月者：「淨慧長老與生活禪」學術研討會論文集〔C〕，北京：生活・讀書・新知三聯書店，2015。

133. 李向平，高虹，人間佛教的制度變遷模式──當代中國四大寺廟的比較研究〔J〕，法音，2008（10～11）。

134. 李向平，王瑩，美國普度大學中國宗教與社會研究中心：最多爲 3000 萬基督徒〔J〕，中國民族報，2010-8-24（6）。

135. 李向平，魏揚波，口述史研究方法〔M〕，上海：上海人民出版社，2010。

136. 李向平，「生活禪」：佛教信仰資源社會化的成功嘗試〔N〕，中國民族報，2015-01-20（6）。

137. 李向平，「信仰但不歸屬」的佛教信仰形式——以浙閩地區佛教的宗教生活爲中心〔J〕，世界宗教研究，2004（1）。

138. 李向平，從信仰到宗教的「實踐邏輯」——中國宗教社會學理論發凡〔M〕，香港：香港中文大學崇基學院宗教與中國社會研究中心，2010。

139. 李向平，佛教教育的當代困境及其改革路徑〔J〕，普陀學刊，2015。

140. 李向平，佛教信仰與社會變遷〔M〕，北京：宗教文化出版社，2007。

141. 李向平，救世與救心——中國近代佛教復興思潮研究〔M〕，上海：上海人民出版社，1993。

142. 李向平，生活禪與人間佛教的「第四個傳統」〔N〕，中國民族報，2013-09-24（7）。

143. 李向平，中國當代宗教的社會學詮釋〔M〕，上海：上海人民出版社，2006。

144. 李向平等，當代美國宗教社會學理論研究〔M〕，北京：中西書局，2015。

145. 梁海虹，劉銘，試論生活禪對當代心理生活的影響〔J〕，唐都學刊，2006（2）。

146. 梁勝興，論「生活禪」之於當下社會的文化價值〔J〕，黔南民族師範學院學報，2016（5）。

147. 梁世和，生活禪：人間淨土與終極關懷的和諧統一〔J〕，河北學刊，2011（4）。

148. 林志剛，當代中國佛教慈善組織管理研究〔D〕，廈門大學博士學位論文，2009。

149. 劉聰，余行，「生活禪」中的生態環保思想〔J〕，寶雞文理學院學報，2015（5）。

150. 劉學文，遍能法師傳〔M〕，成都：巴蜀書社，2001。

151. 劉元春，化導與反思——佛教入世之道〔M〕，北京：中國社會科學出版社，2004。

152. 劉元春，生活禪：當代人間佛教的社會路向〔J〕，教育文化論壇，2011（4）。

153. 樓宇烈，人生佛教生活禪〔J〕，法音，2011（6）。

154. 樓宇烈主編，當代中國宗教研究精選叢書——佛教卷〔M〕，北京：人民出版社，1994。

155. 羅廣武編著，新中國宗教工作大事概覽〔M〕，北京：華文出版社，2001。

156. 呂建福，百年中國佛教之回顧與展望——評陳兵，鄧子美《二十世紀中國佛教》〔J〕，中國禪學，2002（1）。

157. 麻天祥，20世紀中國佛學問題〔M〕，長沙：湖南教育出版社，2001。

158. 麻天祥，晚清佛學與近代社會佛教思潮〔M〕，臺北：文津出版社，1992。

159. 麻天祥，中華佛教史（近代佛教史卷）〔M〕，太原：山西教育出版社，2014。

160. 馬克·布洛克著，黃豔紅譯，歷史學家的技藝〔M〕，北京：中國人民大學出版社，2011。

161. 馬明博，天下趙州生活禪〔M〕，北京：中國青年出版，2005。

162. 馬明博編，禪門七日：我與生活禪夏令營〔M〕，北京：中國發展出版社，2013。

163. 明海，入泥入水菩提路亦詩亦禪自在人——紀念恩師淨慧上人〔J〕，法音，2013（5）。

164. 明海主編，淨慧長老與生活禪研究〔M〕，北京：宗教文化出版社，2015。

165. 明奘編，生活禪日課〔Z〕，石家莊：河北省佛教協會，趙縣：趙州柏林禪寺，2007。

166. 茗山，茗山日記〔M〕，上海：上海古籍出版社，2003。

167. 茗山，茗山日記續集〔M〕，上海：上海古籍出版社，2003。

168. 茗山，茗山文選〔M〕，南京：金陵刻經處，2003。

169. 南嶽佛教協會，明真法師文集〔M〕，長沙：嶽麓書社，2009。

170. 倪強，黃成林，趙樸初傳〔M〕，北京：人民出版社，2017。

171. 歐陽雪梅主編，中華人民共和國文化史1949〜2012〔M〕，北京：當代中國出版社，2016。

172. 彭彤，二十世紀中國佛教的總體掃描和理性總結——評《二十世紀中國佛教》〔J〕，法音，2001（4）。

173. 邱永輝主編，中國宗教報告（2014年）〔M〕，北京：社會科學文獻出版社，2014。

174. 邱永輝主編，中國宗教報告（2015年）〔M〕，北京：社會科學文獻出版社，2015。

175. 桑兵，治學的門徑與取法——晚晴民國研究的史料與史學〔M〕，北京：社會科學文獻出版社，2014。

176. 廈門市佛教協會編，廈門佛教志〔M〕，廈門：廈門大學出版社，2006。

177. 沈海燕，「人間佛教」的實踐者——論真禪法師的思想及其對當代佛教的影響〔J〕，佛教文化，2005（6）。

178. 沈去疾編著，趙樸初年譜〔M〕，上海：上海辭書出版社，2008。

179. 沈去疾編著，能海上師年譜〔M〕，香港：天馬圖書有限公司，2004。

180. 聖輝，成建華主編，明月清風：趙樸初誕辰 110 週年學術研討會論文集〔C〕，北京：社會科學文獻出版社，2018。

181. 聖凱，禪宗現代轉型之路剖析——以安祥禪，現代禪，生活禪為中心〔J〕，中國禪學，2004（3）。

182. 聖凱，佛教現代化與化現代〔M〕，北京：金城出版社，2014。

183. 施保國，生活禪中的幸福觀〔N〕，中國民族報，2013-11-19（7）。

184. 釋東初，中國佛教近代史〔M〕，臺北：東初出版社，1974。

185. 釋信融，巨贊法師研究〔M〕，臺北：新文豐出版公司，2006。

186. 釋印順，太虛大師年譜〔M〕，北京：中華書局，2011。

187. 四祖寺《黃梅禪》編輯部，黃梅禪〔J〕，2004～2018。

188. 宋立道，寄寓現代，扎根傳統——淨慧長老「生活禪」的深厚宗教文化淵源〔J〕，佛學研究，2013（1）。

189. 宋躍華，關於寺廟慈善事業可持續發展探討——以廣州光孝寺為例〔J〕，宗教學研究，2010（2）。

190. 孫尚揚，宗教社會學〔M〕，北京：北京大學出版社，2015。

191. 譚潔，淨慧法師「生活禪」理念與踐行的當代價值〔J〕，溫州大學學報，2012（6）。

192. 田水晶（Daniela Campo），虛雲禪師（約 1864～1959）與其高齡神話的建構〔J〕，漢語佛學評論（第 4 輯），上海：上海古籍出版社，2014。

193. 王大偉，對當代佛教教育中「參學」關係的思考〔J〕，五臺山研究，2010（4）。

194. 王佳，當代佛教公益慈善實踐的觀察和思考〔J〕，宗教與民族，2013（8）。

195. 王佳，當代福建佛教慈善組織運作模式剖析〔J〕，世界宗教研究，2010（5）。

196. 王佳，中國佛教慈善組織的發展現狀〔J〕，黑龍江民族叢刊，2010（5）。

197. 王佳主編，中國佛教和慈善公益事業〔M〕，北京：宗教文化出版社，2014。

198. 王雷泉，佛教在市場經濟轉軌中的機遇與挑戰——兼論當代中國宗教的若干理論問題〔J〕，佛學研究，1995。

199. 王雷泉，見證中國佛教復興的足跡——略敘我與《法音》的因緣〔J〕，法音，2018（1）。

200. 王雷泉，復旦禪學會舉辦成立十週年會員會議〔J〕，法音，2017（7）。

201. 王雷泉，中國佛教走出圍牆困境及進入主流社會的路徑〔J〕，法音，2013（1）。

202. 王雷泉，佛教在新時代的社會化和組織化〔J〕，法音，2009（12）。

203. 王雷泉，走出中國佛教教育困境芻議〔J〕，法音，2001（10）。

204. 王雷泉，面向 21 世紀的中國佛教〔J〕，世界宗教研究，2000（2）。

205. 王雷泉，中國佛教發展的歷史性機遇〔J〕，法音，1996（2）。

206. 王雷泉，佛教在市場經濟轉軌中的機遇與挑戰——兼論當代中國宗教的若干理論問題〔J〕，佛學研究，1995（1）。

207. 王雷泉，對中國近代兩次廟產興學風潮的反思〔J〕，法音，1994（12）。

208. 王永會，八十年代以來的人間佛教〔J〕，宗教學研究，2000（2）。

209. 王仲堯，中國人間佛教思想的先驅〔J〕，世界宗教研究，2004（1）。

210. 惟善，當代中國佛教留學僧運動——以斯里蘭卡國留學僧爲例〔J〕，世界宗教文化，2006（2）。

211. 惟善，太虛大師的衣缽傳人——記當代高僧法舫法師〔J〕，法音，2012（1）。

212. 溫金玉，眞禪法師與當代佛教制度建設——以玉佛寺爲中心〔J〕，佛教文化，2005（6）。

213. 溫金玉，中國當代佛教制度建設——以大陸漢傳佛教爲中心〔J〕，佛學研究，2006（1）。

214. 溫金玉，巨贊法師新佛教運動的啓示〔N〕，人民政協報，2016-09-22（8）。

215. 溫金玉，中國大陸佛教傳戒活動的回顧與反思〔J〕，宗教研究，2012（1）。

216. 溫金玉，1949～1993 年佛教僧伽制度建設回顧〔J〕，世界宗教文化，2012（5）。

217. 溫金玉，當代中國社會與佛教組織制度建設〔J〕，南京曉莊學院學報，2008（2）。

218. 溫金玉，禪與人生——禪宗倫理研究之一〔J〕，道德與文明，1992（3）。

219. 溫金玉，自性即佛的人格本體論——禪宗倫理研究之二〔J〕，道德與文明，1992（5）。

220. 溫金玉，心性本覺的修養論——禪宗倫理研究之三〔J〕，道德與文明，1993（1）。

221. 溫新瑞，趙樸初人間佛教的思想特徵及社會實踐——兼論其對當代社會發展的獨特貢獻〔J〕，五臺山研究，2014（1）。

222. 吳光正，宗教實踐與淨慧長老的文學創作〔J〕，哈爾濱工業大學學報，2016（2）。

223. 吳志雲主編，巨贊文集〔M〕，南京：江蘇古籍出版社，2000。

224. 武占江，劉惠文，袁樹平，契機契理的生活禪——訪柏林寺方丈淨慧法師〔J〕，世界宗教文化，2002（3）。

225. 現代佛學社，中國佛教協會，現代佛學（1～144 期）〔J〕，1950～1964。

226. 香港佛教聯合會，香港佛教僧伽聯合會，友聯研究所，中國大陸佛教資料彙編：1949～1967〔M〕，香港：友聯書報發行公司，1968。

227. 肖格格，生活禪的形成、發展與傳播〔D〕，武漢大學，2013。

228. 肖凱豔，淨慧法師「生活禪」在心靈淨化中的作用和意義〔D〕，湖南師範大學，2015。

229. 蕭秉權，趙樸初與新中國佛教〔M〕，西安：陝西人民出版社，2005。

230. 蕭秉權，趙樸初宗教思想研究〔M〕，上海：上海交通大學出版社，2010。

231. 星雲大師，百年佛緣〔M〕，北京：生活‧讀書‧新知三聯書店，2013。

232. 星雲大師，貧僧兩岸往來記〔A〕，見：貧僧有話要說（第 12 說）〔M〕，北京：中信出版集團，2015。

233. 邢臺大開元寺，清風明月：生活禪踐行的腳步〔M〕，北京：宗教文化出版社，2016。

234. 熊召政，本煥長老年譜〔M〕，西安：陝西師範大學出版社，2016。

235. 徐智，生活禪夏令營的研究：以四祖寺爲中心〔D〕，中南民族大學碩士學位論文，2011。

236. 徐智，生活禪夏令營的研究〔D〕，中南民族大學，2011。

237. 許佳，當代佛教傳播路徑探析〔D〕，安徽大學，2011。

238. 許效正，清末民初廟產問題研究（1895～1916）〔M〕，北京：宗教文化出版社，2016。

239. 宣方，巨贊法師「新佛教」主張的內容和措施〔N〕，中國民族報，2016-09-06。

240. 宣方，從新聞事件看當前中國大陸佛教與政治關係的變動〔A〕，馬來西亞：第二屆國際學術會議：漢系佛教的佛學研究論文集，2007。

241. 宣方，大陸佛教學研究現狀管窺〔A〕，臺北：鑒往知來兩岸佛學教育研究現況與發展研討會論文集，2001。

242. 宣方，音調未定的現代性——歷史盃變中的「新佛教」敘事〔A〕，新竹：第八屆「印順導師思想之理論與實踐」學術會議，2009。

243. 學愚，中國佛教的社會主義改造〔M〕，香港：香港中文大學出版社，2015。

244. 楊曾文，趙樸初人間佛教思想試論〔J〕，佛學研究，2005（1）。

245. 楊國平，趙樸初「人間佛教」思想的兩重維度〔J〕，安徽大學學報，2015（4）。

246. 楊海文，「人間佛教」與傳統文化現代化〔J〕，福建論壇，2013（1）。

247. 楊慶堃著，范麗珠等譯，中國社會中的宗教——宗教的現代功能與其歷

史因素之研究〔M〕，上海：世紀出版集團，上海人民出版社，2007。

248. 姚彬彬，「他者」心態——讀侯坤宏著《浩劫與重生》〔J〕，雲夢學刊，2014（6）。

249. 姚彬彬，人間佛教思潮下的禪宗開展——以臺灣聖嚴「中華禪」與大陸淨慧「生活禪」為視角的比較省察〔A〕，見：臺灣大學「第四屆聖嚴思想國際學術研討會暨第二屆信眾論壇」論文集〔C〕，2012。

250. 姚彬彬，現代文化思潮與中國佛學的轉型〔M〕，北京：宗教文化出版社，2015。

251. 姚彬彬，太虛大師與印順法師思想之同異問題——「人生佛教」與「人間佛教」辨義〔J〕，人間佛教研究，2017（9）。

252. 姚衛群，佛教入門歷史與教義〔M〕，北京：中國人民大學出版社，2006。

253. 一誠長老，一誠老和尚詩文集選〔M〕，北京：宗教文化出版社，2009。

254. 尹邦志，人間佛教釋疑——評鄧子美教授等著《當代人間佛教思潮》〔J〕，世界宗教文化，2009（6）。

255. 印順主編，本煥長老開示集〔M〕，北京：宗教文化出版社，2012。

256. 于飛，漢傳佛教寺院經濟演變研究〔M〕，成都：巴蜀書社，2014。

257. 于凌波，當代大陸名僧傳〔M〕，臺北：大千出版社，2001。

258. 于凌波，中國近現代佛教人物志〔M〕，北京：宗教文化出版社，1995。

259. 俞學明，生活禪，適應時代變化〔N〕，中國民族報，2013-09-24（7）。

260. 宇恒偉，李利安，「生活禪」相攝的幾個佛教理論問題〔J〕，寶雞文理學院學報，2013（1）。

261. 雨山，一部研究中國佛教社會主義改造的開山力作〔N〕，中國民族報，2015-8-11（8）。

262. 張風雷，東亞佛教的思想論爭〔M〕，北京：宗教文化出版社，2015。

263. 張明慧，淨慧法師生活禪之四次第基本構建〔J〕，現代婦女，2014（12）。

264. 張平，淨慧法師「禪在當下」理念的致思深蘊〔J〕，河北學刊，2013（4）。

265. 張平，人間佛教之源與脈——從祖師禪到生活禪〔J〕，中山大學學報，2012（6）。

266. 張琪，新中國佛教大事記〔M〕，北京：宗教文化出版社，2013。

267. 張偉然，歷史學家缺席的中國佛教研究〔J〕，華東師範大學學報，2008（4）。

268. 張文良，日本當代佛教〔M〕，北京：宗教文化出版社，2015。

269. 張文良，禪宗研究的兩種路徑〔N〕，中國社會科學報，2017-01-24（4）。

270. 張文良，以東亞佛教視野書寫「東亞佛教史」〔N〕，中國社會科學報，

2014-12-10（A06）。

271. 張文良,「靈性」與鈴木大拙的宗教觀〔J〕,宗教研究,2012（1）。

272. 張文良,「批判佛教」的批判,北京人民出版社,2013。

273. 張雪松,佛教「法緣宗族」研究:中國宗教組織模式探析〔M〕,中國人民大學出版社,2015。

274. 張雪松,法雨靈巖:中國佛教現代化歷史進程中的印光法師研究〔M〕,臺北:臺灣法鼓文化事業有限公司,2011。

275. 張雪松,「太無成見」——梁啓超的宗教觀〔N〕,中國民族報,2019-02-26（7）。

276. 張雪松,「宗教中國化」中的「中國」是現代中國〔N〕,中國民族報,2016-06-21（6）。

277. 張雪松,對中國佛教新式教育的反思〔N〕,中國民族報,2016-10-18（6）。

278. 張雪松,「宗教」概念芻議〔N〕,中國民族報,2015-06-23（6）。

279. 張雪松,大數據時代的宗教事務管理〔N〕,中國民族報,2014-12-16（8）。

280. 張志軍,趙州禪與生活禪〔J〕,教育文化論壇,2011（4）。

281. 趙翠翠,李向平,「人間佛教」的社會觀研究——以太虛,巨贊和趙樸初的佛教思想爲中心〔J〕,宗教學研究,2015（1）。

282. 趙樸初,中國佛教協會三十年——在中國佛教協會第四屆理事會第二次會議上〔J〕,法音,1983（6）。

283. 趙樸初文集編輯委員會,趙樸初文集〔M〕,北京:華文出版社,2007。

284. 照誠編著,明暘法師年譜〔M〕,北京:商務出版社,2017。

285. 眞禪,玉佛丈室集〔M〕,上海:華東師範大學出版社,上海社會科學出版社,上海學林出版社,1988～1996。

286. 中村元主編,余萬居譯,中國佛教發展史〔M〕,臺北:天華出版事業股份有限公司,1984。

287. 中共中央黨史研究室,中華人民共和國大事記（1949～2009）〔M〕,北京:人民出版社,2009。

288. 中國佛教協會,上海市佛教協會主編,佛教與社會主義社會相適應研討會論文集〔C〕,宗教文化出版社,2002。

289. 中國佛教協會,法音〔J〕,1981～2018。

290. 中國佛教協會,現代佛學（1951～1964 年）〔M〕,天津:天津古籍出版社,1995。

291. 中國佛學院編,法海湧碧波:中國佛學院六十年歷程〔M〕,北京:宗教文化出版社,2016。

292. 周加才,趙樸初與江蘇佛教〔M〕,北京:宗教文化出版社,2003。

293. 朱哲主編，巨贊法師全集〔M〕，北京：社會科學文獻出版社，2008。

294. 宗曉，巨贊法師及其「新佛教運動」〔D〕，山東大學碩士學位論文，2007。

295. Daniela Campo, La Construction de la Sainteté dans La Chine Moderne:La Vie du Maître Bouddhiste Xuyun（1864~1959）〔M〕. Paris:Les Belles Lettres, 2013.

296. David C. Yu,Buddhism in Communist China:Demise or Co-Existence〔J〕. Journal of the American Academy of Religion,Vol.39, No.1, 1971.

297. David Ownby,Vincent Goossaert,Ji Zhe（Editor）. Making Saints in Modern China〔M〕. London:Oxford University Press, 2016.

298. Fenggang Yang and Dedong Wei,The Bailin Buddhist Temple: Thriving under Communism〔J〕. Religion and the Social Order, 2005.

299. Francesca Tarocco: The Cultural Practices of Modern Chinese Buddhism: Attuning the Dharma〔M〕. London and New York:Routledge, 2007.

300. Holmes Welch,Buddhism under the Communists〔J〕. The China Quarterly, No. 6, 1961.

301. Holmes Welch,The Reinterpretation of Chinese Buddhism〔J〕. The China Quarterly, No.22, 1965.

302. Holmes Welch, The Practice of Chinese Buddhism: 1900~1950〔M〕. Cambridge: Harvard University Press, 1967.

303. Holmes Welch,Buddhism since the Cultural Revolution〔J〕. The China Quarterly. No. 40,1969.

304. Holmes Welch,The Buddhist Revival in China〔M〕. Cambridge :Harvard University Press. 1968.

305. Holmes Welch, Buddhism under Mao〔M〕. Cambridge: Harvard University Press,1972.

306. Holmes Welch,The Buddhists' Return〔J〕. Far Eastern Economic Review, No.16, 1973.

307. Ian Harris（Editor）, Buddhism and Politics in Twentieth-century Asia〔M〕. London and New York: Continuum, 1999.

308. J. F. Hecker, Religion and Communism〔M〕. London: Chapmanand Hall, Ltd, 1933.

309. Jan Kiely & J. Brooks Jessup（Editors）, Recovering Buddhism in modern China〔M〕. New York: Columbia University Press, 2016.

310. Ji Zhe, Buddhism and the State: The New Relationship Increasing〔J〕. China Perspectives, No. 55, 2004.

311. Ji Zhe, Mémoire Reconstituée : Les Stratégies Mnémoniques Dans la Reconstruction d'un Monastère Bouddhique〔J〕. Cahiers Internationaux De

Sociologie, 2007, 122（1）.

312. Ji Zhe, Secularization as Religious Restructuring: Statist Institutionalization of Chinese Buddhism and its Paradoxes〔A〕. In Mayfair Mei-hui Yang（Ed.）,Chinese Religiosities:Afflictions of Modernity and State Formation〔M〕. Berkeley/ Los Angeles/ London:University of California Press, 2008.

313. Ji Zhe, Chinese Buddhism as a Social Force:Reality and Potential of Thirty Years of Revival〔J〕. Chinese Sociological Review, No. 45, 2012.

314. Ji Zhe and Philip Liddell, Buddhism and the State:A New Relationship: Increasing Numbers of Believers Bring Great Changes to the Monastic Economy in China〔J〕. China Perspectives, No. 55, 2004.

315. Ji Zhe and Vincent Goossaert （guest eds.）, Social Implications of the Buddhist Revival in China〔J〕. Social Compass , No.58,2011（4）.

316. Ji Zhe, Buddhism in the Reform-Era China:A Secularised Revival〔A〕. in Religion in Contemporary China: Revitalization and Innovation〔M〕. edited by Adam Yuet Chau, London:Routledge, 2011.

317. Joseph M.Kitagawa, Buddhism under Mao by Holmes Welch〔J〕. Journal for the Scientific Study of Religion, No. 5, 1973.

318. Kenneth Chen, Chinese Communist Attitudes towards Buddhism in Chinese History〔J〕. The China Quarterly, No. 22（Apr. ~ Jun.,1965）.

319. L. Mcmahan（ed.）, Buddhism in Modern World〔M〕. London and New York: Routledge, 2012.

320. Laliberté André, Buddhist Charities and China's Social Policy: An Opportunity for Alternate Civility〔J〕. Archives de Sciences Sociales des Religions No.158, 2012.

321. Lucy Jen Huang, The Role of Religion in Communist Chinese Society〔J〕. Asian Survey, Vol. 11,No. 7 （Jul.,1971）.

322. Qin Wen-ji, The Buddhist Revival in Post-Mao China:Women Reconstruct Buddhism on Mt. Emei〔D〕. Harvard University（Ph.D.）, 2000.

323. Raoul Birnbaum,Buddhist China at the Century's Turn〔J〕. China Quarterly, 2003, No.174.

324. Thomas Hahn, New Developments Concerning Buddhist and Daoist Monasteries〔A〕. in Julian F. Pas（ed）, The Turning of the Tide: Religion in China Today〔M〕. Hong Kong Branch of the Royal Asiatic Society, Oxford: Oxford University Press, 1989.

325. Xue Yu, Buddhist Contribution to the Socialist Transformation of Buddhism in China: Activities of Ven. Juzan during 1949~1953〔J〕. Journal of Global Buddhism, 2009（10）.

326. Yoshiko Ashiwa, Dynamics of the Buddhist Revival Movement in South

China〔J〕. Hitotsubashi Journal of Social Studies, 32（1）, 2000.

327. Yoshiko Ashiwa & David L. Wank,The Politics of a Reviving Buddhist Temple: State,Association,and Religion in Southeast China〔J〕. Journal of Asian Studies 65, no.2, 2006.

328. Yoshiko Ashiwa & David L. Wank （eds）, Making Religion, Making the State: The Politics of Religion in Modern China〔M〕. Stanford University Press, 2009.

329. Yu Xue, Buddhism and the State in Modern and Contemporary China〔J〕. Modern Chinese Religion II: 1850~2015 （2 vols）, 2015.

330. Yu, David C., Maoism and Buddhism in China: Maoism and Buddhism in China〔J〕. Journal for the Scientific Study of Religion, No.3, 1975.

331. 末木文美士，曹章祺，現代中國の仏教〔M〕，東京都：平河出版社，1996。

致　謝

　　當我開始寫致謝這部分的時候，突然心裏非常惆悵，作爲「學生」的身份即將宣告「結束」，四年的博士時光竟然如此飛快，很是留戀不捨！

　　能夠追隨自己仰慕尊敬的老師求學，眞的非常幸運！在我第一次給導師何建明老師發郵件時，何老師就非常直接地告誡我：「做博士生很辛苦，你得有思想準備。」一路走來，在學業上得到何老師太多的幫助，這些恩惠足以讓我受益終生。

　　2015 年 11 月，在「第五屆河北禪宗文化論壇──法舫與河北佛教對外交流學術研討會」期間，與何老師一起瞻禮法舫法師舍利塔落成，何老師問我博士論文打算寫什麼題目。我那時並沒有任何明確的想法。何老師對我說：「我希望你圍繞淨慧法師和生活禪來做深入的個案研究。」這就是我博士論文的「緣起」。爲了提高我們的研究素養和學術視野，何老師每週開設讀書會進行指導，每年舉辦「中國現代佛教論壇」，讓我們學習歷練，傾力提攜栽培。特別令我感動並且深感慚愧的是，在我寫作遇到瓶頸，一度糾結延期畢業之際，何老師給予了最大的理解和寬容，堅信我可以如期畢業。這樣，才終於有了現在的這部博士論文。至誠感恩老師！

　　在中國人民大學讀書深造，特別感恩張風雷老師、張文良老師、溫金玉老師、魏德東老師、宣方老師、惟善老師、張雪松老師、王俊淇老師等諸位師長的愛護和幫助。風雷老師的課程和讀書會，幫我打開了一扇閱讀佛教原典的窗口。每次讀書會結束，都已夜深，踏月而歸，意猶未盡。至今想來，只恨自己在校時間太短，惟有依老師之教，繼續用功努力！文良老師一直非常關心我的學業和成長，從我的論文選題確定伊始，就給予很多指導。在我

初稿基本完成，進行預答辯之時，文良老師幫我及時調整了論文結構，使我能夠迅速轉變思路，最終順利完成。溫老師在我論文寫作期間，多次幫我答疑解惑，總是充滿關愛和鼓勵。而且，每當看到有關淨慧法師和生活禪的最新研究成果及有用資料，溫老師都在第一時間最先提供給我。雪松老師在我論文開題、寫作、修改、預答辯等每一個環節都給予了無私的幫助，他的許多觀點都令我深受啟發。不僅如此，雪松老師還將自己尚未發表的論文「提前」供我學習參考。他的學識和氣度，令我深感敬佩！魏老師是我進行宗教社會學研究的一位關鍵的引路人，他也是國內最先對柏林寺和生活禪夏令營進行田野調查的學者之一。我自 2007 年開始，連續六年在魏老師主辦的宗教社會科學暑期班學習。雖然我讀博士期間，魏老師遠在美國哥倫比亞大學孔子學院，但他也給我很多寶貴的論文寫作建議。宣老師在我論文開題時候，非常有預見性地指出我即將面臨的問題和困境，同時也給我很多中肯的建議和忠告。這使我在後續研究中，避免了很多彎路。宣老師提出的責難，全部一針見血、紮入要害，令我無比折服。惟善老師也在我的論文開題之時給予很多有價值的建議。王俊淇老師在我預答辯時候，為我提供了很多有針對性和可操作性的建議，使我能夠很快調整具體章節內容，同時也幫我釐清自己的思路和論述的重心。非常感恩諸位老師！

在我的博士論文初稿完成之後，家師鄧子美先生逐字閱讀，幫我把關。鄧老師自我大學起就手把手地教導我，諸般關愛和培養，呵護成長，為我付出了太多的心血。他是我佛教研究道路上的一盞永恆的明燈。我的老師黃忠晶先生也幫我審閱了論文全文，從標點字句訛誤、表述不當到邏輯問題，都逐一糾正，而且對涉及當代社會政治的敏感問題，也給我很多處理策略。黃老師對我的人生影響極大，從他身上我確立並堅定了自己努力的方向──踏踏實實做學問。向世山老師也幫我逐字審讀了論文，他把文中的錯誤一一標記改正，並且針對論文存在的缺陷不足提出了很多改進意見。在我最初選定題目卻不知從何下筆的困頓無助之際，也是向老師的一席話令我茅塞頓開。至誠感恩！

能夠完成博士論文，離不開淨慧法師的弟子明海法師、明基法師、明傑法師、明堯居士等大德的幫助，衷心感謝！非常感恩明海法師的信任和支持，無條件提供有關淨慧法師的全部資料，並且允許我查閱柏林寺內收藏的教務檔案資料。很多細節信息，都是在這些珍貴的資料中不斷挖掘出來的。明基法師在我訪問四祖寺期間，給予很多關照，也讓我更為真切地瞭解和感知淨

慧法師。明傑法師送給我很多重要的書籍和資料，他也是我博士論文相關內容的第一位讀者。從題目推敲，到章節設定，乃至語句斟酌，明傑法師每次都是有求必應，非常耐心地幫我一起想辦法，並為我打消了很多顧慮。在我寫好初稿後，明傑法師還幫我發給淨慧法師的法子素聞法師，請求指點。明傑法師治學處事之認真、嚴謹、周到，是我學習的榜樣！明堯居士在四祖寺開設「生活禪綱要」講座，加深了我對淨慧法師思想的理解。他特意抽出時間接受了我的訪談，又幫我審讀了博士論文初稿。明堯居士和素聞法師對論文內容的肯定，令我十分欣慰。

在我撰寫博士論文的過程中，非常感恩楊曾文先生、王榮國老師、黃夏年老師、侯坤宏老師、汲喆老師、徐紹強老師、謝路軍老師、俞學明老師、屈濤老師、學愚老師、陳劍鍠老師、李玉珍老師、聖凱法師、何燕生老師、吳有能老師、高永順老師、靜波法師、宗性法師、定明法師、能仁法師、宗鳴法師、觀如法師、克能法師等給予的指導和幫助！非常感謝我的同門胡澤恒師兄，他在美國交流課業繁重之下仍然擠出時間幫我通篇校改論文，並幫我發來很多外文研究前沿文獻。

這幾年來，最大的感觸就是時間太不夠用！忙忙碌碌之中，總想到何老師之惜時勤奮，亦常常不自覺地念起老師書齋「六不居」之名，所謂：「日日行不怕千萬里，常常做不怕千萬事。有真才者必不矜才，有實學者必不誇學。不讓古人是謂之有志，不讓今人是謂之無量。」勉之，勉之！行之，行之！

王佳

己亥四月吉日

於京華淡如齋